유학생을 위한

톡톡 튀는 한국어

2 워크북

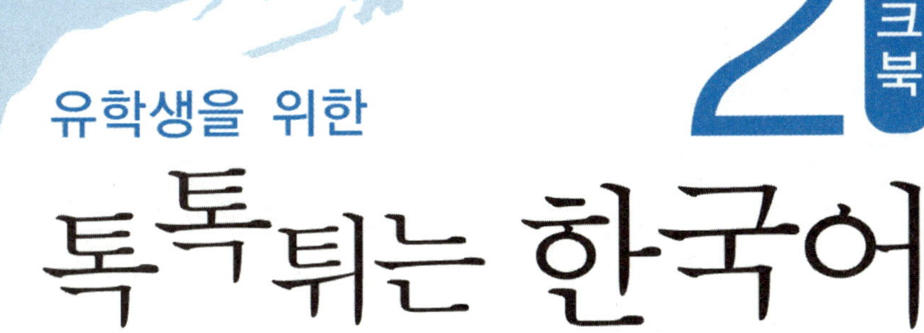

신라대학교 한국어교육센터 저

도서출판 박이정

책을 펴내며

　본 워크북은 신라대학교 한국어교육센터가 지은 『유학생을 위한 톡톡 튀는 한국어(6권)』 시리즈를 보다 효율적으로 활용할 수 있도록 하기 위해 개발한 학습자용 보조 교재이다.

　『유학생을 위한 톡톡 튀는 한국어』는 국내에서 초판 간행(박이정, 2006)된 이후, 중국 外硏社의 요청에 의해 중국의 실정에 맞게 『주편한국』, 『한국어범독교정』이란 이름으로 대외경제무역대학과 공동 출간되었으며, 현재 한국과 중국 유수의 대학에서 주 교재로 활용되고 있다.

　본 워크북은 학문 목적의 기능 습득을 지향하는 주 교재의 관점을 더욱 강화하기 위해 다양한 영역의 읽기 자료와 쓰기 자료를 추가하였다. 또한 언어사용 기능 능력을 보완하기 위해 어휘나 문법과 같은 언어 자료를 제시하였으며, 이를 대조언어학의 관점에서 이해할 수 있도록 유도하였다. 특히 한국 유학생의 다수를 차지하는 중국 유학생을 위해 중국어 번역과 함께 TIP을 제공함으로써 학습자 스스로 한국어 문법 및 어휘의 미묘한 차이를 구분하여 정확하게 사용할 수 있도록 배려하였다. 이와 더불어 한국어능력시험(TOPIK) 유형에 익숙해지도록 단원마다 TOPIK형 연습 문제를 제시한 점도 기존의 교재에서 볼 수 없었던 특징이라고 하겠다.

　이 교재를 집필하는 데는 많은 분들의 노고가 보태졌다. 책의 기획에서부터 출간에 이르기까지 지원을 아끼지 않은 정 홍섭 총장님을 비롯한 심 형철 처장, 김 라연 교수, 김 수태 교수, 그리고 다양한 자료를 모으고 실제 수업에서 시뮬레이션을 통해 검증을 해 주신 한국어교육센터 교·강사 여러분께 진심어린 감사의 말씀을 전한다.

　우리의 이런 노력들이 지금까지 『유학생을 위한 톡톡 튀는 한국어(6권)』를 주 교재로 써 주신 많은 한국어 교사들의 노고에 조금이나마 도움이 되기를 기대한다.

　끝으로 책의 출간을 맡아주신 박 찬익 박이정 사장님과 책을 예쁘게 편집해 주신 이 영희 편집장, 이 기남 과장께도 감사의 인사를 전한다.

2009년 2월 20일

저자를 대표하여　이 채연 씀

일러두기

「유학생을 위한 톡톡 튀는 한국어 워크북」 2권의 특징은 다음과 같습니다.

- 유창성과 함께 정확성을 기를 수 있도록 하였다.
- 쓰기 기능을 강화하기 위해 다양한 장르의 글쓰기 활동을 추가하였다.
- 읽기 기능을 강화하기 위해 다양한 장르의 텍스트를 제공하였다.
- 학습자 스스로 공부할 수 있도록 중국어 번역을 제공하였다.
- 쓰임이 유사한 문법의 경우 TIP을 제공하여 학습자의 이해를 도왔다.

「유학생을 위한 톡톡 튀는 한국어 워크북」 2권의 구성은 다음과 같습니다.

학습 목표 학습 목표를 제시하여 단원마다 중점적으로 습득해야 할 기능을 명시적으로 제시하였다.

어휘 목표 기능을 습득하는데 필요한 어휘들을 중심으로 단어의 유형과 형태에 따라 다양한 연습 활동을 구안하였다.

문법 및 표현 교재에 제시된 목표 문법의 의미와 기능을 재점검할 수 있도록 중국어 번역과 함께 전형적인 문장을 제공하였다. 또한 각각의 문법들은 연습 문제를 통해 확인하고 강화될 수 있도록 하였다.

읽고 쓰기(읽고 말하기) 단원별로 목표 기능에 부합하는 다양한 읽기 자료와 쓰기 텍스트를 추가로 제공하였다. 특히 한국어능력시험(TOPIK)에서 요구하는 다양한 쓰기 유형 문제를 함께 제시하였다.

TIP 학습자가 혼동할 수 있는 문법, 함께 사용할 수 있는 문법들은 그 쓰임과 함께 따로 묶어 제시하였다.

목차

04 아르바이트 구하기
找打工

05 여행하기 旅行

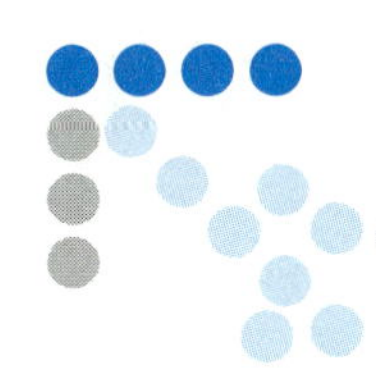

목차

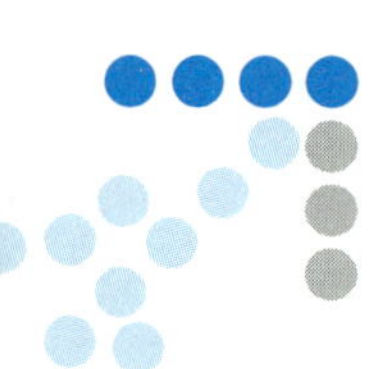

CONTENTS

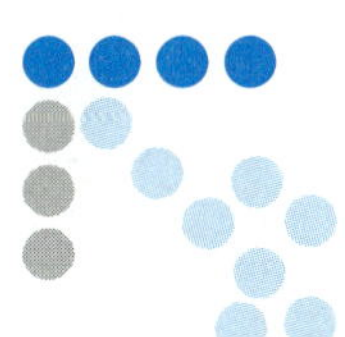

대단원	소단원	어휘·문법 및 표현	읽고 쓰기
1. 학교 생활 하기	(1) 오리엔테이션	−에 대하여 −는지/(으)ㄹ지 알다(모르다)	내용 확인하기 / 본문 요약하기 학사일정 소개하기
	(2) 학교 시설 익히기	−겠(추측) −겠(의지)	내용 확인하기 / 뒷이야기 쓰기 캠퍼스 맵보고 건물 설명하기
	(3) 수강신청 하기	−지 못하다 −(으)ㄹ 수 있다(없다)	내용 확인하기 / 확장읽기 번역하기 / 수강신청 순서쓰기
	(4) 강의계획표 보기	−기 전에 −(으)ㄴ 후에	내용 확인하기 강의시간표 보고 대화문 만들기
	(5) 학교 식당에서 식사하기	맛 표현 관련 어휘 −고 나서 / −(으)ㄹ래요	내용 확인하기 / 본문 요약하기 그림보고 이야기 만들기
	(6) 게시판 읽기	악기 관련 어휘 −기 바라다 / −고 싶다	확장읽기 / 게시판 보고 대화문 만들기 / 번역하기 / 제시 어휘 활용하여 문장 완성하기
	(7) 도서관 이용하기	도서관 관련 어휘 −(으)면 / −아/어도	내용 확인하기 / 도서관 관련 장소설명하기 / 어순대로 문장쓰기
	(8) 안내문 읽기	표지·표어 의미 파악하기 −(으)ㄹ 경우에는 −지 않게 ~(으)십시오	내용 확인하기 / 번역하기 안내문을 문장으로 바꿔쓰기 표어 의미 쓰기
	(9) 하루 생활 정리하기	−(으)면 −(으)ㄹ수록 −간편체(−ㄴ/는다,−다)	내용 확인하기 / 간편체로 일기쓰기 틀린 문장 고쳐 쓰기 그림보고 문장 완성하기
2. 친구 사귀기	(1) 한국 친구 소개 받기	−(으)면 좋겠다 −(으)ㄹ 줄 알다(모르다)	내용 확인하기
	(2) 두 번째 만남, '커피숍에서'	외모, 성격 관련 어휘 −는 편이다 −(이)라고 하다	내용 확인하기 본문 요약하기 그림보고 외모 표현하기
	(3) 영화표 예매하기	영화 관련 어휘 −던데 / −은/는 ~(으)로 유명하다	내용 확인하기 영화 소개하기
	(4) 고민 나누기	−반말 −(으)ㄹ 테니까	내용 확인하기 / 뒷이야기 쓰기 고민 듣고 조언하기
	(5) 노래방에서	음악 관련 어휘 −중에서 ~이/가 가장	설문 조사하고 통계 내기
	(6) 문자 메시지로 약속하기	−아/어서 그러는데	내용 확인하기 / 이모티콘 사용하여 문자 보내기 / 번역하기 / 그림보고 문장 완성하기
	(7) 미용실에서	머리 모양 관련 어휘 ㅎ불규칙 동사	내용 확인하기 그림보고 이야기 만들기
	(8) 장래 계획 말하기	직업 관련 어휘 관형형 어미(V.A) −고 나니까 / −거든요	내용 확인하기 틀린 문장 고쳐 쓰기 어순대로 문장쓰기
	(9) 한국어과 학생을 직접 만나 사귀어 보기	−(으)ㄴ/는 대로	확장 읽기 / 번역하기 한국 친구 소개하기

대단원	소단원	어휘·문법 및 표현	읽고 쓰기
3. 집 구하기	(1) 집 구하는 방법 알기	–을/를 통해서 –든지	내용 확인하기 / 본문 요약하기 번역하기 / 그림보고 문장 완성하기
	(2) 부동산 광고문 읽기	–(이)나	내용 확인하기 안내문을 문장으로 바꿔쓰기
	(3) 부동산에 문의하기	–(으)ㄹ 수 있겠다 –았/었으면 좋겠다	내용 확인하기 / 번역하기 상황에 맞는 대화문 만들기
	(4) 이사 갈 집 둘러보기	–이/가 되면 –(으)면 되다	내용 확인하기 / 본문 요약하기 점검 사항 체크리스트 쓰기
	(5) 집 계약하기	–아/어 있다 –(으)려고요	내용 확인하기 부동산 계약서 쓰기
	(6) 이삿짐센터에 전화하기	높임표현	내용 확인하기 / 본문 요약하기 번역하기 / 제시 어휘 활용하여 문장 완성하기
	(7) 필요한 생활용품 사기	–말고도 –도록	내용 확인하기 / 뒷이야기 쓰기 어순대로 문장쓰기
	(8) 우리 집	–(으)ㄴ/는 것 같다 –나 보다	내용 확인하기 / 대화문 읽고 문장 완성하기 / 번역하기 / 자신의 집 소개하기
	(9) 집들이 초대하기	–다면서요 –밖에 없다	내용 확인하기 그림 보고 이야기 만들기
4. 아르바이트 구하기	(1) 아르바이트에 대해 생각해 보기	–(으)면서 –로도	내용 확인하기 본문 활용하여 대화문 만들기 제시 어휘 활용하여 문장 완성하기 그림 보고 문장 완성하기
	(2) 아르바이트 구하기	아르바이트 관련 어휘 ㄹ, 으, ㄷ, ㅂ 불규칙 동사	내용 확인하기 번역하기
	(3) 아르바이트 광고지 읽기	ㅅ, 르 불규칙 동사	내용 확인하기 / 번역하기 안내문을 문장으로 바꿔 쓰기
	(4) 아르바이트 문의하기	이력서 관련 어휘 아무–나	내용 확인하기 상황 선정하여 대화문 만들기
	(5) 아르바이트 면접	–았/었던 –(으)면 되다	내용 확인하기 면접 대화문 만들기
	(6) 아르바이트 하기	–게 –대로	내용 확인하기 / 번역하기 어순대로 문장쓰기
	(7) 아르바이트 어려움 이야기하기	–잖아요	내용 확인하기 / 문맥에 맞는 문장 완성하기 / 틀린 문장 고쳐 쓰기
	(8) 재미있는 아르바이트 생각해 보기	–는지/을지 –기 쉽다(어렵다, 좋다)	내용 확인하기 / 확장 읽기 그림보고 이야기 만들기
	(9) 아르바이트 5계명 만들기	–(으)ㄴ/는가 –(으)라	내용 확인하기 / 자기 소개서 쓰기
	(1) 어디로 갈까	–(으)ㄹ 만하다 –아/어야 할지 모르겠다	내용 확인하기 / 본문 요약하기 상황 대화문 만들기
	(2) 여행 광고 읽기	–아/어 주다(드리다)	확장 읽기 틀린 문장 찾아 고쳐 쓰기

대단원	소단원	어휘 · 문법 및 표현	읽고 쓰기
5. 여행하기	(3) 서울 시티 투어 버스에 문의하기	−나요?	내용 확인하기 / 내용 완성하기 그림보고 문장 완성하기
	(4) 기차표 사기	−는 게 어때요? −에 따라서	내용 확인하기 상황 대화문 만들기
	(5) 게스트 하우스 예약하기	숙박업소 관련 어휘 −(으)ㄹ 예정이다 / −는 동안	확장 읽기 번역하기
	(6) 관광지 미리 보기	−는군요 −네요	내용 확인하기 그림보고 이야기 만들기
	(7) 기념품 가게에서	기념품 관련 어휘 −는 걸요 / −만	내용 확인하기 / 확장 읽기 번역하기 / 어순대로 문장쓰기
	(8) 소감 이야기하기	−았/었겠 −더라	내용 확인하기 / 번역하기 한국 문화체험 프로그램 소개하기
	(9) 기행문 쓰기	마치 −인 것 같이 −(이)라고 하다	내용 확인하기 / 여행 일정표 만들기 / 기행문 쓰기
6. 취미생활하기	(1) 당신의 취미는	−말고/말고는 −(으)ㄹ 텐데	내용 확인하기 제시 어휘 활용하여 문장 완성하기
	(2) 취미 생활을 위한 광고 읽기	−을/를 위한 / −아/어야 하다	확장 읽기 / 상황 대화문 만들기
	(3) 취미생활 즐기기	취미 관련 어휘 −(으)며 −(으)ㄴ/는/(으)ㄹ 점	확장 읽기 그림보고 문장 완성하기 어순대로 문장쓰기
	(4) 프로그램 읽고 여가 생활 정하기	−고 말다	확장 읽기 / 번역하기 상황 대화문 만들기
	(5) 전화로 프로그램에 대해 문의하기	−아/어지다 −는 중	내용 확인하기 / 본문 요약하기 번역하기 / 취미 소개하기
	(6) 동아리 만들기	−아/어지겠지	내용 확인하기 그림보고 이야기 만들기
	(7) 동아리 소개 자료 읽기	접속사	확장 읽기 / 번역하기 상황 대화문 만들기
	(8) 동아리 등록하기	−말이다 −을/를 위해서	확장 읽기 / 동아리 소개하기 동아리 입회 신청서 쓰기
7. 모임에참석하기	(1) 생일 축하하기	생일파티 관련 어휘 −아/어야지 / −았/었던	내용 확인하기 / 반말을 격식체로 바꿔 쓰기 / 그림보고 문장 완성하기
	(2) 생일 초대 카드와 생일 축하 카드 쓰기	−도록 −(으)ㄹ 수 없게 되어	확장 읽기 생일 카드 돌려쓰기
	(3) 결혼식에 초대하기	−(으)ㄴ/는데요	확장 읽기 / 번역하기
	(4) 결혼 축하하는 인사하기	결혼 관련 어휘 −기로 하다 / −(으)ㄴ 지	내용 확인하기 / 본문 요약하기 그림보고 이야기 만들기
	(5) 돌잔치에 초대하기	−기 시작하다 간접화법	확장 읽기 / 번역하기 / 대화문 읽고 문장 완성하기 / 어순대로 문장쓰기
	(6) 돌잔치에서 축하하는 말	−(으)ㄴ/는다고 해서 −아/어라	내용 확인하기 틀린 문장 고쳐 쓰기
	(7) 병문안을 가서	병원과 증상 관련 어휘 −(으)ㄹ 뻔하다 / −더라구요	내용 확인하기 / 대화문 완성하기

대단원	소단원	어휘·문법 및 표현	읽고 쓰기
	(8) 문상을 갔을 때	-고요 -(이)나	내용 확인하기 / 확장 읽기 장례문화 소개하기
	(9) 전시회 초대장 보내기	-(으)리라고	확장 읽기 / 번역하기 초대장 쓰기
8. 한국 문화 알기	(1) 떡국을 먹어요	설날 관련 어휘 / -께, 께서, 께서는, 께도 / -기 때문이다	확장 읽기 / 번역하기 새해 풍습 소개하기
	(2) 달을 보며 소원을 빌어요	-아/어 놓다 -(이)라서	내용 확인하기 / 번역하기 본문 요약하기
	(3) 어린이 세상	-고 그래요 -(으)니까요	내용 확인하기 / 번역하기 그림보고 문장 완성하기 제시 어휘 활용하여 문장 완성하기
	(4) 부모님 감사합니다	꽃 관련 어휘 웬 N / -(이)라도	내용 확인하기 / 번역하기
	(5) 선생님 감사합니다	-기도 하고~기도 하다 -았/었을 때	내용 확인하기 웃어른께 감사편지 쓰기 어순대로 문장쓰기
	(6) 부채가 최고예요	-(으)ㄹ 적에	내용 확인하기 / 확장 읽기 틀린 문장 고쳐 쓰기
	(7) 송편을 예쁘게 만들어요	-아/어야 -(으)ㄹ 걸 그랬다	내용 확인하기 / 확장 읽기 그림보고 이야기 만들기
	(8) 고마우신 세종대왕님	-았/었는지 -만큼	내용 확인하기 / 확장 읽기 번역하기 / 대화문 완성하기
	(9) 메리 크리스마스	-도 ~고 -도 -마다	내용 확인하기 / 노래 부르기 '징글벨 락' / 본문 요약하기 명절 관련 카드쓰기
9. 정보 검색 하기	(1) 어디서 정보를 찾을까?	-고 보니까 -(으)ㄹ 만큼	내용 확인하기 / 확장 읽기 그림보고 문장 완성하기 영화 검색 순서쓰기
	(2) 114에 전화하기	-도록 하다	내용 확인하기 / 확장 읽기 번역하기
	(3) 인터넷으로 책 찾기(1)	-보다는 ~이/가 -(으)ㄹ 수 있으면 좋겠다	내용 확인하기 / 확장 읽기 본문 요약하기
	(4) 인터넷으로 책 찾기(2)	인터넷 서점 관련 어휘 -(으)로부터 / -(이)나	내용 이해하기 책 검색하고 내용 소개하기
	(5) 인터넷으로 물건 사기(1)	-느라고	내용 확인하기 / 본문 요약하기 번역하기 / 제시 어휘 활용하여 문장 완성하기
	(6) 인터넷으로 물건 사기(2)	-더라 -던데	내용 확인하기 / 확장 읽기 그림 보고 이야기 만들기
	(7) 카페에 가입하기[1]	-아/어 보이다	내용 확인하기 / 번역하기 인터넷 사이트 추천하기
	(8) 카페에 가입하기[2]	인터넷 관련 어휘 피동 표현 / -게 하다	확장 읽기 포털 사이트 가입 신청서 쓰기
	(9) 학교 홈페이지 둘러보기	사동 표현 -더군요	확장 읽기 / 틀린 문장 고쳐 쓰기 어순대로 문장쓰기

학교 생활하기

校园生活

(1) 오리엔테이션

新生说明会

- 학교생활 관련 어휘를 알 수 있다. 能了解有关校园生活的词汇。
- 한국 대학의 학사일정을 활용하여 자신의 나라 대학 학사일정을 소개할 수 있다. 通过了解韩国大学的学事日程能够介绍自己大学的学事日程。

 어휘

1. 다음 중 알맞은 단어를 표시하십시오.

동	생	학	부
아	이	선	수
리	후	배	구
학	번	상	경

(1) 저는 한국어 공부가 끝난 후에 빨리 ○○에 가고 싶어요. ○○에서 경영학을 공부하려고 합니다.

(2) 우리 학교에는 영어○○○, 컴퓨터○○○, 댄스○○○ 등이 있습니다.

(3) 저는 신입생입니다. 오늘 저녁에 경영학과 ○○들과 모임이 있습니다.

(4) 재석 : 링링 씨는 몇 ○○입니까?

링링 : 저는 2008년에 입학했으니까 08 ○○입니다.

2. 다음 <보기>에서 알맞은 단어를 골라 문장을 완성하십시오.

> **보기**
>
> 수강신청　　　오리엔테이션　　　설명하다　　　이용하다　　　축제

(1) 신입생 ＿＿＿＿＿＿＿＿＿＿에서 학교생활에 대해 설명해 줍니다.

(2) 저는 도서관을 자주 ＿＿＿＿＿＿＿＿＿＿.

(3) 한국의 대학교에서는 매년 5월 대학교 ＿＿＿＿＿＿＿＿＿＿이/가 있습니다.

(4) 오늘까지 ＿＿＿＿＿＿＿＿＿＿을/를 해야 수업을 들을 수 있습니다.

(5) 박 선생님은 무엇이든지 쉽고 재미있게 ＿＿＿＿＿＿＿＿＿＿ 주십니다.

1. N - 에 대하여(대해서) 对……, 对于……

'어떤 대상이나 상대로 삼음'을 나타낼 때 사용한다. '-에 관하여'와 같다. 表示 '对什么或相对什么' 时使用。和 '-에 관하여' 一样。

●보기●

> 가 : 어제 학교에서 무엇을 배웠어요?　　　나 : 한국 문화에 대해서 배웠어요.

※ 문장을 완성하십시오.

(1) 가 : 선생님이 수업시간에 무엇에 대해서 설명해 주었어요?

　　나 : (문법) _________________________.

(2) 가 : 오늘 무슨 이야기를 할까요?

　　나 : (한국 영화) _________________________.

(3) 가 : 여러분, 오늘은 한국어 발음 _________________ 공부하겠습니다.

　　나 : 네, 알겠습니다.

2. V. A - 는지/(으)ㄹ지 알다(모르다) 知道……

막연한 의문을 나타내거나 앞 내용에 대해 걱정함을 나타낼 때 사용할 수 있다. 表示茫然的疑问或是对前面内容表示担心时使用。

●보기●

> 인터넷으로 비행기표를 어떻게 사는지 모르겠어요.

※ 문장을 완성하십시오.

(1) 가 : 왕단 씨, 언제 중국에 돌아갈 거예요?

　　나 : 글쎄요. 언제 _________________________.

(2) 가 : 시험공부 많이 했어요?

　　나 : 공부는 좀 했지만 시험을 (잘 보다/못 보다) _______________ 모르겠어요.

(3) 가 : 유학 간 아들은 잘 있어요?

　　나 : 글쎄요. 연락이 없어서 _________________________.

1. 다음 글을 읽고 질문에 답하십시오.

> 취페이 : 안녕하세요?
> 영　수 : 안녕하세요? 수강신청 했어요?
> 취페이 : 아니요, 아직 말도 잘 못하는데, 학교생활을 어떻게 해야 할지 모르겠어요.
> 영　수 : 내일 모레 오리엔테이션이 있어요.
> 취페이 : 오리엔테이션이 뭐예요?
> 영　수 : 학교생활에 대하여 설명해 주는 거예요. 학교 시설, 수강 신청, 도서관 이용에
> 　　　　 대해서 가르쳐 줘요.
> 취페이 : 그럼, 꼭 가야겠어요.
> 영　수 : 모레 아침 10시부터 하니까, 9시 30분에 만나서 같이 가요.

⑴ 현재 취페이의 마음과 가장 가까운 것을 고르십시오. (　　　)

① 설레임　　　　　② 기쁨　　　　　③ 걱정함　　　　　④ 슬픔

⑵ 위 글의 내용과 <u>다른</u> 것을 고르십시오. (　　　)

① 취페이는 이미 수강신청을 했다.
② 오리엔테이션은 이틀 후에 있다.
③ 두 사람은 함께 오리엔테이션에 가려고 한다.
④ 오리엔테이션은 학교생활에 대하여 설명해 주는 프로그램이다.

2. 본문 내용을 문장으로 요약하십시오.

> 저는 중국에서 온 취페이입니다. 아직 한국어를 잘 못합니다.
> 그래서 아직 수강신청도 못했고, 학교생활을 ＿＿＿＿＿＿＿＿＿＿＿＿＿＿＿
> 걱정하고 있습니다. 한국 친구 영수가 ＿＿＿＿＿＿＿＿＿＿＿＿＿＿＿＿＿＿
> 오리엔테이션이 있다고 말해 주었습니다. 나는 오리엔테이션이 무엇인지 잘 몰라서 영
> 수에게 물었습니다. 영수는 오리엔테이션은 ＿＿＿＿＿＿＿＿＿＿＿＿＿＿＿＿
> ＿＿＿＿＿＿＿＿＿＿＿＿＿＿＿＿＿＿＿＿＿＿(이)라고 설명해 주었습니다.
> 우리는 모레 ＿＿＿＿＿＿＿＿＿＿＿＿＿＿＿＿＿＿＿＿기로 하였습니다

3. 다음 [보기]와 같이 ①~⑨ 내용을 중심으로 여러분 나라의 '대학 학사일정'에 대해
   소개해 보십시오.

지금부터 한국의 대학교 학사일정을 소개하겠습니다.

한국의 대학교는 ① 한 학기에 16주 수업을 하며 ② 1학기는 3월에, ③ 2학기는 9월에 시작합니다. ④ 3월의 주요 행사는 입학식과 신입생을 위한 오리엔테이션이 있습니다. ⑤ 4월에는 중간고사가 있고 ⑥ 5월에는 대학마다 '축제'가 있습니다. 축제 때는 각 학과마다 여러 가지 행사를 준비하고 발표합니다. 외국 학생들은 '장터'를 개설하여 자기 나라의 음식을 소개하기도 합니다. ⑦ 6월 중순에 있는 기말고사가 끝나면 곧바로 여름방학이 시작됩니다. ⑧ 여름방학은 6월부터 8월까지입니다. ⑨ 2학기는 1학기와 비슷한 일정으로 운영됩니다.

(2) 학교 시설 익히기

熟悉校园设施

• 학교 안내도를 보고 학교시설에 대해 묻고 대답할 수 있다.
看学校示意图, 能询问和回答有关校园的设施.

어휘

1. 다음 <보기>에서 알맞은 단어를 고르십시오.

> **• 보기 •**
>
> 문방구   우체국   서점   화장품 가게   사진관   학생증

(1) 공책과 연필을 사려면 ________________에 가야 합니다.

(2) 도서관에서 책을 빌리려면 ________________이/가 있어야 합니다.

(3) '책방'을 다른 말로 '______________'이라고 합니다. 여기에서 책을 삽니다.

(4) 저는 화장품을 사려고 ________________에 가는 중입니다.

(5) 요즘 ______________에서는 편지도 보낼 수 있고, 은행처럼 저금하거나 돈을 찾을 수 있습니다.

2. 다음 <보기>와 같이 반대말을 써 보십시오.

> **• 보기 •**
>
> 가르치다 ↔ 배우다

(1) 사다   ↔ ________________

(2) 필요하다   ↔ ________________

(3) 출발하다   ↔ ________________

(4) 수업을 마치다 ↔ ________________

1. V.A - 겠 - (1)

의미를 추측할 때 사용한다.(강한 추측)   表达推测的意思时使用。(强烈的推测)

> ● 보기 ●
>
> 가 : 밖에 날씨가 어때요?   나 : 아주 흐려요. 곧 비가 오겠어요.

※ 문장을 완성하십시오.

(1) 가 : 오늘 중국에서 부모님이 오세요.

　　 나 : 와~, (좋다)＿＿＿＿＿＿＿＿＿＿＿.

(2) 가 : 오늘 늦게 일어나서 아침을 못 먹었어요.

　　 나 : (배가 고프다)＿＿＿＿＿＿＿＿＿＿. 우유가 있는데 드실래요?

(3) 가 : 어제 남자친구에게 생일선물로 시계를 받았어요. 아주 마음에 들어요.

　　 나 : ＿＿＿＿＿＿＿＿＿＿＿＿.

(4) 가 : 오늘 저녁에 친구들과 술도 마시고 노래방에도 갈 거예요.

　　 나 : ＿＿＿＿＿＿＿＿＿＿＿＿. 저도 같이 가도 될까요?

2. V.A - 겠 - (2)

자신의 의지를 나타낼 때 사용한다.(강한 의지)   表达自己的意志时使用。(强烈的意志)

> ● 보기 ●
>
> 가 : 공부 좀 하셔야지요?   나 : 네, 오늘부터 열심히 하겠습니다.

※ 문장을 완성하십시오.

(1) 저는 이번 여름방학에 배낭여행을 꼭 ＿＿＿＿＿＿＿＿＿＿.

(2) 이번에는 다이어트에 ＿＿＿＿＿＿＿＿＿＿.

(3) 저는 열심히 공부해서 좋은 한국어 선생님이 ＿＿＿＿＿＿＿＿＿＿.

(4) 내일부터는 절대로 지각하지 ＿＿＿＿＿＿＿＿＿＿.

1. 다음 글을 읽고 질문에 답하십시오.

> 호우용이 : 볼펜을 사고 싶은데, 어디로 가야 해요?
> 지　　영 : 학생 회관으로 가면 돼요.
> 호우용이 : ㉠거기에 문방구가 있어요?
> 지　　영 : 네, 그리고 우체국이랑 서점도 있어요. 그리고 화장품 가게도 있어요.
> 호우용이 : 아, 그러면 거기에 가면 되겠어요. 그런데 혹시, 사진관도 있어요?
> 　　　　　 학생증 사진이 필요하거든요.
> 지　　영 : 네, 사진관도 있어요.
> 호우용이 : 잘 됐네요. 지금 학생 회관에 가야겠어요.

(1) 호우용이가 하려고 하는 일 두 가지를 쓰십시오

　　①

　　②

(2) ㉠'거기'가 어디입니까?

(3) 학생 회관에 있는 것을 모두 쓰십시오.

2. 위의 대화문에 이어서 뒷이야기를 써 보십시오.

3. 여러분이 공부하고 있는 학교에는 어떤 건물들이 있습니까? 그 안에는 어떤 부서와 편의시설이 있습뉘까? 캠퍼스 맵(Campus map)을 보고 다음과 같이 써 보십시오.

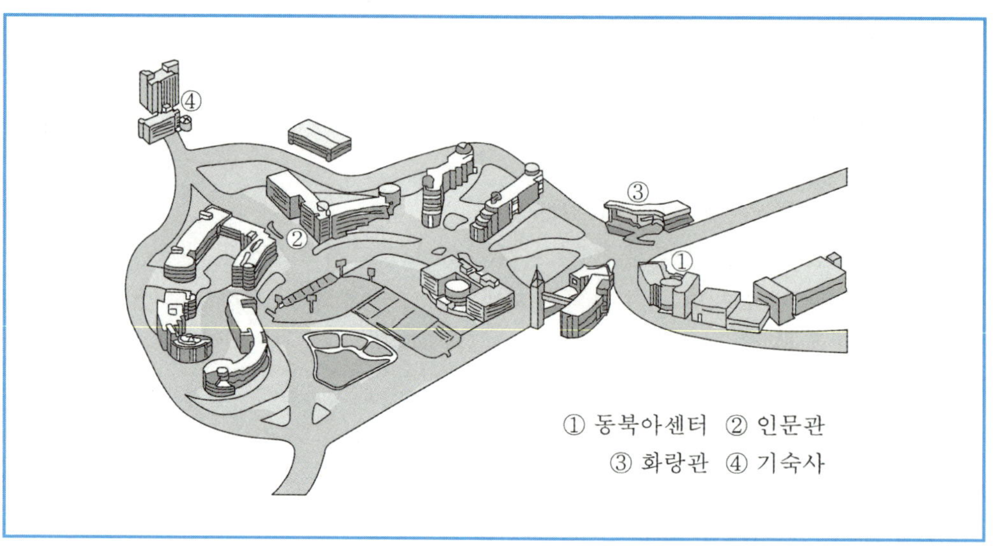

(1)	동북아센터	1층에 큰 강당이 있습니다. 큰 행사를 할 때 여기를 사용합니다. 2층에 대외협력처가 있습니다. 외국과 관계있는 일을 하는 곳입니다. 2, 3, 4층에 한국어교육센터 강의실이 있습니다. 학생들이 여기에서 한국어를 공부합니다. 4층에 한국어교육센터 교무실이 있습니다. 선생님들이 계시는 곳입니다.
(2)	인문관	
(3)	화랑관	
(4)	기숙사	

(3) 수강신청 하기

选课

어휘

1. 다음 중 전공학과와 관계있는 직업을 연결하십시오.

(1) 경영학과   • 여행사 직원, 레져 사업가 등

(2) 귀금속·보석디자인학   • 프로듀서, 신문기자 등

(3) 관광경영학   • 경영자, 회사원, 비서 등

(4) 행정학   • 보석감정사, 관련 사업가 등

(5) 신문방송학   • 공무원, 행정전문가 등

2. 다음 <보기>에서 알맞은 단어를 골라 문장을 완성하십시오.

> **보기**
>
> | 정하다 | 과목 | 참고 | 장학금 | 신청하다 | 제출하다 |
> | --- | --- | --- | --- | --- | --- |

(1) 가 : 문법을 잘 모르겠는데 어떻게 하면 좋을까요?

    나 : 선생님에게 물어보거나 한국어 사전을 ＿＿＿＿＿＿＿ 하세요.

(2) 가 : 다음 모임을 언제 할 것인지 지금 ＿＿＿＿＿＿＿(으)ㄹ까요?

    나 : 네, 그렇게 합시다.

(3) 가 : 준하 씨는 조금만 더 노력하면 장학금을 받을 수 있겠어요.

    나 : 네, 선생님. 열심히 공부해서 ＿＿＿＿＿＿＿을/를 받도록 노력하겠습니다.

(4) 가 : 여보세요? 여기 도서관인데요. ＿＿＿＿＿＿＿ 책이 도착했습니다.

    나 : 아, 그래요? 곧 가겠습니다. 고맙습니다.

1. V - 지 못하다 ≒ 못 V 不能, 不

능력이 없거나 의지대로 되지 않을 때 사용한다. 没有能力或没能实现意志时使用。

● 보기 ●

저는 담배를 피우지 못 합니다.

※ 문장을 완성하십시오.

(1) 가 : 링링 씨는 중국어를 잘합니까?

나 : 아니요, ________________________________.

(2) 가 : 준하 씨는 여자친구를 자주 만납니까?

나 : 아니요, 요즘 바빠서 ________________________.

(3) 가 : 하하 씨는 춤을 잘 추세요?

나 : 별로 __________________________________.

(4) 가 : 중간고사 시험을 잘 봤어요?

나 : 아니요, ________________________________.

2. V - (으)ㄹ 수 있다(없다) 能(不能)

가능성, 능력을 나타낼 때 사용한다. 表达 '可能性、能力' 时使用。

● 보기 ●

마이클 씨는 5개 국어를 할 수 있어요.

※ 문장을 완성하십시오.

(1) 가 : 재석 씨, 저 좀 ________________________?

나 : 네, 도와드릴 수 있어요.

(2) 가 : 운전할 때 주차할 수 있어요?

나 : 아니요, 아직 운전이 서툴러서 ________________.

(3) 가 : 골프를 ______________________________?

나 : 네, 조금 쳐요.

(4) 가 : 언제까지 일을 끝낼 수 있어요?

나 : 내일까지 ______________________________.

1. 다음 중 내용이 맞으면 ○, 틀리면 × 하십시오.

> 민수 : 이번 학기 수강신청 했어요?
>
> 앙리 : 아니요, 아직 못 했어요. 언제 해야 해요?
>
> 민수 : 이번 주 화요일부터 금요일까지예요. (중략)
>
> 앙리 : 저는 아직 과목을 정하지 못했는데 어떻게 하지요?
>
> 민수 : 그래요? 그러면 자세한 것은 조교 선생님께 먼저 물어 보세요.

(1) 수강신청은 이번 주 화요일부터 시작됩니다. (○ / ×)

(2) 수강신청은 꼭 집에서 인터넷으로 해야 합니다. (○ / ×)

(3) 수강신청은 학교에 가서 직접 해야 합니다. (○ / ×)

(4) 과목을 정한 뒤에, 수강신청을 합니다. (○ / ×)

(5) 과목에 대해 잘 모를 때 조교 선생님에게 문의하는 게 좋습니다. (○ / ×)

2. 다음을 읽고 틀린 것을 고르십시오. (   )

> 가. 수강신청 일정
> - 수강신청은 수강신청 날짜에 꼭 해야 한다.
> - 수강신청 기간에 수강신청을 하지 않으면 과목이 폐강될 수도 있다.
>
> 나. 수강신청 방법
> - 학교 홈페이지(http : //www.silla.ac.kr)의 『수강신청시스템』에 로그인(log in) 하여 수강할 과목을 등록한다.
>   ※ 홈페이지 ⇒ 대학정보 in ⇒ 온라인도우미 ⇒ 수강신청 ⇒ 수강편람
>   ⇒ [2009-1학기 수강편람] 참고
> - 과목별로 수강인원이 제한되어 있다. 선착순으로 수강신청 할 수 있다.
> - 강의시간표의 수업시간이 중복되지 않게 수강신청 한다.

① 선택한 과목들의 시간이 같으면 안 된다.

② 수강신청은 학교 홈페이지에 들어가 신청해야 한다.

③ 학생들이 신청하지 않는 과목은 폐강되기도 한다.

④ 학생들이 신청한 모든 과목은 인원 제한이 없다.

3. 한국어는 중국어로, 중국어는 한국어로 써 보십시오.

   (1) 이번 학기 수강신청 했어요?

   (2) 이번 학기에 장학금을 받았습니다.

   (3) 请把报告交给助教老师。

   (4) 专业必修课是学生们一定要听的课程。

4. [읽기2]를 참고하여 수강신청 하는 방법에 대해서 쓰십시오.

(4) 강의계획표 보기

看课程计划表

- 강의계획서를 보고 문장으로 바꿔 쓸 수 있다. 看课程计划表后能够写对话。
- 강의시간표를 보고 강의시간표에 대해 묻고 대답할 수 있다. 看课程计划表后能进行提问和回答。

어휘

1. 다음 <보기>에서 알맞은 단어를 고르십시오.

> **보기**
>
> 등록금   성적표   개근   결석하다   학점   학사경고

(1) 나는 이번 학기 수업에 매일 와서 ______________ 상을 탔습니다.

(2) '학비'를 다른 말로 ______________(이)라고 합니다.

(3) 준하는 이번 학기 성적이 너무 나빠서 ______________을/를 받았습니다.

(4) ______________에 A+가 3개나 있어서 기분이 좋았습니다.

(5) 오늘 링링 씨가 아파서 ______________.

2. 다음 ______에 알맞은 단어를 고르십시오. (   )

(1) 학생 여러분, 보고서는 조교 선생님에게 ______________.
   ① 알려 주세요   ② 정해 주세요   ③ 신청해 주세요   ④ 제출해 주세요

(2) 수강 신청이 무엇인지 ______________ 알려주시겠습니까?
   ① 급히   ② 자세히   ③ 과제물   ④ 학점

(3) 한국어교육센터를 수료한 후에 ______________에 가야 합니다.
   ① 학부   ② 학점   ③ 학기   ④ 학사

(4) 모르는 것이 있으면 조교 선생님에게 ______________ 물어 보세요.
   ① 아직   ② 혹시   ③ 먼저   ④ 아마

1. V - 기 전에 ……前

어떤 행위나 상태가 앞에 오는 사실보다 시간적으로 앞설 때 사용한다. 表示某个行为或状态在前面所接的事实 '前'。

※ 다음 [보기]에서 알맞은 단어를 골라 문장을 완성하십시오.

> **보기**
>
> 가다   자다   운동하다   오다   먹다   떠나다   하다

(1) 준하 씨, 저희 집에 ＿＿＿＿＿＿＿ 미리 전화주세요. 마중 나갈게요.

(2) 음식을 ＿＿＿＿＿＿＿ 반드시 손을 씻어야 합니다.

(3) 집에 ＿＿＿＿＿＿＿ 친구를 만날까? 아니면 집에 간 후에 만날까?

(4) 하하 씨는 잠을 ＿＿＿＿＿＿＿ 언제나 여자친구에게 전화를 합니다.

(5) 수영을 ＿＿＿＿＿＿＿ 준비운동을 꼭 하십시오.

2. V.A - (으)ㄴ 후에 ……后

어떤 행위를 하고 그 다음 다른 행위를 함을 나타낼 때 사용한다. 做完某行为后, 接着做另一行为时使用。

> **보기**
>
> 저는 아침운동을 한 후에 샤워를 합니다.

※ 문장을 완성하십시오.

(1) 도서관에서 공부하다/식당에 가다 ＿＿＿＿＿＿＿＿＿＿＿

(2) 식사를 하다/산책을 하다 ＿＿＿＿＿＿＿＿＿＿＿

(3) 영화를 보다/영화 이야기를 하다 ＿＿＿＿＿＿＿＿＿＿＿

(4) 쇼핑을 하다/집에서 요리하다 ＿＿＿＿＿＿＿＿＿＿＿

1. 다음 글을 읽고 맞으면 ○, 틀리면 × 하십시오.

06학년도 1학기 강의 계획

1. 과　목 : 생활 한국어 II　　　　　2. 종　류 : 전공 필수
3. 학　점 : 2학점　　　　　　　　　4. 강　사 : 홍길동

　　　　　　　　　　　　　　　　　　연구실 : 인문대학 328호

　　　　　　　　　　　　　　　　　　연락처 : 987−6543

　　　　　　　　　　　　　　　　　　이메일 주소 : hongildong@hankuk.ac.kr

5. 시　간 : 월요일 3, 4교시　　　　6. 강의실 : 인문대학 234호
7. 평　가 :

출석	중간고사	기말고사	과제물	태도
10%	30%	30%	25%	5%

8. 교　재 : 장보고(2005), 생활 한국어 II, 청해진 출판사

(1) 생활 한국어 II 는 꼭 들어야 하는 과목이다.　　　　　　　　　(○ / ×)

(2) 강사 선생님의 핸드폰 번호를 알 수 있다.　　　　　　　　　　(○ / ×)

(3) 수업은 월요일에 2시간 수업한다.　　　　　　　　　　　　　(○ / ×)

(4) 평가는 시험으로만 평가한다.　　　　　　　　　　　　　　　(○ / ×)

(5) 수업교재는 2005년에 만들어진 교재이다.　　　　　　　　　　(○ / ×)

2. 위의 『강의계획서』를 보고 '생활한국어 II' 과목에 대해 써 보십시오.

　　저는 이번 학기에 '생활한국어 II' 과목을 신청하였습니다. 생활한국어 II 는 꼭 들어야

하는 전공 필수 과목이고, 2학점짜리 과목입니다. 이 과목을 가르치는 선생님은

3. 다음 강의시간표를 보고, 묻고 대답하는 대화문을 써 보십시오.

학생 (가) (   ) 시간표

	월	화	수	목	금
1	한국어 회화				기초 컴퓨터
2		실용 한국어			
3					
4			한국어 독해		한국의 문화
5				기초 영어 문법	
6					

학생 (나) (   ) 시간표

	월	화	수	목	금
1					기초 컴퓨터
2	교양 체육 (테니스)	실용 한국어		한국어 작문	
3					
4					한국의 문화
5	기초 한국어 문법				
6					

가 : ○○씨, 강의시간표 다 짰어요?

나 : 네, ○○씨는요?

가 : 저도 다 짰어요. 같이 비교해 볼까요?

나 : ____

가 : ____

나 : ____

가 : ____

나 : ____

가 : ____

나 : ____

가 : ____

나 : ____

(5) 학교 식당에서 식사하기

在学校食堂就餐

- 식당에 가서 음식을 주문할 수 있다. 能去饭店点菜。
- 그림을 보고 재미있는 이야기를 만들어 발표할 수 있다. 看图编有趣的故事。

어휘

1. 다음 <보기>에서 관계있는 것을 고르십시오.

> **보기**
>
> 달다　짜다　쓰다　맵다　시다　느끼하다　담백하다　떫다

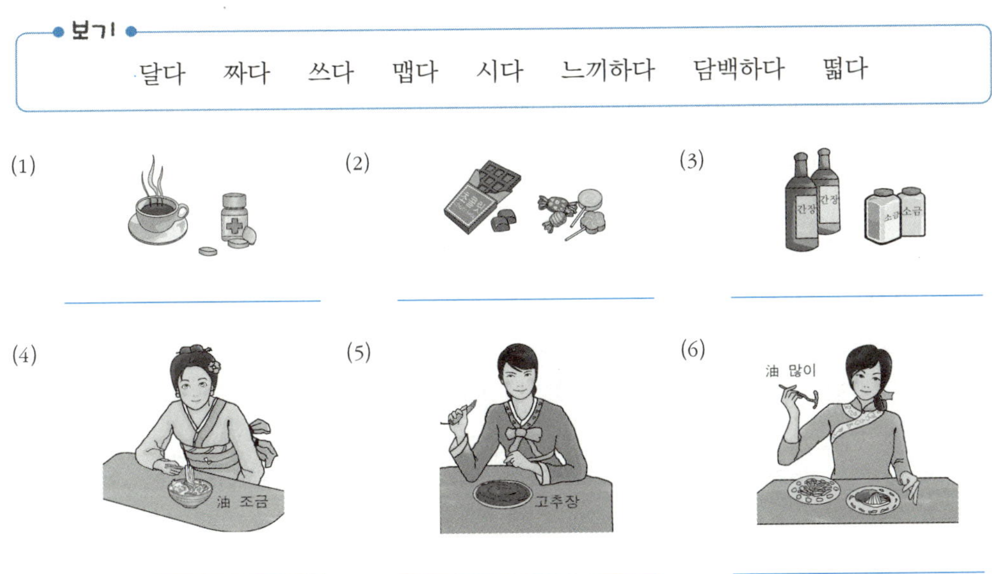

(1) _______________

(2) _______________

(3) _______________

(4) _______________

(5) _______________

(6) _______________

2. 다음 <보기>에서 알맞은 단어를 고르십시오.

> **보기**
>
> 조식　석식　간식　야식　중식

(1) '아침식사'와 같은 말. _______________　　(2) '저녁식사'와 같은 말. _______________

(3) 잠깐 쉬는 시간에 간단하게 과자, 과일, 커피 등을 먹는 것. _______________

(4) 밤 늦게 간단하게 먹는 음식. _______________

1. V - 고 나서 ……之后

'어떤 행동을 다 한 후에', ' - (으)ㄴ 뒤에' 某个动作都做完以后。' - 后'

● 보기 ●

> 가 : 수업이 끝나고 나서 어디에 가요?　　나 : 도서관에 가요.

※ 문장을 완성하십시오.

(1) 가 : 손님, 식사를 ＿＿＿＿＿＿＿＿＿＿ 디저트로 무엇을 드시겠습니까?

　　나 : 저는 아이스크림으로 하겠습니다.

(2) 가 : 아침에 ＿＿＿＿＿＿＿＿＿＿ 제일 먼저 무엇을 합니까?

　　나 : 창문을 열고 간단한 운동을 합니다.

(3) 가 : 마이클 씨, (졸업하다/무슨 일?)＿＿＿＿＿＿＿＿＿＿?

　　나 : 저는 제 사업을 하고 싶어요.

(4) 가 : 재석 씨는 언제 기분이 가장 좋습니까?

　　나 : 저는 (테니스를 치다/캔맥주를 마시다)＿＿＿＿＿＿＿＿＿＿.

2. V - (으)ㄹ래요

상대편의 의사를 물어 볼 때 사용한다. 询问对方的想法时使用。

앞으로 할 일에 대해 자기의 의사를 말할 때 사용한다. 对将来要做的事, 说明自己的想法时使用。

● 보기 ●

> 가 : 오늘 해운대에 갈래요?　나 : 아니요, 저는 집에 갈래요.

※ 문장을 완성하십시오.

(1) 가 : 준하 씨, 무엇을 마시겠어요?

　　나 : 저는 ＿＿＿＿＿＿＿＿＿＿.

(2) 가 : 영화 보러 갈까요?

　　나 : 오늘은 좀 피곤해요. 그냥 집에 ＿＿＿＿＿＿＿＿＿＿.

(3) 가 : 호동 씨, 돈 좀 ＿＿＿＿＿＿＿＿＿＿?

　　나 : 미안해요. 돈이 하나도 없어요.

(4) 가 : 재석 씨, 사과가 맛있어 보이는데 사과를 ＿＿＿＿＿＿＿＿＿＿, 말래요?

　　나 : 5개만 삽시다.

1. 다음 글을 읽고 질문에 답하십시오.

> 호우용이 : 우리 같이 점심 먹으러 가요.
>
> 정　　민 : 그럼, 학생 회관으로 갑시다. 뭐 먹고 싶어요?
>
> 호우용이 : 아침에 빵을 먹어서 밥을 먹고 싶어요. 그런데 매운 음식은 잘 못 먹어요.
>
> 정　　민 : (　　㉠　　) 맵지 않은 볶음밥이나 카레라이스를 드세요.
>
> 호우용이 : 볶음밥이 좋겠어요. 정민 씨는요?
>
> 정　　민 : 저는 오랜만에 자장면을 먹을래요.
>
> 호우용이 : 그럼, 우선 저쪽으로 가서 표를 삽시다.

⑴ 호우용이가 식사한 음식 이름을 쓰십시오.

　아침식사 :

　점심식사 :

⑵ ㉠에 들어갈 접속사를 고르십시오. (　　　)

　① 그래도　　　　　② 그러면　　　　　③ 그런데　　　　　④ 그래서

⑶ 위 글의 내용이 맞는 것을 고르십시오. (　　　)

　① 식당은 학생회관 안에 있다.

　② 정민은 오랜만에 볶음밥을 주문했다.

　③ 호우용이는 매운 음식을 아주 좋아한다.

　④ 음식 주문을 하면 종업원이 음식을 가지고 온다.

2. 본문 내용을 문장으로 요약하십시오.

3. 다음 그림을 보고 이야기를 만들어 보십시오.

(1)

(2)

(3)

(4)

(6) 게시판 읽기

看公告栏

- 악기 관련 어휘를 알 수 있다. 能够了解有关乐器的词汇。
- 게시판을 보고 주요 내용을 파악할 수 있다. 能看公告栏并掌握主要内容。

어휘

1. 다음 <보기>에서 관계있는 것을 고르십시오.

보기

꽹과리 탬버린 드럼 징 북 장구 기타 피리

(1)

(2)

(3)

(4)

(5)

(6)

1. V - 기 바라다 希望……

'이렇게 되었으면 하고 생각하다'. '- (으)십시오'보다 정중한 느낌을 준다. '希望能这样做'. 比起 '- (으)십시오' 感觉更恭敬。

● 보기 ●

> (새해 인사) 새해 복 많이 받으시기 바랍니다.

※ 문장을 완성하십시오.

(1) (유학 가는 선배에게 할 수 있는 말)

　● 유학 가서 ________________________.

(2) (사업을 시작하는 친구에게 할 수 있는 말)

　● 돈 많이 벌어서 ________________________.

(3) (손님에게 음식을 가져다 주면서 할 수 있는 말)

　● 음식을 ________________________.

(4) (결혼 안 한 선배에게 새해인사 할 때 할 수 있는 말)

　● 선배, 올해는 꼭 ________________________.

2. V - 고 싶다 想……

말하는 사람이 어떤 행위를 하기를 원함을 나타낼 때 사용한다. 说话人想做什么时使用。

● 보기 ●

> 한국 전통악기를 연주하고 싶은 사람은 오십시오.

※ 문장을 완성하십시오.

(1) 오늘은 고향에 계신 부모님이 ________________________.

(2) 어머니가 만들어 주신 음식이 ________________________.

(3) 방학이 되면 빨리 고향에 ________________________.

(4) 저는 열심히 공부해서 부모님을 기쁘게 ________________________.

1. 다음 중 맞는 것을 고르십시오. (   )

공 고

2009학년도 1학기 외부 기숙사(원룸) 학생을 아래와 같이 모집합니다.

1. 인원 : ○○명
2. 지원자격 : 한국대학교에 재학 중인 외국인유학생
3. 입주기간 : 6개월(2009. 3. 1(일) ~ 2009. 8. 30(일))
4. 접수기간 : 현재 살고 있는 학생 : 2009. 2. 9(월) ~
   　　　　　 새로 들어오는 학생 : 2009. 2. 16(월) ~
5. 기숙사비 납부기간 : 2009. 2. 18(수)~2. 27(금)까지 50% 납부
6. 납부 시 유의사항 : 새로 들어오는 학생은 보증금으로 15만원 추가 납부.
7. 문의처 : 999－1234
   한국대학교 대외협력처

① 외부 기숙사에 들어가는 학생 수를 정확하게 알 수 있다.

② 기숙사를 신청할 때는 기숙사 비용의 반만 내면 된다.

③ 외부 기숙사에는 내국인과 외국인 모두 신청할 수 있다.

④ 기숙사를 신청할 때마다 모든 학생들은 보증금을 내야 한다.

2. 다음 <보기>와 같이 제시된 표현을 모두 사용하여 문장을 쓰십시오.

> **● 보기 ●**
>
> 모임/꼭 오다/바랍니다. ➡ <u>모임에 꼭 오기 바랍니다.</u>

(1) 악기를 연주하다/사람들/언제든지 오세요.

➡ ______________________________________

(2) 한국어를 배우고 싶은 사람/한국어교육센터로 문의하다/됩니다.

➡ ______________________________________

(3) 학생식당/식사를 하다/식권을 사야 합니다.

➡ ______________________________________

(4) 감기약/밥을 먹다/드시기 바랍니다.

➡ ______________________________________

3. 한국어는 중국어로, 중국어는 한국어로 써 보십시오.

   (1) 경영학과 신입생을 환영합니다.

       ➡

   (2) 함께 즐거운 시간을 보냅시다.

       ➡

   (3) 想学习韩国传统乐器。

       ➡

   (4) 年糕是韩国的传统饮食。

       ➡

4. 교재의 [읽기] 게시판 중에서 하나를 선택하여, 대화문을 써 보십시오.

   (1) [신입생 환영회에 대해 친구와 이야기 하는 상황]

   (2) [풍물패 동아리에 가서 동아리에 대해 물어보는 상황]

   (3) [국제어학원에 전화해서 영어 강좌에 대해 문의하는 상황]

(7) 도서관 이용하기

使用图书馆

- 도서관 이용에 대해 묻고 대답할 수 있다. 能询问和回答关于图书馆的使用。
- 대출실과 열람실에서 할 수 있는 것과 없는 것을 알 수 있다. 能了解在借书室和阅览室里可以做的与不可以做的事项。

어휘

1. 다음 중 관계있는 것을 연결하십시오.

(1) 열람실　　　　　　　　　　　• 책을 빌려주는 곳

(2) 대출실　　　•　　　　　　　　• 도서관에서 공부하는 곳

(3) 참고열람실　•　　　　　　　　• 도서관에서 책을 관리하는 사람

(4) 검색대　　　•　　　　　　　　• 중요한 책들이 보관되어 있어 볼 수는
　　　　　　　　　　　　　　　　　있지만 빌릴 수는 없는 곳

(5) 사서　　　　•　　　　　　　　• 컴퓨터로 정보를 찾는 곳

2. 다음 <보기>에서 알맞은 단어를 골라 문장을 완성하십시오.

> **• 보기 •**
>
> 찾아보다　　빌리다　　중앙　　복사　　열람실　　매점

(1) '________________'(이)라는 단어는 '가운데'라는 말과 의미가 같다.

(2) 아저씨, 이 책 15p부터 50p까지 ________________ 좀 해 주세요.

(3) 링링 씨, 사전 좀 ________________ 주실래요? 모르는 단어가 있어서요.

(4) ________________은/는 조용히 공부하는 곳이기 때문에 떠들면 안 됩니다.

(5) 필요한 자료는 검색대에서 ________________.

1. V.A - (으)면   如果……、要是……的话

조건이나 가정의 뜻을 나타낸다. 表达条件或假定的意思。

※ 다음 〈보기〉에서 알맞은 단어를 골라 문장을 완성하십시오.

● 보기 ●

듣고 싶다   찬성하다   제출하다   신청하다   이용하다   쓰다

(1) 제가 한 말에 _________________ 손을 들어 주십시오.

(2) 영화 '맘마미아'에서 나온 음악을 ________________ 제가 CD에 구워드릴게요.

(3) 도서관에서 운영하는 '사이버(cyber) 학습관'을 ________________ 편리합니다.

(4) 책을 빌릴 때 학생증을 ________________ 5권까지 빌릴 수 있습니다.

(5) 도서관 사서에게 새로 나온 책을 _______________ 책을 받아 볼 수 있습니다.

2. V.A - 아/어도   即使……也

1) 뒤에 '좋다, 되다, 괜찮다'와 함께 쓰여 허락이나 허용을 나타낸다. 后面和 '좋다, 되다, 괜찮다' 一起用, 表达允许或容许。

2) 앞문장과 관계없이 뒷문장의 일이 있음을 나타낸다. 表达后一句所发生的与前一句无关。

● 보기 ●

1. 냉장고에 있는 음식을 모두 드셔도 됩니다.
2. 링링 씨는 약해 보여도 아주 강한 여성입니다.

※ 문장을 완성하십시오.

(1) 이 영화는 고등학생이 ________________ 되는 영화이다.

(2) 요즘은 나이가 30살이 ________________ 결혼하지 않은 사람이 많다.

(3) 재석 씨는 아무리 ________________ 나에게 매일 전화해 준다.

(4) 나는 물만 ________________ 살찌는 체질이다.

(5) 돈이 아무리 ________________ 건강을 잃으면 다 소용없다.

1. 다음 글을 읽고 질문에 답하십시오.

> 짱썬웨이 : 여기가 도서관이에요?
>
> 사　　서 : 네, 그렇습니다.
>
> 짱썬웨이 : 책을 빌리려면 어디로 가죠?
>
> 사　　서 : 2층에서 책을 찾아, ㉠대출을 하면 돼요.
>
> 짱썬웨이 : 책은 어떻게 찾아요? (중략)
>
> 사　　서 : 1층에 공부할 수 있는 방이 있어요.
>
> 짱썬웨이 : 도서관에서 신문도 볼 수 있어요?
>
> 사　　서 : 네, 4층 중앙에 가면 여러 가지 신문을 볼 수 있어요.

⑴ ㉠ '대출하다'와 바꿔 쓸 수 있는 단어를 본문에서 골라 쓰십시오.

⑵ 다음 중 내용이 **틀린** 것을 고르십시오. (　　　)

　① 두 사람은 지금 도서관에 있다.

　② 4층에 가면 신문을 볼 수 있다.

　③ 1층에서 책을 빌릴 수 있다.

　④ 2층에서 책을 검색할 수 있다.

2. 도서관 [대출실]에서 할 수 있는 것과 [열람실]에서 할 수 없는 것에 대해 쓰십시오.

대출실에서 할 수 있는 것	열람실에서 할 수 없는 것
⑴ 공부를 할 수 있다.	⑴ 큰 소리로 이야기하면 안 된다.
⑵	⑵
⑶	⑶
⑷	⑷

3. 다음 <보기>와 같이 어순대로 문장을 쓰십시오.

4층, 신문을, 볼 수 있다, 가면, 여러 가지, 중앙에
➡ 4층 중앙에 가면 여러 가지 신문을 볼 수 있다.

(1) 책은, 찾으면, 검색대에서, 2층, 컴퓨터로, 됩니다.

➡ 책은 ____

(2) 환영회에서, 사람을, 만나게, 많은, 되었습니다.

➡ 환영회에서 ____

(3) 이번, 시작하기로, 태권도 수업을, 학기부터, 하였다. 사물놀이와

➡ 이번 ____

(4) 저는, 좋아하는, 싱거운 음식을, 편입니다, 짠 음식보다는

➡ 저는 ____

(5) 한국의, 중국의 자장면은, 다릅니다, 많이, 자장면과

➡ 한국의 ____

4. 다음은 우리 대학 도서관에 있는 여러 장소들입니다. 무엇을 하는 곳인지 써 보십시오.

[보기] 도서관

1층	일반열람실	
	정기간행물실	
2층	신문실	
	일반열람실	
	대출실	
3층	복사실	
	참고 논문실	
4층	컴퓨터실	
	매점	

(8) 안내문 읽기

阅读指南

단원의 목표

- 안내문을 이해할 수 있고 안내문을 만들 수 있다. 能理解和制作指南。
- 표지·표어의 의미를 알 수 있다. 能了解标记·标语的意思。

어휘

1. 다음 <보기>에서 관계있는 것을 고르십시오.

보기

① 담배를 피우지 마십시오.　　② 기대지 마십시오.

③ 이야기를 하지 마십시오.　　④ 음식을 먹지 마십시오.

⑤ 사진을 찍지 마십시오.　　⑥ 만지지 마십시오.

(1)

(2)

(3)

(4)

(5)

(6)

1. V - (으)ㄹ 경우에는   ……的情况

'놓여있는 조건에 따라서', '경우에 따라서' '根据现有的条件', '根据情况'

> **보기**
>
> 출력을 할 경우에는 한 장에 100원을 내야 합니다.

※ 문장을 완성하십시오.

(1) 가 : 한국어를 잘하면 정말 취직이 잘 될까요?

　　나 : 물론이죠. 한국어를 ＿＿＿＿＿＿＿＿ 좋은 기회가 많이 있을 거예요.

(2) 가 : 한국에서 전화번호를 ＿＿＿＿＿＿＿＿ 어디로 전화해야 합니까?

　　나 : 114로 전화하시면 됩니다.

(3) 가 : 제주도 가는 비행기표가 없으면 어떻게 하죠?

　　나 : ＿＿＿＿＿＿＿＿ 배를 타고 가세요.

(4) 가 : 미영 씨, 밤 늦게 전화해도 돼요?

　　나 : 밤 늦게 ＿＿＿＿＿＿＿＿ 12시 전에 하세요. 그 이후에는 안 돼요.

2. V - 지 않게 ~(으)십시오.   请……以便不……

'~지 않도록 ~(으)십시오' (请~ 以便别~)

> **보기**
>
> 자기 물건을 잃어버리지 않게 조심하십시오.

※ 문장을 완성하십시오.

(1) 감기에 걸리다/옷을 많이 입다

(2) 텔레비전이 고장 나다/조심해서 사용하다

(3) 배탈이 나다/조금만 먹다

(4) 친구가 기분 나쁘다/부드럽게 이야기하다

1. 다음 글을 읽고 맞으면 ○, 틀리면 × 하십시오.

컴퓨터실 이용 안내

1. 이용 시간 : 월요일~금요일 : 오전 9시부터 오후 5시까지
   토요일 : 오전 9시부터 오전 12시까지
2. 다음을 지켜 주세요.
   (1) 개인 프로그램을 설치하지 마십시오.
   (2) 컴퓨터 게임을 하지 마십시오.
   (3) 고장이 났을 경우에는 반드시 조교에게 말씀해 주세요.
3. 출력은 한 장에 200원입니다.

(1) 컴퓨터실은 토요일에도 이용할 수 있다. (○ / ×)

(2) 컴퓨터실에서 컴퓨터 게임은 할 수 없다. (○ / ×)

(3) 프린트를 할 경우, 돈을 지불해야 한다. (○ / ×)

(4) 컴퓨터에 개인 프로그램을 깔면 안 된다. (○ / ×)

2. 다음 <보기>와 같이 '표어'의 의미를 쓰십시오.

● 보기 ●
> 휴대 전화는 진동으로! ➡ 휴대 전화는 진동으로 해 주십시오.

(1) 금연! ➡ _______________________________

(2) 정숙 ➡ _______________________________

(3) 학교 물건을 내 물건처럼 ➡ _______________________________

(4) 주차 금지 ➡ _______________________________

3. 한국어는 중국어로, 중국어는 한국어로 써 보십시오.

(1) 컴퓨터에 한글 프로그램을 깔아 주십시오.

　　➡

(2) 휴대전화는 진동으로 해 주십시오.

　　➡

(3) 请不要在阅览室吃东西。

　　➡

(4) 小心别忘了自己的东西。

　　➡

4. 다음 <열람실 이용 안내>를 보고 문장으로 바꿔 쓰십시오.

열람실 이용 안내

① 이용 시간 : 월요일~금요일 : 오전 9시~오후 8시
　　　　　　　토요일 : 오전 9시~오후 5시
② 학생증 준비하기
③ 열람실에서 말하지 않기
④ 물건을 잃어버리지 않도록 조심하기
⑤ 음식물 먹지 않기

⬇

열람실 이용 안내

① 이용 시간은 월요일부터 금요일까지 오전 9시부터 오후 8시까지 이용할 수 있고
　 토요일은 오전 9시부터 오후 5시까지 이용할 수 있습니다.
② 열람실을 이용하려면 ____.
③ 열람실에서 ____.
④ 물건을 잃어버리지 않도록 ____.
⑤ ____.

(9) 하루 생활 정리하기

整理一天的生活

- 간편체로 문장을 쓸 수 있다. 能用简单体写句子。
- 문장을 읽고 틀린 부분을 고칠 수 있다. 读句子后能改正错的地方。

어휘

1. 다음 <보기>에서 관계있는 것을 고르십시오.

● 보기 ●
처음 주중 주말 일주일 가입하다 탈퇴하다 환영회 환송회

(1) 시간적으로, 순서적으로 맨 앞　＿＿＿＿＿＿＿＿＿＿

(2) '한 주일' 또는 7일　＿＿＿＿＿＿＿＿＿＿

(3) 월요일부터 금요일까지　＿＿＿＿＿＿＿＿＿＿

(4) 조직이나 단체를 나옴　＿＿＿＿＿＿＿＿＿＿

(5) 떠나는 사람을 기쁘게 해주기 위해서 모인 모임　＿＿＿＿＿＿＿＿＿＿

2. 다음 하루 일과표를 보고 (1)~(5)에 알맞은 말을 쓰십시오.

7 : 00	기상	아침에 일어나다
7 : 30~8 : 00	아침 식사	아침밥을 먹다
8 : 00~	등교	(1)
—	(중략)	—
12 : 00~ 1 : 00	점심 식사	점심밥을 먹다
1 : 00~ 3 : 00	수업	강의를 듣다
3 : 00~ 4 : 00	휴식	(2)
7 : 00~ 9 : 00	텔레비전 시청	(3)
9 : 00~11 : 00	복습 · 예습	(4)
11 : 00	취침	(5)

1. V, A - (으)면 V, A - (으)ㄹ수록 越来越……

어떤 상황이나 정도가 점점 더 심해질 때 사용한다. 某个情况或程度渐渐加深时使用。

> ● 보기 ●
>
> (보다) : 〈나니아 연대기〉 영화는 보면 볼수록 재미있어요.

※ 문장을 완성하십시오.

(1) (사랑하다) _______________________________________.

(2) (춤을 추다) _______________________________________.

(3) (돈이 많다) _______________________________________.

(4) (한국어를 잘하다) _______________________________________.

(5) (나이가 들다) _______________________________________.

2. V - ㄴ/는다, A - 다 (간편체)

주로 문어체로 쓴다. 主要用于书面语。

	받침 ○/×	현재	과거	미래
형태		-ㄴ/는다, -다	-았/었/였다	-겠다
동사	받침 ○	먹다 → 먹는다	먹었다	먹겠다
	받침 ×	자다 → 잔다	잤다	자겠다
형용사	받침 ○	좋다 → 좋다	좋았다	좋겠다
	받침 ×	예쁘다 → 예쁘다	예뻤다	예쁘겠다

※ 다음 문장을 읽고 밑줄 친 것을 간편체로 바꾸십시오.

오늘은 친구 링링의 <u>생일이었습니다</u>. 링링은 한국에 와서 생일을 처음 맞이했습니다. 그래서 우리들은 링링을 위해 파티를 <u>준비했습니다</u>. 나와 재석은 생일 케이크를 준비했습니다. 호동은 샴페인을 가지고 <u>왔습니다</u>. 하하는 과일을 사 왔고 왕단은 과자를 만들어 왔습니다. 우리는 함께 모여 즐겁고 재미있는 시간을 <u>보냈습니다</u>. 링링이 우리들에게 말은 안 하지만 유학생활이 때때로 힘들고 <u>어려울 것입니다</u>. 하지만 링링이 잘 극복할 것이라고 <u>믿습니다</u>. 링링이 한국에서 즐겁고 의미 있는 시간을 <u>보냈으면 좋겠습니다</u>.

1. 다음 글을 읽고 질문에 답하십시오.

> 3월 9일 수요일
>
> 　학교에 ㉠(다니다) 일주일이 되었다. 처음에는 말도 잘 못하고, 아는 사람도 없어서 (㉡)을 많이 했다. 그러나 오리엔테이션을 받고 나서 학교에 대하여 많은 것을 알게 되었다.
>
> 　어제는 학생 회관에 가서 볼펜도 사고, 사진도 찍었다. 그리고 학생 식당에 가서 정민이랑 볶음밥도 먹었다. 또, 도서관에 가서 필요한 책도 찾아보았다. 내일은 동아리에 가입을 하고, 저녁 때는 신입생 환영회에 가야겠다. 학교생활은 어렵고 복잡하지만 할수록 재미있다.

(1) 이런 글을 뭐라고 합니까?

(2) ㉠ '다니다'를 문맥에 맞게 고쳐 보십시오. (　　　)

　① 다닐 때　　　　② 다녔지만　　　　③ 다닌 지　　　　④ 다녀서

(3) 다음 중 맞는 것을 고르십시오. (　　　)

　① 이틀 전에 사진을 찍었다.
　② 어제 동아리에 가입했다.
　③ 학교생활이 시간이 지날수록 어렵다.
　④ 나는 오리엔테이션 후에 학교정보를 많이 얻었다.

2. 다음 문장 중 틀린 부분을 찾아 고치십시오.

(1) 내가 학교에 다닌 지 벌써 일주일이 되는다.

(2) 링링 씨는 점심에 김밥을 먹고 싶어요.

(3) 재석 씨, 저에게 학교생활을 통해서 설명해 주세요.

(4) 나는 요즘 고민이 많아서 머리가 복잡한다.

(5) 수강신청을 할 때, 수강신청을 하고 나서 먼저 과목을 정해야 합니다.

3. 다음 그림을 보고 _______에 알맞은 말을 쓰십시오.

(1)

(2)

(1) 재석 씨는 점심에 __________________ 김밥을 먹으려고 합니다.

(2) 벽시계가 __________________ 시계를 고쳐야 합니다.

4. 여러분은 일기를 쓰십니까? 어제의 일을 '간편체'로 써 보십시오.

친구 사귀기

交朋友

(1) 한국 친구 소개 받기

给我介绍韩国朋友

- '관계'를 나타내는 관련어휘를 알 수 있다. 能了解表达'关系'的相关词汇。
- 친구를 소개해 주고 소개 받을 수 있다. 能相互介绍朋友。

어휘

1. 다음 중 관계있는 것을 연결하십시오.

(1) 동료 ○	● 나보다 나이가 적거나 같은 학교, 회사에 늦게 들어온 사람
(2) 동창 ○	● 나보다 나이가 많거나 같은 학교, 회사에 먼저 들어간 사람
(3) 동기 ○	● 같은 회사에서 일하는 사람
(4) 선배 ○	● 같은 학교에서 함께 공부를 한 사람
(5) 후배 ○	● 같은 시기에 같은 장소에서 교육받은 사람

문법 및 표현

1. V.A - (으)면 좋겠다　如果……就好了

말하는 사람의 소망이나 희망을 나타낼 때 사용한다. 用于表达说话人的心愿或希望。

	받침 ○	받침 ×
동사	먹으면 좋겠어요.	자면 좋겠어요.
형용사	좋으면 좋겠어요.	예쁘면 좋겠어요.

● 보기 ●

> 컴퓨터를 잘 할 수 있으면 좋겠어요.

※ 문장을 완성하십시오.

(1) 가 : 어떤 아르바이트를 하고 싶으세요?

　　 나 : ___________________________.

(2) 가 : 다음주에 등산 갈 때, 어디에 가면 좋을까요?

　　나 : 제 생각에는 ________________________.

(3) 가 : 링링 씨는 지금 무슨 음식이 먹고 싶어요?

　　나 : 저는 ________________________.

(4) 가 : 어떤 여자(남자)친구를 만나면 좋겠어요?

　　나 : 저는 ________________________.

2. V - (으)ㄹ 줄 알다, 모르다 会(不会)……

능력을 나타낼 때 사용한다. 表示能力时使用。

> ● **보기** ●
>
> 　　가 : 컴퓨터로 한국어를 쓸 줄 알아요? 나 : 아니오, 아직 쓸 줄 몰라요.

※ 문장을 완성하십시오.

(1) 가 : 왼손으로 글씨를 쓸 줄 알아요?

　　나 : 아니요. ________________________.

(2) 가 : 저희 할머니께서 문자를 보내셨어요.

　　나 : 와~, 할머니께서 문자를 ________________________.

(3) 가 : 보영 씨, 불고기를 ________________________?

　　나 : 물론이지요. 잘 만들어요.

(4) 가 : 호동 씨, 장구를 ________________________?

　　나 : 네, 고등학교에 다닐 때 배웠어요.

Tip

- (으)ㄹ 줄 알다(모르다)와 - (으)ㄹ 수 있다(없다)

'- (으)ㄹ 줄 알다(모르다)'는 능력이 있고 없음을 나타낼 때 사용하지만 '- (으)ㄹ 수 있다(없다)'는 능력의 있고 없음뿐만 아니라 '어떤 사실의 가능성'을 나타낼 때도 사용할 수 있다. '- (으)ㄹ 줄 알다(모르다)'是表示有没有能力, '(으)ㄹ 수 있다(없다)'是表示有还是没有某种能力或者表示什么事实的可能性时可以使用。

예1) 저는 운전을 할 줄 알아요. (능력)
　　 저는 운전을 할 수 있어요. (능력)
예2) 교실에서는 담배를 피울 수 없습니다. (○)
　　 교실에서는 담배를 피울 줄 압니다/모릅니다. (×)

1. 다음 글을 읽고 질문에 답하십시오.

장면1

링링 : 궈잉 씨, 한국사람 중에 아는 사람 있어요?

궈잉 : 네, 있어요. 왜요?

링링 : 한국말도 안 늘고, 한국 생활도 어려워서 한국 친구를 좀 사귀어 보고 싶어서요.
　　　중국말을 할 줄 아는 한국 사람이면 좋겠어요.

궈잉 : 제 친구 중에 중국말을 배우고 싶어하는 한국 친구가 있어요.
　　　㉠___________________________?

링링 : 그럼, 빨리 소개시켜 주세요.

장면2

궈잉 : 여긴 제 고향 친구 '링링'이고, 이쪽은 한국 친구 '민수'예요.

민수 : 만나서 반가워요. '오민수'라고 합니다.

링링 : 처음 뵙겠습니다. '링링'이라고 해요.

민수 : 한국말을 잘하시네요.

링링 : 아니에요. 아직 잘 못해요. 많이 도와 주세요.

민수 : 네, 도와 드릴게요. '링링' 씨도 저에게 중국어 많이 가르쳐 주세요.

(1) 링링이 한국 친구를 사귀고 싶어 하는 이유 두 가지를 쓰십시오.

　　① ___________________________________

　　② ___________________________________

(2) 링링은 어떤 한국 친구를 사귀고 싶어합니까?

(3) 궈잉이 링링에게 소개시켜 준 친구의 이름은 무엇입니까?

(4) ㉠에 어울리지 <u>않는</u> 말을 고르십시오. (　　　)

　　① 제가 소개해 줄까요?　　　　② 한 번 만나 보실래요?

　　③ 제가 소개시키나요?　　　　④ 한 번 만나 보시겠습니까?

(2) 두번 째 만남 커피숍에서

第二次见面, '在咖啡厅'

- 외모와 성격 관련 어휘를 알 수 있다. 能了解有关外貌和性格的词汇。
- 자신의 외모와 성격을 설명할 수 있다. 能说明自己的外貌和性格。

 어휘

1. 다음 <보기>에서 '외모'와 '성격'을 나타내는 표현을 구분해 보십시오.

● 보기 ●

| 귀엽다 | 명랑하다 | 멋있다 | 낙천적이다 | 착하다 | 외향적이다 |
| 무섭다 | 못생기다 | 날씬하다 | 다혈질이다 | 촌스럽다 | |

외모를 나타내는 표현	성격을 나타내는 표현

2. 다음 <보기>에서 알맞은 단어를 고르십시오.

● 보기 ●

| 고집이 세다 | 자상하다 | 내성적이다 | 활발하다 | 우유부단하다 |
| 차분하다 | 급하다 | 변덕이 심하다 | 외향적이다 | |

(1) 무엇이든지 빨리 빨리 해야 한다. ____________________

(2) 자기의 생각이나 말을 바꾸지 않는다. ____________________

(3) 기분이 좋았다 싫었다 변화가 많다. ____________________

(4) 무엇을 결정할 때 잘 결정하지 못한다. ____________________

(5) 정이 많아 다른 사람을 잘 배려한다. ____________________

(6) 겉으로 잘 표현하지 않고 마음으로만 생각한다. ____________________

1. V.A - (으)ㄴ/는 편이다 算是……、属于……

어떤 쪽에 가깝거나 속할 때 사용한다. 接近或属于某一方面时使用。

	받침 ○	받침 ×
동사	많이 먹는 편이에요.	잠을 많이 자는 편이에요.
형용사	성격이 좋은 편이에요.	얼굴이 예쁜 편이에요.

※ 문장을 완성하십시오.

(1) 가 : 왕뢰 씨, 링링 씨가 요리를 잘 하나요?

　　나 : 네, 요리를 ___________________________.

(2) 가 : 호동 씨, 술을 좋아하시지요?

　　나 : 어떻게 아셨어요? 술을 ___________________________.

(3) 가 : 고기를 좋아하세요? 야채를 좋아하세요?

　　나 : ___________________________.

2. N - (이)라고 하다 叫……

이름을 소개하거나 어떤 것을 정의할 때 사용한다. 介绍名字或定义什么时使用。

> **보기**
>
> 저는 링링이라고 합니다.

※ 문장을 완성하십시오.

(1) 가 : 기차 KTX를 다른 말로 뭐라고 합니까?

　　나 : ___________________________.

(2) 가 : 중국어로 '잘 모르겠습니다'를 뭐라고 해요?

　　나 : ___________________________.

(3) 가 : 진뢰 씨를 왜 '곰' ___________________________?

　　나 : 뚱뚱하고 귀여워서 그렇게 부릅니다.

1. 다음 글을 읽고 질문에 답하십시오.

> 민수 : 뭘 마실래요?
>
> 링링 : 저는 녹차로 할게요 (중략)
>
> 민수 : 그래요? 저는 혼자 있으면, 심심해서 싫은데…….
>
> 링링 : 그럼, 민수 씨는 친구들이 많겠네요?
>
> 민수 : 네, 저는 사람들 만나는 걸 좋아해서 친구들이 많은 편이에요.
>
> 링링 : 좋겠어요. 저도 친구를 만나고 싶은데 성격이 활발하지 못해서 친구를 잘 사귀지
> 못해요.
>
> 민수 : 그럼, 저랑 오늘부터 친구해요.

⑴ 민수의 성격과 가장 관계가 있는 것을 고르십시오. (　　　)

① 우유부단하다　　② 고집이 세다　　③ 외향적이다　　④ 내성적이다

⑵ 다음 중 내용이 맞으면 ○, 틀리면 × 하십시오.

① 민수는 녹차를 마시려고 한다.　　　　　　　　　　　　　　(○ / ×)

② 링링은 혼자 있는 것을 좋아한다.　　　　　　　　　　　　　(○ / ×)

③ 링링은 친구가 많은 편이다.　　　　　　　　　　　　　　　(○ / ×)

④ 민수는 링링에게 친구를 하자고 했다.　　　　　　　　　　　(○ / ×)

2. 본문 내용을 문장으로 요약하십시오.

3. 다음 그림을 보고 외모를 표현해 보십시오.

(1)

(2)

(3)

(4)

어휘

1. 다음 중 관계있는 것을 연결하십시오.

(1) 영화배우 　∘　　　∘ 영화를 보는 사람

(2) 관객 　∘　　　∘ 영화를 보는 장소

(3) 영화감독 　∘　　　∘ 영화에 나오는 사람

(4) 영화관 　∘　　　∘ 영화를 만드는 사람

(5) 제작자 　∘　　　∘ 영화를 카메라로 찍는 사람

(6) 촬영기사 　∘　　　∘ 영화를 만들 때 돈을 투자하는 사람

2. 다음 ________에 알맞은 단어를 고르십시오. (　　　)

(1) 링링 씨, __________ 제 지갑 못 봤어요?

① 별로　　　② 아마　　　③ 혹시　　　④ 특히

(2) 제가 보고 싶어하는 영화가 드디어 __________________.

① 개봉했어요　　② 유명했어요　　③ 예매했어요　　④ 찾았어요

(3) 이 영화에 __________ 배우가 누구예요?

① 검색한　　　② 상영한　　　③ 개봉한　　　④ 출연한

(4) 중국에서 '대장금'이라는 TV __________ 이/가 인기가 많았습니다.

① 드라마　　　② 영화　　　③ 연극　　　④ 뮤지컬

1. V.A - 던데

하고 싶은 말을 하기 전에 관련 있는 과거의 상황을 제시할 때 사용한다. 在表达想要说的话之前, 先回想过去相关的内容时使用。

	받침 ○	받침 ×
동사	먹다 → 먹던데	자다 → 자던데
형용사	좋다 → 좋던데	예쁘다 → 예쁘던데

※ 다음 〈보기〉에서 알맞은 것을 고르십시오.

> ● 보기 ●
>
> 가다   만들다   보이다   인기가 많다

(1) 가 : 링링 씨, 남자친구가 멋있어 ________________ 언제 만났어요?

　　나 : 만난 지 4개월 되었어요.

(2) 가 : 링링 씨는 방학에 중국에 ________________ 왕단 씨는 안 가요?

　　나 : 네, 저는 이번 방학에는 안 가려고 해요.

(3) 가 : 한국에서 유재석 씨는 ________________ 준하 씨는요?

　　나 : 준하 씨는 그저 그래요.

(4) 가 : 링링 씨, 만두를 잘 ________________ 저에게도 좀 가르쳐 주시겠어요?

　　나 : 그래요. 가르쳐 줄게요.

2. N - 은/는 N - (으)로 유명하다   以……出名

'~(으)로 이름이 나있다'는 의미를 나타낸다. '出名'的意思。

> ● 보기 ●
>
> 부산은 해운대와 태종대로 유명합니다.

※ 문장을 완성하십시오.

(1) (한국/태권도) ____ .

(2) (중국/만리장성) ____ .

(3) (가수 손담비/ '미쳤어'라는 노래) ____ .

(4) (제주도/아름다운 섬) ____ .

1. 다음 글을 읽고 질문에 답하십시오.

> 링링 : 민수 씨, 영화 좋아해요?
>
> 민수 : 네, 좋아하죠.
>
> 링링 : 혹시 내일 시간 있으면 같이 영화 볼래요?
>
> 민수 : 네, 좋아요. 저는 저녁에 시간이 괜찮은데요.
>
> 링링 : 저도 저녁 시간이 좋아요. ㉠(   ) 남포동에 가니까 극장이 많던데, 거기서 보면 어떨까요?
>
> 민수 : 좋아요. ㉡거기 영화로 유명한 곳이에요. 그럼, 우리 뭘 볼까요?
>
> 링링 : 요즘 재미있는 영화가 여러 ㉢(   ) 있던데, 인터넷에서 같이 찾아 봐요.

(1) ㉠에 들어갈 접속사를 고르십시오. (   )

　① 그런데　　　　② 그러면　　　　③ 그러니까　　　　④ 그래서

(2) ㉡ '거기'는 어디인지 써 보십시오.

(3) '영화의 수를 세는 단위'로 ㉢에 어울리는 것을 고르십시오. (   )

　① 권　　　　　② 편　　　　　③ 대　　　　　④ 층

(4) 다음 중 내용이 <u>틀린</u> 것을 고르십시오. (   )

　① 민수는 영화를 좋아한다.

　② 두 사람은 함께 영화를 검색할 것이다.

　③ 링링과 민수는 오늘 영화를 보기로 했다.

　④ 두 사람은 남포동에 있는 영화관에서 영화를 보려고 한다.

2. 여러분은 영화를 좋아합니까? 어떤 영화가 가장 기억에 남습니까? 다음 표를 완성
   하고 발표해 보십시오.

영화제목	
영화감독	
출연	
영화의 종류	
영화 내용	
영화 추천 이유	
인상적인 대사 한 마디	

(4) 고민 나누기

分忧

• 친구와 반말로 이야기할 수 있다. 能和朋友用平语聊天。
• 친구의 고민을 듣고 조언할 수 있다. 能倾听朋友的烦恼并给予安慰。

어휘

1. 다음 <보기>에서 알맞은 단어를 고르십시오.

보기

| 서로　　꽤　　꼭　　특히　　갑자기 |

(1) 나는 과일을 좋아하는데 _______________ 사과를 제일 좋아한다.

(2) 링링 씨와 준하 씨는 _______________ 좋아하는 사이이다.

(3) 준하 씨, 내일 모임에 _______________ 와 주시기 바랍니다.

(4) 미영 씨, 지금 입은 옷이 _______________ 비싸 보여요. 얼마를 주고 샀어요?

(5) 날씨가 좋았는데 _______________ 비가 온다.

2. 다음 단어를 사용하여 문장을 만드십시오.

(1) 덕분에 ____

(2) 말을 놓다 ____

(3) 힘(을) 내다 ____

(4) 고민(을)하다 ____

1. 반말

친한 관계 또는 나보다 나이가 어린 사람에게 사용한다. 对关系好的或比自己年龄小的人使用。

> **보기**
>
> 제 이름은 김철수입니다. ➡ 내 이름은 김철수야.

※ 문장을 완성하십시오.

(1) 당신의 이름은 무엇입니까? __________________________

(2) 보영 씨, 어디 가세요? __________________________

(3) 우리 오늘 해운대에 갈까요? __________________________

(4) 좀 조용히 하세요. __________________________

(5) 네, 알겠습니다. __________________________

2. V - (으)ㄹ 테니까   表理由

뒤의 내용에 대한 조건을 말할 때 사용한다. '-(으)니까'의 미래 형태인 -(으)겠으니까'는 사용할 수 없고, 대신 '-(으)ㄹ 테니까'로 바꿔 쓸 수 있다. 说明后面内容的条件时使用。'-(으)니까' 的将来型不能使用 '-(으)겠으니까', 可将 '-(으)ㄹ 테니까' 作为将来型使用。

> **보기**
>
> 링링 씨는 시험에 합격할 테니까 걱정하지 마세요.

※ 문장을 완성하십시오.

(1) 가 : 오늘은 제가 ___________________ 다음에 하하 씨가 사세요.

　　 나 : 그래요, 다음에는 제가 한턱낼게요.

(2) 가 : 중국어 번역이 필요한데 번역할 사람이 없어서 걱정이에요.

　　 나 : 제가 번역해 ___________________ 걱정하지 마세요.

(3) 가 : 중국어를 배우고 싶어요.

　　 나 : 내가 중국어를 ___________________ 저에게 한국어를 가르쳐 주세요.

(4) 가 : 영화를 보고 싶어요.

　　 나 : 내가 영화를 ___________________ 6시까지 롯데시네마로 오세요.

1. 다음 글을 읽고 질문에 답하십시오.

> 링링 : 지난번에 영화 잘 봤어요.
> 민수 : 저도 ㉠덕분에 재미있게 잘 봤어요. 그런데, 우리 이제 ㉡말 놓는 게 어때요?
>   (중략)
> 링링 : 한국말이 생각보다 어려워. ㉢열심히 하는데 잘 늘지가 않아. 어떻게 하면 한국
>   말을 잘할 수 있을까? (중략)
> 링링 : 그렇게 하면, 정말 한국말을 잘하게 될까?
> 민수 : 그럼, 내가 도와줄게. 힘 내!

⑴ ㉠ '덕분에'의 의미가 <u>잘못</u> 사용된 것을 고르십시오. (   )

① 제가 성공한 것은 모두 부모님 덕분입니다.

② 오늘 하하 씨 덕분에 잘 먹었습니다.

③ 미영 씨 덕분에 시험에 떨어졌습니다.

④ 친구 덕분에 한국어를 잘하게 되었습니다.

⑵ ㉡ '말(을) 놓다'와 같은 의미를 본문에서 찾아 쓰십시오.

⑶ 민수가 링링에게 제안한 '한국어를 잘 하는 방법' 2가지는 무엇입니까?

　　①

　　②

2. 위의 대화에 이어서 뒷이야기를 써 보십시오.

3. 다음과 같은 고민을 듣고 조언해 보십시오.

	고민 말하기	조언하기
(17세)	저는 고등학교 2학년 학생입니다. 제 꿈은 훌륭한 헤어디자이너가 되는 것입니다. 그래서 빨리 미용 일을 배우고 싶습니다. 그런데 부모님은 꼭 대학에 가라고 합니다. 어떻게 해야 할까요?	
(24세)	저는 대학교 4학년 학생입니다. 요즘 대학을 졸업해도 취직이 잘 안 됩니다. 취직이 안 되면 좀 부끄럽습니다. 그래서 대학원을 갈까, 외국으로 어학연수를 갈까 생각하고 있습니다. 공부를 그다지 좋아하지 않습니다. 어떻게 해야 할까요?	
(33세)	초등학교에 다니는 아들과 딸을 둔 가정주부입니다. 아이들 교육을 위해 유학을 보내려고 합니다. 그런데 아이들이 어려서 함께 가려고 합니다. 남편만 혼자 한국에 남게 됩니다. 어떻게 해야 할까요?	
(48세)	저는 결혼해서 아내와 고등학교에 다니는 아들, 딸이 있는 의사입니다. 제 남은 인생을 외국에 나가 가난하고 아픈 사람들을 치료하며 살고 싶습니다. 제가 의사가 된 것도 이런 일을 하고 싶어서였습니다. 어떻게 해야 할까요?	

(5) 노래방에서

在练歌房

- 음악의 종류를 알 수 있다. 能了解音乐的种类。
- 설문조사 후 통계자료를 쓸 수 있다. 通过问卷调查能写统计材料。

어휘

1. 다음 <보기>에서 알맞은 단어를 고르십시오.

●보기●

대중가요　팝송　동요　국악　가곡　클래식　트로트

(1) 유럽과 미국에서 유행하는 대중가요　＿＿＿＿＿＿＿＿

(2) 한국의 전통 음악　＿＿＿＿＿＿＿＿

(3) 아이들이 주로 부르는 노래　＿＿＿＿＿＿＿＿

문법 및 표현

1. N - 중에서 N - 이/가 가장(제일)　中……最……

최상급을 나타낼 때 사용한다. 表达最高级时使用。

●보기●

우리 반 학생 중에서 강호동 씨가 제일 키가 크다.

※ 문장을 완성하십시오.

(1) 가 : 남학생 중에서 제일 인기가 많은 사람은 누구입니까?

　　나 : ＿＿＿＿＿＿＿＿＿＿＿＿＿＿

(2) 가 : 우리 반에서 누가 가장 눈이 커요?

　　나 : ＿＿＿＿＿＿＿＿＿＿＿＿＿＿

1. 음악과 관련된 설문조사를 하고 통계표를 만들어 보십시오.

　☞ 인터뷰 대상자 : 5~10명

설문조사하기

이름 : 　　　　　　　　　　　학과 :

1	음악을 좋아하십니까? 어떤 종류의 음악을 좋아하십니까? 다음 중 좋아하는 음악에 (✓)해 주십시오. (3개만 선택) (1)대중가요　(　)　(2)민요　　　(　)　(3)팝송　　　(　)　(4)동요　　(　) (5)가곡　　　(　)　(6)클래식　(　)　(7)종교음악　(　)　(8)경음악　(　)
2	대중가요 가수 중에서 누구를 제일 좋아합니까? 한 사람만 추천해 주십시오.
3	대중가요 중에서 무슨 노래를 제일 좋아합니까? 노래를 한 곡만 추천해 주십시오.
4	여러분, 트로트를 좋아하십니까? 좋아하는 트로트 한 곡을 소개해 주십시오.
5	여러분이 좋아하는 중국노래가 있습니까? 노래 한 곡을 추천해 주십시오.
6	여러분이 좋아하는 중국가수가 있습니까? 누구를 좋아합니까? 한 사람만 추천해 주십시오.

[통계 결과 표 만들기]

(6) 문자 메시지로 약속하기

用短信约会

- 감정 관련 어휘를 알 수 있다. 能了解关于感情的词汇。
- 핸드폰으로 문자를 주고 받을 수 있다. 能用手机互相发短信。

어휘

1. 다음 <보기>에서 알맞은 단어를 고르십시오.

보기

> 외롭다　기쁘다　답답하다　향수병　기분전환　슬프다　화나다

(1) '(마음이) 후련하다'의 반대말 _______________

(2) 혼자 있다는 느낌 또는 의지할 것이 없는 마음 _______________

(3) 고향을 그리워하여 생긴 병 _______________

(4) '기분을 바꾸다'와 같은 말 _______________

문법 및 표현

1. V.A - 아/어서 그러는데　因为……所以那样……

이유를 나타내는 '- 아/어서 그렇다'와 '- 는데'의 결합형태. 表示理由的 '- 아/어서 그렇다' 和 '- 는데' 的连接形态。

※ 다음 <보기>에서 알맞은 단어를 골라 문장을 완성하십시오.

보기

> 바쁘다　우울하다　걸리다　길을 잘 모르다　어렵다

(1) 수학문제가 _______________ 좀 가르쳐 주시겠습니까?

(2) 제가 감기에 _______________ 약 좀 사다 주시겠어요?

(3) 가 : 제가 지금 너무 _______________ 좀 도와 주실래요?

1. 다음 내용을 읽고 맞으면 ○, 틀리면 × 하십시오.

> 가 : 민수야, 오늘 기분이 좀 우울해서 그러는데 뭐 신나는 일 없을까?
>
> 나 : 왜? 무슨 일 있어?
>
> 가 : 아니, 특별한 일이 있는 건 아니고 그냥 좀 답답해서 그래. 고향에 계신 부모님
> 생각도 나고, 친구들 생각도 나고 외롭기도 하고…….
>
> 나 : 또 향수병이구나! 〉_〈 외로워하지 마. 내가 있잖아♡
> 이따가 5시에 도서관 앞으로 와. 내가 기분전환 시켜줄게. 그럼 이따 만나!
> 홧팅! *^.~*

(1) 두 사람은 지금 전화로 이야기하고 있다.   (○ / ×)

(2) 민수는 오늘 기분이 우울하다.   (○ / ×)

(3) 두 사람은 5시에 도서관 앞에서 만나기로 했다.   (○ / ×)

(4) 두 사람은 함께 공부하려고 한다.   (○ / ×)

2. 여러분은 지금 남자(여자)친구가 있습니까? 서로 핸드폰으로 문자를 주고 받는다고 생각하고, 대화를 써 보십시오. (가능하면 이모티콘도 사용하십시오)

> 가 : 링링아~~ 안녕? ^^, 지금 뭐하고 있어?

3. 한국어는 중국어로, 중국어는 한국어로 써 보십시오.

   (1) 핸드폰으로 문자를 보낼 수 있습니까?

   ➡

   (2) 오늘은 친구들과 신나게 놀고 싶다.

   ➡

   (3) 什么时候感到孤单?

   ➡

   (4) 怎么消除压力?

   ➡

4. 다음 그림을 보고 _______에 말을 쓰십시오.

   (1)

   (2)

   (1) 링링 씨가 친구에게 ____________________________ 있습니다.

   (2) 우리는 해운대 ____________________________ 부산에 가기로 하였습니다.

(7) 미용실에서

在美发厅

- 머리모양 및 외모에 대해 표현할 수 있다. 能表达关于发型和外貌的用语。
- 탈착동사를 정확하게 사용할 수 있다. 能正确的使用脱着动词。

어휘

1. 다음 <보기>에서 관계있는 것을 고르십시오.

보기

| 생머리 | 파마머리 | 대머리 | 커트머리 | 단발머리 | 곱슬머리 | 묶은머리 |

(1)

(2)

(3)

(4)

(5)

(6)

2. 다음 중 관계있는 것을 연결하십시오.

(1) 시계를   • 쓰다

(2) 반지를   • 매다

(3) 안경을   • 차다

(4) 귀걸이를   • 끼다

(5) 넥타이를   • 메다

(6) 가방을   • 하다

1. 'ㅎ 불규칙 동사'

형용사 뒤의 첫소리가 '으' 또는 모음으로 시작하는 어미가 오면 'ㅎ'이 탈락한다. 특히, '- 어(아/여)'가
오면 'ㅎ'이 탈락할 뿐만 아니라, - 아/어/여가 '- 애'로 바뀐다. 形容词后的第一个音是 '으' 或是接以元音
开始的词尾时, 'ㅎ' 要脱落。特别是接 '- 어(아/여)' 时, 'ㅎ' 不仅脱落, 而且 - 아/어/여要换成 '- 애'。

⑴ 표를 완성하십시오.

	– 애(어, 여)서	–(으)면	–(으)ㄴ	– 았(었/였)어요	– ㅂ니다/ –습니다
빨갛다					
파랗다					
노랗다					
하얗다					
어떻다					
이렇다					

⑵ 다음 〈보기〉에서 알맞은 단어를 골라 문장을 완성하십시오.

● 보기 ●

노랗다　　이렇다　　저렇다　　어떻다　　하얗다　　빨갛다　　파랗다

① 남자친구에게 _______________ 장미꽃을 선물 받았어요.

② 어머니의 머리가 _______________ 까만색으로 염색해 드렸어요.

③ 가을 하늘이 아주 _______________.

④ 보라색과 주황색 중에서 _______________ 색깔을 좋아하세요?

⑤ _______________ 단풍잎이 참 예쁘네요!

1. 다음 글을 읽고 질문에 답하십시오.

장면1

링 링 : 머리 좀 ㉠(   ) 싶은데, 잘하는 미용실 알아?

다 혜 : 응, 내가 잘 가는 미용실이 있는데, 소개시켜 줄까?

링 링 : 좋지. 그럼, 지금 같이 가자.

장면2

미용사 : 어서 오세요. 이쪽으로 앉으세요. 어떻게 해 드릴까요?

링 링 : 머리 좀 ㉡(   ) 하는데요.

미용사 : 어떻게 ㉢(   ) 드릴까요?

링 링 : 지금 이 상태에서 조금만 잘라 주세요.

다 혜 : 너 ㉣머리 색깔도 바꿔보는 게 어때?

링 링 : 그럼, 한 번 염색해 볼까?

미용사 : 여기 샘플에서 색깔을 골라 보세요.

링 링 : 이 밝은 갈색 어때?

다 혜 : 너는 눈이 크고, 피부가 하얘서 잘 어울릴 것 같아.

링 링 : 그럼, 이 색깔로 해 주세요.

미용사 : 네, 준비해 드리겠습니다. (생략)

⑴ '자르다'의 단어를 사용하여 문맥에 맞게 ㉠~㉢에 넣으십시오.

㉠ _____________   ㉡ _____________   ㉢ _____________

⑵ ㉣과 같은 말을 본문에서 골라 써 보십시오.

⑶ 다음 중 내용이 맞으면 ○, 틀리면 × 하십시오.

① 링링과 다혜는 함께 미용실에 갔다.   (○ / ×)

② 다혜는 링링에게 단골 미용실을 소개시켜 주었다.   (○ / ×)

③ 링링은 파마도 하고 머리색도 바꿨다.   (○ / ×)

④ 링링은 밝은 갈색으로 머리색을 바꾸었다.   (○ / ×)

2. 다음 그림을 보고 이야기를 만들어 보십시오.

(1)

(2)

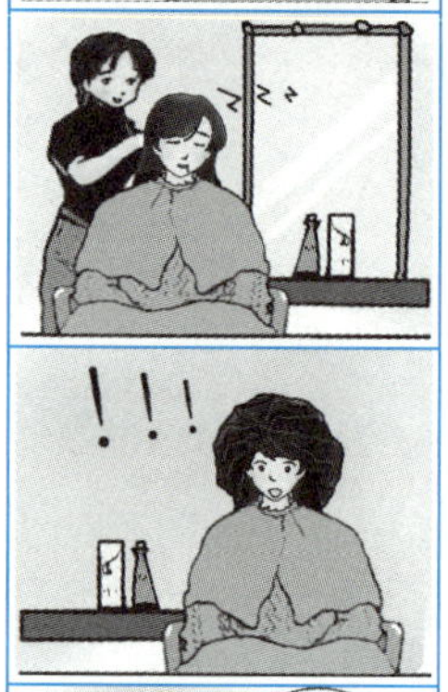

(3)

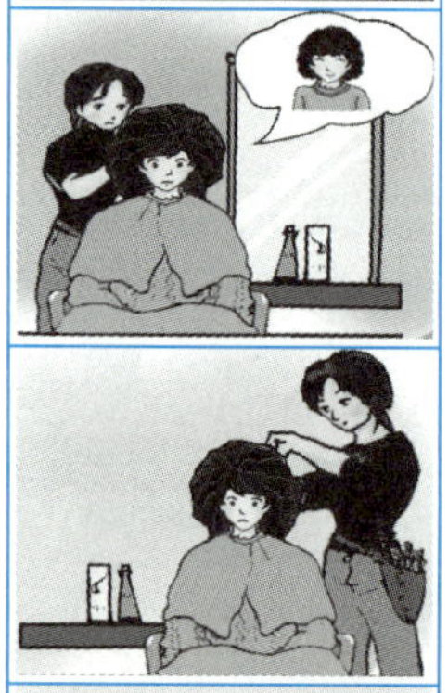

(4)

(8) 장래 계획 말하기

说说将来的计划

 **어휘**

1. 다음 그림을 보고 하는 일이 무엇인지 써 보십시오.

(1) 가수   (2) 기술자   (3) 패션 디자이너

(4) 건축가   (5) 대학교수   (6) 통역사

(1) <u>노래를 부르는 것이 직업인 사람.</u>

(2) _______________________________________

(3) _______________________________________

(4) _______________________________________

(5) _______________________________________

(6) _______________________________________

문법 및 표현

1. V - (으)ㄴ/는/(으)ㄹ N

관형형 어미. 명사 앞에 위치하여 명사를 꾸며 준다. 과거를 나타낼 때 '- (으)ㄴ', 현재를 나타낼 때 '- 는', 미래를 나타낼 때 '- (으)ㄹ'을 사용한다. 定语型词尾。位于名词前, 修饰名词。表示过去时用 '- (으)ㄴ', 表示现在时用 '- 는', 表示将来时用 '- (으)ㄹ'。

• 보기 •

> 내가 어제 <u>읽은</u> 책이 아주 재미있었습니다.
> 내가 오늘 <u>읽는</u> 책이 아주 재미있습니다.
> 내가 내일 <u>읽을</u> 책이 아주 재미있을 것 같습니다.

※ 다음 〈보기〉에서 알맞은 단어를 골라 문장을 완성하십시오.

• 보기 •

> 가다   보다   만나다   좋아하다   하다   맛있다   부르다

(1) 저는 어제 친구와 운동을 _______________ 후에 맥주를 마셨어요.

(2) 저는 지금 _______________ 음식을 먹고 싶어요.

(3) 우리는 오늘 저녁에 노래방에 가서 노래를 _______________ 거예요.

(4) 다음 주에 _______________ 여행지에 대해 알아보셨어요?

2. A - (으)ㄴ N

관형형 어미. 명사 앞에 위치하여 명사를 꾸며 준다. 현재를 나타낼 때 '- (으)ㄴ', 미래를 나타낼 때 '- (으)ㄹ'을 사용한다. 定语型词尾。位于名词前, 修饰名词。表示现在时用 '- (으)ㄴ', 表示将来时用 '- (으)ㄹ'。

• 보기 •

> 나는 예쁜 꽃을 좋아해요.

※ 문장을 완성하십시오.

(1) 저는 (넓다)_______________ 집에 살고 싶어요.

(2) 친구에게 (빨갛다)_______________ 장갑을 선물 받았어요.

(3) 저는 조금 (뚱뚱하다)_______________ 편이에요.

(4) 언니가 입은 (하얗다)_______________ 웨딩드레스가 너무 예뻤어요.

3. V - 고 나니까

어떤 행위가 끝난 뒤에 결과를 받아들이거나 새롭게 깨닫게 될 때 사용한다. 某行为结束后, 得到或领悟新的结果时使用。

> ● 보기 ●
>
> 점심을 먹고 나니까 졸려요.

※ 문장을 완성하십시오.

(1) 아르바이트를 (하다) ____________________________________.

(2) 한국어능력시험을 (보다) __________________________________.

(3) 가 : 영화를 ________________ 기분이 어때요?

나 : 영화가 재미있어서 기분이 좋아졌어요.

(4) 가 : 제주도 여행 좋았어요?

나 : 네, 아주 좋았어요. 제주도에 ____________ 왜 유명한지 알게 되었어요.

4. V.A - 거든(요)   因为……

이유를 말할 때 사용하며, 구어체에서 사용한다. 说明理由时使用, 用于口语。

> ● 보기 ●
>
> 저는 산에 자주 갑니다. 왜냐하면 취미가 등산이거든요.

※ 문장을 완성하십시오.

(1) 가 : 부산은 서울보다 날씨가 따뜻하네요.

나 : 당연하지요. 부산은 서울보다 (남쪽에 있다)______________________.

(2) 가 : 발표할 때 왜 실수했어요?

나 : 여러 사람 앞이라서 너무 (긴장했다)____________________.

(3) 가 : 백화점에 사람이 왜 이렇게 많아요?

나 : 요즘 (세일 기간)________________________________.

(4) 가 : 아까 영화 볼 때 왜 울었어요?

나 : ____.

1. 다음 글을 읽고 질문에 답하십시오.

> 링 링 : 민수야, 넌 졸업하면, 뭘 할 거야?
>
> 민 수 : 글쎄, 아직 결정하지 못했어. 근데 그건 갑자기 왜 물어?
>
> 링 링 : 요즘 내가 진로에 대해 생각하고 있거든.
>
> 민 수 : 그래? 넌 뭘 하고 싶은데?
>
> 링 링 : 난 대학교에 가서 음악을 전공하고 싶어. 그런데 부모님께서 ㉠반대하셔.
>
> 민 수 : 왜?
>
> 링 링 : 부모님께서는 내가 경영학을 전공해서 ㉡회사에 들어가기를 원하셔.
>
> 민 수 : 정말 걱정되겠구나! ㉢(   ) 네가 하고 싶은 일을 하는 게 좋을 것 같아.
>   네 계획을 잘 말씀드려 봐.
>
> 링 링 : 고마워. 네 말 듣고 나니까 기분이 좀 좋아진다.

(1) ㉠의 반대말을 써 보십시오.

(2) ㉡과 바꿔 쓸 수 <u>없는</u> 것을 고르십시오. (   )

　① 취직하기를　　② 사업하기를　　③ 입사하기를　　④ 취업하기를

(3) ㉢에 들어갈 말을 고르십시오. (   )

　① 그런데　　　　② 그리고　　　　③ 그러면　　　　④ 그래도

(4) 다음 중 맞는 것을 고르십시오. (   )

　① 링링은 경영학을 공부하고 싶어한다.

　② 링링은 요즘 대학진학에 대해 고민하고 있다.

　③ 민수는 졸업 후에 무엇을 할지 이미 결정했다.

　④ 민수 부모님은 민수가 회사에 들어가기를 원하신다.

2. 다음 중 밑줄 친 부분을 바르게 고치십시오.

(1) 링링 씨는 6개월쯤 한국어를 배웠는데 한국어가 많이 <u>늘어졌어요</u>.

(2) 제 친구는 지금 한국 친구를 <u>사귀고 싶습니다</u>.

(3) 영화가 너무 <u>심심해서</u> 영화를 보다가 졸았어요.

(4) 등산을 가려고 했는데 비 <u>덕분에</u> 등산을 가지 못했어요.

(5) 하루종일 굶어서 배가 <u>아플 테니까</u> 빨리 식당에 갑시다.

(6) 나는 <u>뭐든지</u> 시간이 있으니까 전화하세요.

(7) 부모님<u>께</u> 제가 경영학을 전공하기를 원하십니다.

(8) 아버지의 건강이 안 좋아서 <u>걱정이 합니다</u>.

3. 다음 <보기>와 같이 어순을 맞게 쓰십시오.

● 보기 ●

저는, 주로, 합니다, 쉬는, 시간에, 컴퓨터를
➡ <u>저는 쉬는 시간에 주로 컴퓨터를 합니다.</u>

(1) 저는, 도우미를, 중국어를, 만나고 싶어요, 할 줄 아는

➡ 저는 ____

(2) 제 성격은, 모든 면에, 활달하며, 적극적인, 편입니다, 외향적이고

➡ 제 성격은 ____

(3) 지금 부산에서, 하고 있으니까, 부산국제영화제를, 갑시다, 부산에

➡ 지금 부산에서 ____

(4) 스타일로, 바꿔 주세요, 요즘 유행하는, 머리모양을

➡ 머리모양을 ____

(9) 한국어과 학생을 직접 만나 사귀어 보기

亲自见韩语系的学生并交往看看

• 자신의 친구에 대해 구체적으로 소개할 수 있다. 能具体介绍自己的朋友。

어휘

1. 다음의 단어를 보고 연상되는 단어를 써 보십시오.

(1) | 대학생 | ➡ | | ➡ | | ➡ | | ➡ | |

(2) | 성격 | ➡ | | ➡ | | ➡ | | ➡ | |

문법 및 표현

1. V.A - (으)ㄴ/는 대로 按……

어떤 동작, 상태가 나타나는 '즉시'의 의미를 나타낸다. 表达某种动作或状态'马上'就的意思。

> **보기**
>
> 링링 씨, 부산에 도착하는 대로 저에게 전화 주세요.

※ 문장을 완성하십시오.

(1) 나는 시험이 (끝나다) ____________ 여행을 갈 예정이다.

(2) 선생님께서 나에게 학교에 (오다) ____________ 교무실로 오라고 하셨다.

(3) 준하 씨, 제 이메일을 (보다) ____________ 답장 주십시오.

(4) 링링 씨, 부산에 (도착하다) ____________ 저에게 전화 주십시오.

1. 다음 글을 읽고 내용이 맞는 것을 고르십시오.

> 저는 지금부터 제 한국 친구에 대해 소개하겠습니다. 제 친구의 이름은 김병관이고 현재 사회복지학과 3학년 학생입니다. 그는 제가 한국에 도착한 지 한 달쯤 되었을 때 교수님 소개로 만나게 되었습니다. 병관은 키도 크고 얼굴도 멋있게 생겼습니다. 특히 웃는 모습이 멋있어서 여학생들에게 인기가 많습니다. 제 친구의 성격은 밝고 친절하며 외향적인 편입니다. 무엇보다 성실하고 책임감이 강한 것이 제 친구의 큰 장점입니다. 제 친구는 앞으로 사회복지학을 공부한 후에 '사회복지사 자격증' 시험을 보려고 합니다. 자격증을 딴 후에 노인들을 위한 사회복지 기관에서 일하고 싶어합니다. 이번에 제 친구에게 좋은 일이 생겼습니다. 학교에서 장학생으로 선발되어 1년 동안 일본으로 연수를 가게 되었습니다. 그곳에 가면 언어를 배울 수 있을 뿐만 아니라 여러 사회복지 기관을 볼 수도 있고 기관에서 실습도 할 수 있다고 합니다. 저는 제 친구와 헤어지게 돼서 마음이 안 좋습니다. 하지만 제 친구에게 좋은 기회이기 때문에 기쁜 마음이 더 큽니다. 저에게 새로운 목표가 하나 생겼습니다. 한국어를 열심히 공부해서 1년 후에 친구를 만나면, 유창한 한국어로 이야기하고 싶습니다. 그러기 위해서는 앞으로 한국어를 더욱 열심히 공부하겠습니다.

⑴ 두 사람은 어떻게 만났습니까?

⑵ 한국 친구의 이름은 무엇입니까?

⑶ 한국 친구의 전공은 무엇입니까?

⑷ 한국 친구의 성격과 외모에 대해 설명해 보십시오.

⑸ 한국 친구에게 어떤 좋은 일이 생겼습니까?

⑹ 나의 새로운 목표는 무엇입니까?

2. 한국어는 중국어로, 중국어는 한국어로 써 보십시오.

   (1) 한국 친구를 사귀어 본 적이 있습니까?

       ➡

   (2) 어떤 친구를 만나고 싶습니까? 조건을 말해 보십시오.

       ➡

   (3) 我到了韩国就给父母打电话了。

       ➡

   (4) 我通过网络和见过面的韩国朋友说韩国语。

       ➡

3. 여러분은 한국어 공부를 위해 도우미 친구를 만난 적이 있습니까? 도우미 친구에
   대해 소개해 보십시오.

   1. 이름 :

   2. 학과 :

   3. 친구의 성격 :

   4. 친구의 외모 :

   5. 만나서 하는 일 :

   6. 사용하는 교재 또는 자료 :

   7. 친구의 장래 희망 :

   8. 재미있는 에피소드 소개하기 :

집 구하기

找房子

(1) 집 구하는 방법 알기

介绍找房子的方法

- 집을 빌리는 형태의 종류를 알 수 있다. 了解租房子的种类。
- 집을 구하는 방법에 대해 묻고 대답할 수 있다. 能询问和回答关于找房子的方法。

어휘

1. 다음 중 관계있는 것을 연결하십시오.

(1) 월세	• 집을 빌릴 때 보증금을 많이 내고 매달 돈을 내지 않는다.
(2) 전세	• 조금 비싸지만 청소, 식사 등을 해 주어 편리하다.
(3) 하숙	• 집을 빌릴 때 보증금을 조금 내고 매달 돈을 낸다.
(4) 자취	• 세입자가 집주인에게 집을 빌리는 대신 맡기는 돈.
(5) 보증금	• 자기 스스로 밥, 청소를 하며 생활한다.

2. 다음 <보기>에서 알맞은 단어를 골라 문장을 완성하십시오.

● 보기 ●

> 도움   옮기다   불편하다   통하다   필요하다   부동산

(1) 집을 '이사하다'는 말과 '집을 _________________'는 말은 같다.

(2) 제가 탄 비행기는 일본을 _________________ 캐나다로 가는 비행기입니다.

(3) _________________을/를 통해 집을 구하는 방법이 제일 안전하다.

(4) 숙제가 너무 어려워서 결국 한국친구의 _________________을/를 받았다.

(5) 나는 침대를 사용하는 것이 오히려 _________________.

1. N - 을/를 통해서 通过……

어떤 경로, 과정을 거칠 때 사용한다. 通过什么样的渠道及过程时使用。

● 보기 ●

> 가 : 하하 씨를 어떻게 알았어요?   나 : 한국친구를 통해서 알게 되었어요.

※ 문장을 완성하십시오.

(1) 가 : 아르바이트를 어떻게 구했어요?

　　나 : (광고지)＿＿＿＿＿＿＿＿＿＿＿＿＿＿＿＿.

(2) 가 : '외국인 말하기 대회' 소식을 어떻게 알았어요?

　　나 : (학교 홈페이지)＿＿＿＿＿＿＿＿＿＿＿＿＿.

(3) 가 : 제가 1등한 것을 어떻게 알았어요?

　　나 : (선생님)＿＿＿＿＿＿＿＿＿＿＿＿＿＿＿＿.

2. N - 든지 或者……

여러 가지 중에서 어떤 것을 선택하거나 아무거나 선택해도 됨을 나타낸다. 의문대명사와 함께 쓰며 뒤에 긍정문이 온다. 表达可以在许多个中选择某个或任何一个。和疑问代词一起使用时，后接肯定句。

● 보기 ●

> 도움이 필요하면 언제든지 오세요.

※ 문장을 완성하십시오.

(1) 가 : 오늘 어디에 갈까요?

　　나 : 저는 링링 씨가 가고 싶은 곳이면 ＿＿＿＿＿＿＿ 다 괜찮아요.

(2) 가 : 일을 다 못해서 죄송합니다.

　　나 : 내일까지는 ＿＿＿＿＿＿＿ 다 끝내십시오.

(3) 가 : 선생님, 맛있는 거 좀 사 주세요.

　　나 : 그래, 너희들이 먹고 싶은 것은 ＿＿＿＿＿＿＿ 사 줄게.

1. 다음 글을 읽고 질문에 답하십시오.

> 톈　이 : 선생님, ㉠할 말이 있는데요. (중략)
>
> 선생님 : 방이 마음에 안 들어요?
>
> 톈　이 : 네, 월세도 비싸고, 좀 불편해서요. 다른 집을 구하려면 어떻게 해야 돼요?
>
> 선생님 : 한국 사람들은 보통 부동산에 가거나 광고지를 보거나 인터넷을 통해서 찾아
> 봐요.
>
> 톈　이 : 그럼, 저도 그렇게 해야겠네요.
>
> 선생님 : 우선 한 번 찾아보고 도움이 필요하면, (　㉡　) 오세요.
>
> 톈　이 : 네, 고맙습니다.

(1) ㉠의 문장을 높임표현으로 바꿔 보십시오.

(2) ㉡에 들어갈 말을 고르십시오. (　　)

　① 누구든지　　　　② 언제든지　　　　③ 어디든지　　　　④ 무엇이든지

(3) 다음 내용 중 **틀린** 것을 고르십시오. (　　)

　① 톈이와 선생님이 이야기하고 있다.
　② 톈이는 지금 살고 있는 집이 마음에 안 든다.
　③ 광고지를 통해서도 집을 찾을 수 있다.
　④ 톈이는 선생님이 소개한 방을 얻기로 마음 먹었다.

2. 본문 내용을 문장으로 요약하십시오.

> 　톈이는 지금 집 때문에 걱정하고 있습니다. 그래서 수업이 끝난 후에 선생님에게
> 갔습니다. 선생님과 집 구하는 것에 대해서 이야기하고 싶기 때문입니다.

3. 한국어는 중국어로, 중국어는 한국어로 써 보십시오.

(1) 저는 지금 월세를 찾고 있습니다.

   ➡

(2) 저와 함께 룸메이트 하실 분 구합니다.

   ➡

(3) 寄宿和自己开火哪个方便?

   ➡

(4) 中国也有'全税'吗?

   ➡

4. 다음 그림을 보고 ________에 알맞은 말을 쓰십시오.

(1) 

(2) 

(1) 텬이 씨는 __________________________ 부동산에 갑니다.

(2) 텬이 씨는 주택보다 __________________________ 싶어합니다.

(2) 부동산 광고문 읽기

阅读房地产广告

- 부동산 광고문을 읽고 이해할 수 있다. 能阅读和理解房地产广告的内容。
- 함축된 광고문을 문장으로 확장하여 쓸 수 있다. 能将含蓄的广告文扩展成句子。

어휘

1. 다음 중 ______에 알맞은 단어를 고르십시오. (   )

(1) 올해는 아파트에서 주택으로 집을 ______________ 한다.

　① 옮기려고　　　② 도와주려고　　　③ 전하려고　　　④ 오려고

(2) 준하 씨는 요즘 인터넷을 ______________ 방을 찾고 있다.

　① 따라서　　　② 통해서　　　③ 위해서　　　④ 해서

(3) 집을 구할 때 ______________에 가는 것이 제일 빠르고 안전하다.

　① 하숙　　　② 주택　　　③ 아파트　　　④ 부동산

문법 및 표현

1. N - (이)나　　或者……

나열한 것 중에서 어떤 것을 선택할 때 사용한다. 罗列和选择其中某个时使用。

● 보기 ●

> 점심에 자장면이나 볶음밥을 먹으려고 합니다.

※ 문장을 완성하십시오.

(1) 이번 학기에는 (한국어 회화, 한국어 쓰기) ____________를 들으려고 합니다.

(2) 여름 방학에 (베트남, 태국) ______________으로 여행가는 게 어때요?.

(3) 대학원에서 (컴퓨터공학, e-비즈니스학) ____________을 공부하려고 합니다.

(4) 엄마, 제 생일 때 (전자사전, 시계) ______________를 사 주세요.

1. 다음 글을 읽고 내용이 맞으면 ○, 틀리면 × 하십시오.

전세	월세	하숙생 구함
위치 : 포도 아파트 평형 : 17평형 방위 : 남향 층수 : 중간층 가격 : 3,000만원 특징 : 매우 깨끗함	위치 : 보람 원룸 평형 : 13평형 방위 : 남동향 층수 : 5층 금액 : 보증금 500만원 　　　월30만원	위치 : 한국대학교 정문 앞 　　　행복 빌딩 식사 : 아침, 저녁 제공 금액 : 한 달에 45만원 특징 : 깨끗하고 조용한 방, 　　　맛있는 식사, 친절한 　　　아줌마

(1) 전셋집은 주택이다. 　　　　　　　　　　　　　　　　　　(○ / ×)

(2) 월세는 매달 30만원씩 내야 한다. 　　　　　　　　　　　　(○ / ×)

(3) 하숙집에서는 하루에 3번 식사가 제공된다. 　　　　　　　　(○ / ×)

(4) 전셋집은 꼭대기층에 있다. 　　　　　　　　　　　　　　　(○ / ×)

(5) 하숙집은 한국대학교 근처에 있다. 　　　　　　　　　　　　(○ / ×)

2. 다음 안내문을 읽고 자연스러운 문장으로 바꿔 보십시오.

<table>
<tr><td>

하숙생 구함

(1) 위치 : 한국대학교 정문 앞
　　　　행복 빌딩
(2) 식사 : 아침, 저녁 제공
(3) 금액 : 한 달에 45만원
(4) 특징 : 깨끗하고 조용한 방,
　　　　맛있는 식사, 친절한
　　　　아줌마

</td><td>

하숙생을 구합니다.

(1) 저희 하숙집은 한국대학교 정문 앞 행복 빌딩 근처에 있습니다.

(2) ________________________________

(3) ________________________________

(4) ________________________________

____

____

</td></tr>
</table>

(3) 부동산에 문의하기

咨询房地产公司

- 부동산에서 구하고 싶은 집에 대해 묻고 대답할 수 있다.
  能在房地产公司对想找的房子进行询问和回答。

 어휘

1. 다음과 같이 반대말을 연결하십시오.

(1) 깨끗하다   • 어둡다

(2) 두껍다   ∘   • 시끄럽다

(3) 밝다   ∘   • 더럽다

(4) 가깝다   ∘   • 얇다

(5) 조용하다   ∘   • 멀다

2. 다음 <보기>에서 알맞은 단어를 골라 문장을 완성하십시오.

> **보기**
>
> 원하다   구하다   제공하다   잃다   잊다

(1) 저희 주유소에서는 함께 일할 아르바이트생을 ＿＿＿＿＿＿ 있어요.

(2) 저는 부모님과 살기보다 스스로 자취하기를 ＿＿＿＿＿＿＿.

(3) 저희 식당에서는 식사 후에 아이스크림을 무료로 ＿＿＿＿＿＿＿.

(4) 가 : 무엇을 도와 드릴까요?

    나 : 제가 방향을 ＿＿＿＿＿＿. 명동에 가려면 어느 쪽으로 가야 합니까?

(5) 가 : 아직도 헤어진 여자친구를 생각하세요?

    나 : 아니요, 이제는 다 ＿＿＿＿＿＿.

1. V - (으)ㄹ 수 있겠다　能……

가능, 능력을 추측할 때 사용한다. 推測可能, 能力时使用。

> ● 보기 ●
>
> 약속 시간까지 도착할 수 있겠어요.

※ 문장을 완성하십시오.

   (1) 가 : 엄마, 배가 고파요. 몇 시쯤 저녁 먹을 수 있어요?

      나 : _______________________________________.

   (2) 가 : 한국에 혼자 _______________________________?

      나 : 네, 갈 수 있어요.

   (3) 가 : 짐이 많은데 혼자서 _______________________?

      나 : 아니요, 너무 무거워서 들 수 없어요. 좀 도와주세요.

   (4) 가 : 왕단 씨, 제가 학비가 조금 부족한데 돈을 조금 _______________________?

      나 : 네, 제가 빌려드릴게요.

2. V.A - 았/었으면 좋겠다　如果……好了

희망이나 바람을 나타낸다. 表达希望或愿望。

> ● 보기 ●
>
> 가 : 무엇이 먹고 싶어요?　나 : 엄마가 만들어 준 음식을 먹었으면 좋겠어요.

※ ' - 았/었으면 좋겠다'를 사용하여 자신이 원하는 '이상형'에 대해 써 보십시오.

1. 외모?	키가 크고 통통했으면 좋겠어요.
2. 성격?	
3. 전공?	
4. 종교?	
5. 경제적 능력?	
6. 잘 하는 외국어?	

1. 다음 글을 읽고 질문에 답하십시오.

> 중개인 : 어서 오세요.
>
> 텬　이 : 전세방을 구하려고 하는데요.
>
> 중개인 : 그러세요? 우선 이쪽으로 좀 앉으세요. 어떤 방을 구하세요?
>
> 텬　이 : 방 하나, 부엌 하나 있는 방이요. 방은 좀 ㉠넓었으면 좋겠어요.
>
> 중개인 : 전세금은 얼마를 생각하고 있어요?
>
> 텬　이 : 한 1,500만 원 정도요.
>
> 중개인 : ㉡그 정도면 구할 수 있겠어요. 지역은 어느 쪽을 원하세요?
>
> 텬　이 : 학교에 다녀야 하니까, 학교에서 가까우면 좋겠어요.
>
> 중개인 : 마침 좋은 방이 하나 있어요.
>
> 텬　이 : 집이 남향인가요? 저는 밝고 조용한 집을 찾고 있거든요.
>
> 중개인 : 네, 가서 보시면, 마음에 드실 겁니다.

(1) ㉠ '넓다'의 반대말을 쓰십시오.

(2) ㉡ '그'가 의미하는 것을 본문에서 골라 쓰십시오.

(3) 텬이가 구하고 싶은 집의 조건을 쓰십시오.

① ______________________________________

② ______________________________________

③ ______________________________________

(4) 다음 중 내용이 <u>틀린</u> 것을 고르십시오. (　　)

① 이곳은 부동산이다.

② 텬이는 월세를 구하고 있다.

③ 텬이가 원하는 조건의 집이 있다.

④ 텬이는 학생이라서 학교와 멀지 않은 곳에서 살고 싶어한다.

2. 한국어는 중국어로, 중국어는 한국어로 써 보십시오.

   (1) 저는 결혼한 후에 바다가 보이는 넓은 집에서 살고 싶어요.

   ➡

   (2) 새로 이사한 집의 전세보증금이 어떻게 됩니까?

   ➡

   (3) 希望要搬的家离地铁站近一点儿。

   ➡

   (4) 我住的房子又亮又安静，房主人也很亲切所以很满意。

   ➡

3. 다음 [상황] 중 한 가지를 선택하여 대화문을 만들어 보십시오.

   [상황1] 부동산 사무실에 가서 집을 구하는 상황

   [상황2] 벽에 붙은 광고를 보고 전화로 문의하는 상황

   [상황3] 친구의 소개로 집을 소개받은 후에 집주인과 직접 이야기하는 상황

(4) 이사 갈 집 둘러보기

看看要新搬的房子

• 이사 갈 집을 둘러보며 집에 대해 묻고 대답할 수 있다.
  看看要新搬的房子, 可以提问和回答。

어휘

1. 다음 중 관계있는 것을 연결하고 문장을 만드십시오.

(1) 도배를	• 깔다
(2) 장판을	• 바르다
(3) 고장난 보일러를	• 하다
(4) 벽지를	• 고치다
(5) 형광등을	• 갈아 끼다

[문장 만들기]

(1) ____

(2) ____

(3) ____

(4) ____

(5) ____

2. 다음 밑줄 친 단어의 반대말을 쓰십시오.

(1) 화장실을 <u>깨끗하게</u> 사용하세요. _______________

(2) 이 건물에 난방시설이 아주 잘 되어 있습니다. _______________

(3) 수도가 <u>고장나서</u> 물이 안 나와요. _______________

(4) 기름보일러가 가스보일러보다 난방비가 <u>많이 드는</u> 편이에요. _______________

1. N - 이/가 되면   如果成为……

'어떤 시간에 이르거나 바라는 대로 이루어지다'는 의미의 '되다'와 가정, 조건을 나타내는 '- (으)면'의 결합 형태이다. 这是具有达到某个时间或实现所希望的意思的 '되다', 与表达假定, 条件的 '- (으)면' 的结合型。

● 보기 ●

봄이 되면 제주도로 여행 가려고 합니다.

※ 문장을 완성하십시오.

(1) 가 : 아버지(어머니)가 되면 뭘 하고 싶어요?

나 : _______________________________________

(2) 가 : 화가가 되면 주로 어떤 그림을 그리고 싶어요?

나 : _______________________________________

(3) 가 : 부자가 되면 무엇을 하고 싶어요?

나 : _______________________________________

(4) 가 : 방학이 되면 뭘 하고 싶어요?

나 : _______________________________________

2. V.A - (으)면 되다   可以……

어떤 조건으로 행위와 상태를 갖추면 충분하다는 의미를 나타낼 때 사용한다. 表达用某种条件去做某种行为和状态的话, 是很充分时使用。

● 보기 ●

한국대학교로 가려면 이 길로 가면 됩니다.

※ 다음과 같은 문제, 어려움이 있을 때 '- (으)면 되다'를 사용하여 해결방법을 말해 보십시오.

(1) 머리가 아프다.　　　　　　　머리가 아프면 두통약을 먹으면 됩니다.

(2) 한국어 문법이 어렵다.　　　__________________________

(3) 전보다 뚱뚱해졌다.　　　　__________________________

(4) 학비가 부족하다.　　　　　__________________________

1. 다음 글을 읽고 질문에 답하십시오.

> 중개인 : 실례합니다. 집 좀 보러 왔습니다.
>
> 주 인 : 들어오세요.
>
> 톈 이 : 실례합니다. 집이 아주 ㉠깨끗하네요.
>
> 주 인 : 네. 얼마 전에 도배와 장판을 해서 아주 깨끗해요.
>
> 톈 이 : 물은 잘 나옵니까?
>
> 주 인 : 그럼요. ㉡더운 물도 잘 나와요. 한 번 둘러보세요.
>
> 톈 이 : 난방은 어때요?
>
> 주 인 : 난방도 잘 되죠. 여기는 가스보일러라 난방비도 ㉢적게 들어요.
>
> 톈 이 : 어디 고장 난 곳은 없습니까?
>
> 주 인 : 얼마 전에 ㉣수리해서, 걱정할 것 없어요.
>
> 톈 이 : 네. 집 잘 봤습니다. ㉤마음에 드네요.
>
> 중개인 : 이 집으로 이사 오시면, 참 좋으실 겁니다. 계약하시려면, 부동산으로 나오세요.

(1) 위의 ㉠~㉤과 바꿔 쓸 수 있는 단어를 보기에서 골라 알맞게 넣으십시오.

> ● 보기 ●
>
> 좋다 따뜻하다 더럽다 고치다 고장나다 조금 많이 청결하다

㉠ ___________________   ㉡ ___________________

㉢ ___________________   ㉣ ___________________

㉤ ___________________

(2) 다음 중 **틀린** 것을 고르십시오. (   )

① 주인집은 수리를 한 적이 있다.

② 이 집은 기름보일러를 사용하고 있다.

③ 계약서를 쓰려면 부동산으로 가야한다.

④ 이 집은 물도 잘 나오고 난방도 잘 된다.

2. 본문 내용을 문장으로 요약해 보십시오.

> 텬이가 중개인과 함께 이사할 집을 둘러보았다. 그 집은 ______________

3. 이사갈 집을 둘러 볼 때 꼭 점검해야 할 사항을 제안해 보십시오.

	점검해야 할 사항
1	
2	
3	
4	
5	

(5) 집 계약하기

房子签约

* 부동산 계약서를 읽고 내용을 쓸 수 있다. 能够阅读和表达房地产合约书的内容。

어휘

1. 다음 <보기>에서 관계있는 것을 고르십시오.

● 보기 ●

중개인   계약서   세입자   소유자   보증금   계약금   잔금

(1) 집을 빌리는 사람   _______________

(2) 집을 빌려주는 사람(집주인)   _______________

(3) 집을 소개하는 사람   _______________

(4) 집을 빌리기 전에 써야 하는 문서   _______________

(5) 집을 빌리겠다고 약속하면서 주는 돈 _______________

문법 및 표현

1. V - 아/어 있다

어떤 행동이 끝난 후 그 상태가 계속됨을 나타낸다. 表达动作结束后, 其状态持续下去。

● 보기 ●

링링 씨가 의자에 앉아 있습니다.

※ 문장을 완성하십시오.

(1) 탁자 위에 꽃이 (놓다)_______________________ .

(2) 가방 안에 지갑이 (들다)_______________________ .

(3) 하루 종일 (서다)_____________________ 다리가 부었어요.

(4) 준하 씨가 어제 교통사고가 나서 지금 병원에 (입원하다)_________________.

Tip

'- 아/어 있다'와 '- 고 있다'

'- 아/어 있다'는 완료된 상태가 지속됨을 나타내고 '- 고 있다'는 어떤 동작이 진행되고 있거나 동작결과의 지속, 지속적인 행위를 함을 나타낸다.
'- 아/어있다' 表示动作结束后的持续状态 - 고 있다 '表示动作的进行或动作结果的持续及持续的行为。

예) 책상 위에 꽃이 놓여 있어요. (상태지속)
    어머니가 요리를 하고 있어요. (동작진행)
    저기 청바지를 입고 있는 사람이 누구예요? (동작결과지속)
    저는 지금 부산에 살고 있어요. (지속적인 행위)

2. V - (으)려고요 想要⋯⋯, 要⋯⋯

의도를 나타낼 때 사용하며 문장 뒤에서 종결어미로도 사용한다. 表达意图时, 在句子后作终结词尾使用。

● 보기 ●

가 : 언제 이사해요?   나 : 이번 주말에 하려고요.

※ 문장을 완성하십시오.

(1) 가 : 도서관에 언제 갈 거예요?

    나 : 지금 _____________________________.

(2) 가 : 보영 씨, 오늘 너무 예쁘세요. 어디 가세요?

    나 : 네, 오늘 친구가 결혼해요. _____________________.

(3) 가 : 어디 가세요?

    나 : 핸드폰 가게에 가요. 핸드폰을 _____________________.

(4) 가 : 학원에 다닌다면서요?

    나 : 네, 아랍어에 관심이 있어서 아랍어를 좀 _____________________.

1. 다음 글을 읽고 질문에 답하십시오.

> 중개인 : 자, 이제 계약을 하시죠. 여기 계약서 내용을 한 번 잘 읽어 보세요. 계약기간
> 은 2년 맞죠?
>
> 텬이, 주인 : 네.
>
> 중개인 : 전세금은 1,000만원이고, 계약금은 50만원입니다. 두 분 다시 한 번 확인해
> 보세요.
>
> 텬　이 : 네, 맞네요.
>
> 중개인 : 자, 그러면 여기에 이름과 주소를 쓰고, 마지막에 서명하세요.
>
> 텬　이 : 저, 계약금 가지고 왔는데요. 어떻게 하죠?
>
> 중개인 : 지금 주인 ㉠아줌마에게 주세요.
>
> 주　인 : 고마워요. 그런데 이사는 언제 올 거예요?
>
> 텬　이 : 이번 주말에 하려고요.
>
> 주　인 : 지금 방이 비어 있으니까, 학생이 편한 날에 하세요.
>
> 중개인 : 그럼, 잔금은 그때 가지고 오세요.

(1) '집을 계약할 때, 미리 주는 돈'의 의미를 본문에서 찾아 쓰십시오.

(2) '집을 계약하고 나서, 이사갈 때 주는 돈'의 의미를 본문에서 찾아 쓰십시오.

(3) ㉠의 문장을 높임표현으로 바꾸십시오.

(4) 다음 내용 중 맞는 것을 고르십시오. (　　)

① 텬이는 내일 이사갈 예정이다.

② 부동산 계약기간은 24개월이다.

③ 계약서를 쓸 때 전세금을 모두 내야 한다.

④ 텬이가 이사갈 집에는 현재 사람이 살고 있다.

2. 다음은 '부동산 계약서'입니다. 써 보십시오.

<u>부동산(매매 · 전세 · 월세) 계약서</u>

⑴ 부동산의 표시

소재지	

⑵ 계약내용

보 증 금	금(金)	원정(₩　　　　　　　　　)
계 약 금	금(金)	원정은 계약시에 지불하고 영수함.
중 도 금	금(金)	원정은 　　년　　월　　일에 지불한다.
잔　　금	금(金)	원정은 　　년　　월　　일에 지불한다.

[특약사항]

임 대 인	주　　　　소					
	주민등록번호		전 화	．	성 명	(인)
임 차 인	주　　　　소					
	주민등록번호		전 화		성 명	(인)
공인중개사	사무소소재지					
	등 록 번 호		사무소명칭			(인)
	전 화 번 호		대표자성명			

(6) 이삿짐센터에 전화하기

给搬家公司打电话

- 이삿짐센터에 전화하여 묻고 대답할 수 있다. 可以给搬家公司打电话, 进行自由问答。
- 높임표현을 알 수 있다. 能了解敬语表达方式。

어휘

1. 다음과 같이 연상되는 단어를 써 보십시오.

(1) | 여름 | ➡ | 바다 | ➡ | 수영복 | ➡ | 아이스크림 | ➡ | 선글라스 |

(2) | 가구류 | ➡ | | ➡ | | ➡ | | ➡ | |

(3) | 가전제품 | ➡ | | ➡ | | ➡ | | ➡ | |

2. 다음 <보기>에서 알맞은 단어를 골라 문장을 완성하십시오.

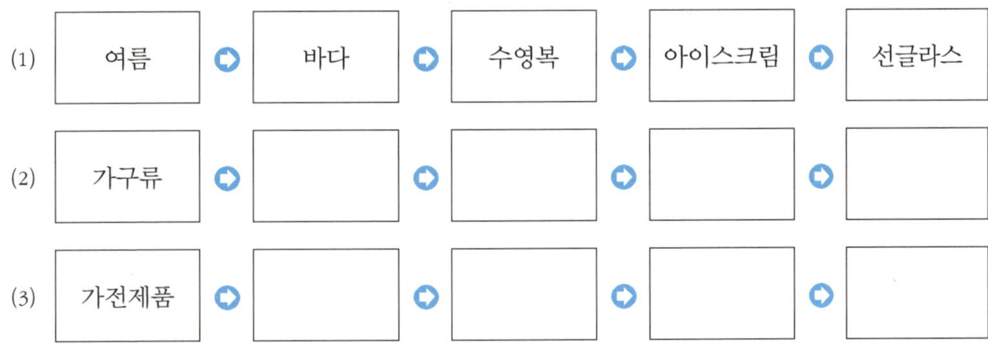

보기

비용   정확하다   기본   옮기다   물건   금액   짐

(1) 방에 있는 가구 위치를 _____________ 분위기가 달라졌어요.

(2) 요즘 대학생들에게 외국어와 컴퓨터 능력은 _____________ 빨리 배우십시오.

(3) 여행갈 때 가능하면 _____________을/를 적게 가지고 가십시오.

(4) 한국어를 배울 때 발음을 _____________ 배우는 것이 중요합니다.

1. 높임표현

※ 다음 <보기>와 같이 문장을 높임표현으로 바꿔 보십시오.

> 생일이 언제예요? ▶ 생신이 언제십니까?

(1) 이름이 뭐예요?

   ▶

(2) 선생님이 나에게 전화했어요.

   ▶

(3) 나는 선생님에게 전화했어요.

   ▶

(4) 김 선생님이 학교에 있어요.

   ▶

(5) 오늘은 시골에 사는 할머니 생일이다.

   ▶

(6) 할아버지는 자고 있습니다.

   ▶

(7) 우리 어머니는 선생님입니다. 학교에서 영어를 가르칩니다. 수업을 할 때, 영어로 말을 합니다. 제 어머니 이름은 박미경입니다. 나이는 48세입니다. 나는 우리 엄마를 아주 사랑합니다.

   ▶

1. 다음 글을 읽고 질문에 답하십시오.

> 이삿짐센터 : 네, 이삿짐 센터입니다. (중략)
>
> 텬　　이 : ○○대학교 근처에 있는 원룸으로 ㉠옮길 거예요.
>
> 이삿짐센터 : 이사할 물건이 많습니까?
>
> 텬　　이 : 책상하고 침대하고 컴퓨터밖에 없는데요. 이사 비용은 얼마나 되죠?
>
> 이삿짐센터 : 이사 비용은 기본이 3만 원부터인데, 정확한 금액은 집을 봐야, 말씀 드릴
> 수 있을 것 같습니다. 제가 찾아뵙고, 말씀 드릴게요.
>
> 텬　　이 : 네, 그럼 내일 오세요.

⑴ ㉠과 바꿔 쓸 수 있는 단어를 본문에서 골라 쓰십시오.

⑵ 글의 내용이 **틀린** 것을 고르십시오. (　　　)

① 텬이의 이사 비용은 3만원이다.

② 텬이는 학교 근처로 이사하려고 한다.

③ 텬이가 이사할 집은 방이 하나로 되어있는 곳이다.

④ 텬이는 이삿짐센터에 전화를 걸어서 문의하고 있다.

2. 본문 내용을 문장으로 요약하십시오.

3. 한국어는 중국어로, 중국어는 한국어로 써 보십시오.

(1) 이번 주 토요일에 이사 가는데 이삿짐 좀 옮겨 주십시오.

   ➡

(2) 무엇이든지 기본을 잘 배워야 잘 할 수 있습니다.

   ➡

(3) 老师, 有话要对您说, 下周可以去拜访您吗?

   ➡

(4) 搬家费用要等看了行李后, 才能准确告诉您。

   ➡

4. 다음 <보기>와 같이 제시된 표현을 모두 사용하여 문장을 쓰십시오.

> **보기**
>
> 이사할 물건/책상과 컴퓨터/없다 ➡ 이사할 물건은 책상과 컴퓨터밖에 없다.

(1) 여기/이름과 주소를 쓰다/도장을 찍어주세요.

   ➡ ______________________________________

(2) 방이 비어있다/언제/이사 오세요.

   ➡ ______________________________________

(3) 카세트가 고장이 나다/음악을 듣다/없습니다.

   ➡ ______________________________________

(4) 학교에 다녀야 하다/집이 가깝다/좋겠습니다.

   ➡ ______________________________________

(7) 필요한 생활용품 사기

买所需生活用品

- 생활용품 관련 어휘를 알 수 있다. 能了解关于生活用品的词汇。
- 어순에 맞게 문장을 쓸 수 있다. 能写出语顺正确的句子。

어휘

1. 다음 ________에 알맞은 단어를 고르십시오. (   )

(1) 집을 사려면, ____________을/를 써야 합니다.

 ① 통지서 ② 신청서 ③ 계약서 ④ 이력서

(2) 계약금은 계약을 할 때 주는 돈이고, 나중에 주는 돈을 __________(이)라고 합니다.

 ① 잔금 ② 선금 ③ 등록금 ④ 보증금

(3) ____________은/는 집을 빌리는 사람을 말합니다.

 ① 소유자 ② 세입자 ③ 집주인 ④ 중개인

(4) 컴퓨터에 문제가 생겨서 ____________. 그래서 이제 사용할 수 있어요.

 ① 고장을 냈어요 ② 고쳤어요 ③ 정확했어요 ④ 옮겼어요

2. 다음 <보기>의 생활용품을 구입 장소에 맞게 넣으십시오.

> **보기**
>
> | 책상 | 텔레비전 | 칼 | 의자 | 숟가락 | 냉장고 | 프라이팬 |
> |------|----------|-----|--------|---------|--------|-----------|
> | 침대 | 세탁기 | 가스레인지 | 전기밥솥 | 접시 | 커피 잔 | |

가구점	
전자대리점	
그릇가게	

1. N - 말고도

'외에도 더~' '除~以外, 还'

보기

> 이사해서 사야 할 물건이 가구, 전자제품 말고도 많은 것들이 있다.

※ 문장을 완성하십시오.

(1) 가 : 왕단 씨가 한국어 말하기 과목에서 A+ 받았다면서요?

　　나 : 네, ＿＿＿＿＿＿＿ 쓰기 과목도 A+ 받았대요.

(2) 가 : 준하 씨가 그렇게 좋으세요? 어떤 점이 좋아요?

　　나 : 외모가 멋있고 똑똑하잖아요. ＿＿＿＿＿＿＿ 성격이 얼마나 좋은데요.

(3) 가 : 서점에 가서 한국어 책만 살 거예요?

　　나 : 아니요, ＿＿＿＿＿＿＿ 소설책도 좀 사려고 해요.

(4) 가 : 명수 씨가 좋아하는 사람이 왕단 씨 맞지요?

　　나 : 명수 씨가 좋아하는 사람이 한 두 사람이 아니에요. ＿＿＿＿＿＿＿ 더 있어요.

2. V.A - 도록

뒤에 오는 행위에 대한 목적이나 기준 등을 나타낸다. 表现后面所接行为的目的或基准。

보기

> 손님들이 편하게 쉬도록 조용히 해 주세요.

※ 문장을 완성하십시오.

(1) 제가 강당 안으로 (들어갈 수 있다) ＿＿＿＿＿＿＿ 잠깐만 비켜 주세요.

(2) 아주머니, 전에 음식이 좀 짰는데 오늘은 (짜지 않다)＿＿＿＿＿ 해 주세요.

(3) 오늘 모임에 많은 사람들이 (올 수 있다)＿＿＿＿＿ 알려 주세요.

(4) 선생님, 내일부터는 학교에 (늦지 않다)＿＿＿＿＿ 하겠습니다.

(5) 도우미 친구를 (만날 수 있다)＿＿＿＿＿＿＿ 소개해 주십시오.

1. 다음 글을 읽고 질문에 답하십시오.

> 친구 : 어디 가세요?
>
> 텬이 : 어제 이사를 했는데, 여러 가지 물건이 필요해서 사러 가요.
>
> 친구 : 뭘 사려고요?
>
> 텬이 : 텔레비전하고 전기밥솥을 사러 가요.
>
> 친구 : 그럼, 전자대리점에 가겠네요.
>
> 텬이 : 네, 그런데 ①그것 말고도 살 게 참 많아요. 참, 책꽂이하고 의자를 사려고 하는
> 데, ②그런 건 어디에서 살 수 있어요?
>
> 친구 : 학교 근처에 중고가구점이 있어요. 거기에 한 번 가 보세요. 또 다른 건 필요없
> 어요?
>
> 텬이 : 비누랑 휴지랑 여러 가지 생활용품도 사야 해요.

⑴ 두 사람은 지금 어디에서 이야기합니까?

⑵ ①의 '그것'은 무엇입니까?

⑶ ②그런 건이란 무엇을 말합니까?

⑷ 위의 내용 중 **틀린** 것을 고르십시오. (   )

　　① 텬이는 전자대리점에도 가야합니다.

　　② 텬이는 여러 가지 생활용품도 사야 합니다.

　　③ 텬이는 이사 후 필요한 물건을 사러 가는 중입니다.

　　④ 텬이는 친구에게 싼 중고가구점을 소개해 달라고 했습니다.

2. 위의 대화에 이어서 뒷이야기를 써 보십시오.

친구 : ____

톈이 : ____

친구 : ____

톈이 : ____

친구 : ____

톈이 : ____

3. 다음 <보기>와 같이 어순대로 문장을 쓰십시오.

● 보기 ●

톈이는, 마음에 들었다, 집을, 친구 소개로, 구하게 되었는데
➡ 톈이는 친구 소개로 집을 구하게 되었는데 마음에 들었다.

(1) 월세로, 내야 합니다, 집을, 보증금과, 매달 돈을, 빌리려면

　➡ 월세로 _______________________________________.

(2) 저는, 갑니다, 친구를, 도서관에, 시간이 있으면, 만나거나

　➡ 저는 ____.

(3) 제가, 기숙사는, 깨끗할 뿐만 아니라, 살고 있는, 환경이, 조용해서 좋습니다

　➡ 제가 ____.

(4) 지난 주에, 들을 수 없어요, 음악을, 선물받은, 고장나서, mp3가

　➡ 지난 주에 ______________________________________.

(5) 정확한, 담당직원이, 하겠습니다, 집을 본 후에, 알려드리도록, 이사비용은

　➡ 정확한 ____.

(8) 우리 집

我的家

- 살림용품 관련 어휘의 의미를 알 수 있다. 能了解关于生活用品词汇的意思。
- 자신의 집을 구체적으로 설명할 수 있다. 能详细的说明自己的家。

어휘

1. 다음 중 관계있는 것을 연결하십시오.

(1) 식탁	• 가스를 사용하여 음식을 만드는 조리 기구
(2) 가스레인지	• 사람이 누워서 잘 수 있도록 만든 가구
(3) 침대	• 음식을 차려 놓고 함께 먹을 수 있게 만든 가구
(4) 싱크대	• 옷을 넣어두는 가구
(5) 책장	• 요리할 때 재료를 다듬거나 씻거나 조리할 수 있도록 만든 가구
(6) 옷장	• 책을 넣어두는 가구

2. 다음 <보기>와 같이 반대말을 쓰십시오.

> **보기**
>
> 덥다 ↔ 춥다

(1) 교실이 밝다 ↔ __________ (2) 운동장이 넓다 ↔ __________

(3) 짐이 무겁다 ↔ __________ (4) 거리가 멀다 ↔ __________

(5) 날씨가 맑다 ↔ __________ (6) 산이 높다 ↔ __________

(7) 머리가 길다 ↔ __________ (8) 책이 두껍다 ↔ __________

1. V, A - (으)ㄴ/는/(으)ㄹ 것 같다　好象……

말하는 이의 불확실한 추측이나 느낌을 나타낼 때 사용한다. 表达所说的内容是不确定的推测或感觉时使用。

> **● 보기 ●**
>
> 마트보다 시장물건이 싼 것 같아요.

※ 문장을 완성하십시오.

(1) 가 : 왕단 씨가 전보다 ___________________________.

　　나 : 네, '사랑하면 예뻐진다'는 말이 맞는 것 같아요.

(2) 가 : 박 교수님이 결혼을 하셨을까?

　　나 : 반지를 안 끼신 걸 보니까, ___________________.

(3) 가 : 마이클 씨는 한국어뿐만 아니라 중국어, 일본어도 아주 잘 해요.

　　나 : 마이클 씨는 정말 외국어에 (소질이 있다)___________________.

2. V - 나 보다/A - (으)ㄴ 가 보다　看来…

말하는 사람이 근거를 가지고 추측할 때 사용한다. 说话有根据的推测时使用。

> **● 보기 ●**
>
> 밖에 비가 오나 봐요.

※ 문장을 완성하십시오.

(1) 가 : 명수가 아직도 안 일어났어요?

　　나 : 네, 학교에 가기 ___________________.

(2) 가 : 와! 미영 씨, 오늘 무슨 ___________________? 너무 예뻐요.

　　나 : 고맙습니다. 특별한 일은 없어요.

(3) 가 : 저 식당은 항상 사람이 많은 걸 보니 음식이 ___________________.

　　나 : 네, 저도 몇 번 갔는데 음식도 맛있고, 가격도 싸요.

1. 다음 글을 읽고 맞으면 ○, 틀리면 × 하십시오.

> 우리 집에는 방 하나와 부엌 그리고 화장실이 있습니다. 집이 남향이라서, 밝고 따뜻합니다. 제 방에는 침대, 책상, 옷장, 컴퓨터 그리고 텔레비전이 있습니다. 저는 제 방에서 컴퓨터 하는 것을 좋아합니다. 부엌은 별로 넓지 않지만 편합니다. 부엌에는 식탁과 냉장고, 가스레인지가 있어서 제가 직접 요리도 할 수 있습니다. 벽은 제가 직접 찍은 사진들로 꾸몄습니다. 우리 집에 한 번 놀러 오세요. 제가 직접 꾸민 집도 구경하고 제가 요리한 맛있는 음식도 드셔 보세요. 또 놀러 오고 싶을 겁니다.

(1) 텬이 집은 남향집이다. (○/×)

(2) 텬이는 컴퓨터와 텔레비전 보기를 좋아합니다. (○/×)

(3) 텬이 집은 원룸이다. (○/×)

(4) 텬이는 요리를 할 수 없습니다. (○/×)

(5) 벽에는 텬이가 찍은 사진과 그림 등을 붙여, 예쁘게 만들었습니다. (○/×)

(6) 텬이 친구들은 텬이네 집을 또 방문하고 싶어한다. (○/×)

2. 다음 대화를 읽고 _________에 알맞은 말을 쓰십시오.

> (1) 가 : 링링 씨, 이사는 잘 하셨어요?
>
> 나 : 네, 잘 했어요. 그런데 _____________________________.
>
> 가 : 피곤해 보여요. 오늘은 일찍 가서 좀 쉬세요.
>
> (2) 가 : 내일 뭘 할까요?
>
> 나 : _____________________________.
>
> 가 : 그래요. 내일 백양산으로 등산을 갑시다.

(1) _______________________________   (2) _______________________________

3. 한국어는 중국어로, 중국어는 한국어로 써 보십시오.

(1) 화장실을 깨끗하게 사용하고 휴지를 아껴씁시다.

    ➡

(2) 거실의 소파(sofa)를 바꾸니까 분위기가 많이 달라졌어요.

    ➡

(3) 到我新搬的家来玩一次吧。

    ➡

(4) 我的房子虽然不太宽敞, 但是很舒服和雅静。

    ➡

4. 다음 [보기]와 같이 자신이 살고 있는 집을 구체적으로 소개해 보십시오.

> **● 보기 ●**
>
> 　제가 살고 있는 집은 방 두 개와 거실, 부엌 그리고 화장실이 하나 있습니다. 큰 방에는 침대, 작은 탁자와 의자, 옷장이 있고 작은 방에는 책상, 컴퓨터 그리고 책장이 여러 개 있습니다. 부엌에는 싱크대, 가스레인지, 냉장고, 식탁이 있습니다. 거실에는 텔레비전과 오디오, 장식장이 있으며 앉아서 편하게 쉴 수 있는 분홍색 소파가 있습니다. 벽에는 제가 직접 찍은 사진들이 여러 장 붙어 있습니다. 저희 집은 예쁘게 꾸민 집은 아니지만 생활하기가 편리해서 제가 정말로 좋아하는 곳입니다. 여러분도 한번 놀러 오시겠어요? 언제든지 환영합니다.

(9) 집들이 초대하기

乔迁宴请客

- 한국의 집들이에 대해 알 수 있다. 能了解韩国的乔迁宴。
- 집들이와 관련된 자신의 나라 문화를 소개할 수 있다. 能介绍自己国家乔迁宴文化。

어휘

1. 다음 ________에 알맞은 단어를 고르십시오. (　　　)

   (1) 아버지께서 진지를 ____________________.

   ① 돌아가셨다　　　② 주무셨다　　　③ 먹었다　　　④ 드셨다

   (2) 가 : 아버지 ____________________이/가 어떻게 되세요?

   　　나 : 53살이에요.

   ① 생신　　　　　② 생일　　　　　③ 나이　　　　　④ 연세

   (3) 저는 한국어 공부가 어렵다고 교수님께 ____________________.

   ① 말씀했다　　② 말씀드렸다　　③ 말씀 주었다　　④ 말씀 주셨다

2. 여러분 나라에서는 다음과 같은 상황에서 어떤 선물을 합니까? <보기>와 같이 써 보십시오.

> **보기**
>
> 한국에서 집들이에 갈 때 : 휴지, 세재, 양초 등

   (1) 집들이 갈 때　________________________________

   (2) 결혼식에 갈 때　________________________________

   (3) 생일파티에 갈 때　________________________________

   (4) 문상을 갈 때　________________________________

   (5) 첫 월급을 받을 때　________________________________

1. V.A - 다면서요? 听说……

다른 사람에게 들은 이야기를 물어볼 때 사용한다. 向他人询问听到的话时使用。

> **보기**
>
> 가 : 한국대학교에는 중국 유학생이 많다면서요?   나 : 네, 부산에서 제일 많대요.

※ 문장을 완성하십시오.

(1) 가 : 재석 씨, 요즘 왕단 씨가 도서관에서 열심히 ______________________?

　　나 : 네, 정말로 열심히 공부해요. 오늘부터 저도 같이 공부하려고요.

(2) 가 : 이번 진학시험이 ____________________?

　　나 : 네, 어려웠어요.

(3) 가 : 정준하 씨 여자친구가 ____________________?

　　나 : 네, 중국 사람이에요.

2. N - 밖에 없다 只有……

다른 가능성이나 선택의 여지가 없음을 나타낸다. 表示没有别的可能或选择的余地。

> **보기**
>
> 내가 사랑하는 사람은 당신밖에 없어요.

※ 문장을 완성하십시오.

(1) 냉장고에 물만 있다. ______________________

(2) 큰 도서관에 학생이 5명만 있다. ______________________

(3) 가 : 준하 씨는 여러 가지 운동을 다 잘 하실 것 같아요.

　　나 : 아니에요. 제가 잘 하는 운동은 ______________________

(4) 가 : 음식을 잘 한다고 들었어요.

　　나 : 아니에요, 제가 잘 하는 음식은 ______________________

1. 다음 글을 읽고 질문에 답하십시오.

> 톈　이 : 잠깐만 주목해 주세요. 광고 하나 할게요.
>
> 학생들 : 뭔데요?
>
> 톈　이 : 제가 ㉠______________을/를 하려고 합니다.
>
> 학생들 : 와~
>
> 톈　이 : 이번 토요일 오후에 시간 있으신 분은 저희 집에 오세요. 제가 직접 요리한
> 　　　　맛있는 음식도 드시고, 즐거운 시간도 함께 보냅시다.
>
> 학생 1 : 톈이 씨, 이사했어요?
>
> 톈　이 : 네, 지난 주말에 학교 근처로 이사했어요.
>
> 학생 2 : 뭐가 필요해요? 우리가 사 갈게요.
>
> 톈　이 : 필요한 거 없어요. ㉡______________ 오세요.
>
> 학생들 : ㉢______________ 말해 보세요.
>
> 톈　이 : 보통 한국 사람들은 화장지나 세제를 ㉠______________ 선물로 준대요.
>
> 학생 1 : ㉣______________ 우리도 사 가지고 갈게요.

(1) ㉠에 공통으로 들어갈 말을 써 보십시오.

(2) ㉡에 들어갈 단어를 쓰십시오. (　　　)

　　① 특히　　　　　② 역시　　　　　③ 그냥　　　　　④ 따로

(3) ㉢에 들어갈 접속사를 고르십시오. (　　　)

　　① 그러면　　　　② 그래도　　　　③ 그러니까　　　④ 그러므로

(4) ㉣에 들어갈 접속사를 고르십시오. (　　　)

　　① 그리고　　　　② 그런데　　　　③ 그래서　　　　④ 그러면

(5) 다음 중 맞는 것을 고르십시오. (　　　)

　　① 톈이는 지난 주중에 학교 근처로 이사했다.

　　② 톈이는 자기 생일에 친구들을 집에 초대하려고 한다.

　　③ 톈이는 이번 주 토요일 오전에 친구들을 초대하려고 한다.

　　④ 톈이는 한국 사람들이 집들이 선물로 무엇을 하는지 이미 알고 있다.

2. 다음 그림을 보고 이야기를 쓰십시오.

(1)

(2)

(3)

(4)

(5)

아르바이트 구하기

找打工

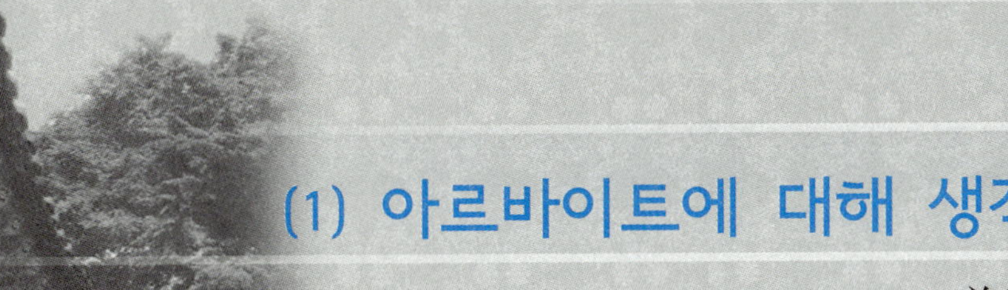

(1) 아르바이트에 대해 생각해 보기

关于打工想一想

- 자신이 아르바이트 한 경험에 대해 말하고 쓸 수 있다. 能说说或写写自己打工的经历。
- 읽기자료를 활용하여 대화문을 만들 수 있다. 活用阅读材料能做对话文。

 **어휘**

1. 다음 중 공통으로 들어갈 단어의 기본형을 고르십시오.

(1)

- 물건을 사면 돈을 ________________ 합니다.
- 하고 싶은 이야기가 있는데 시간 좀 ________________ 주세요.
- 제가 잘못했으니까 화를 ________________ 마세요.

① 주다　　　② 받다　　　③ 내다　　　④ 나다

(2)

- 자신감을 잃지 말고 자신감을 ________________.
- 언니가 드디어 아이를 ________________.
- 저는 교사자격증을 ________________ 있어요.

① 가지다　　　② 따다　　　③ 받다　　　④ 생기다

2. 다음 <보기>에서 알맞은 단어를 골라 문장을 완성하십시오.

> **보기**
>
> 노력하다　　주중　　주말　　저축하다　　출석하다　　지각하다

(1) ________________ 것도 습관입니다. 습관을 바꾸십시오.

(2) 여러분, 열심히 ________________ 무엇이든지 잘 할 수 있습니다.

(3) 저는 어릴 때부터 ________________ 습관이 있어서 벌써 5천만원을 모았습니다.

(4) 월요일부터 금요일까지를 ________________(이)라고 하고, 토요일과 일요일을 ________________(이)라고 합니다.

1. V.A - (으)면서   一边……一边

동시에 어떤 일을 할 때 사용한다. 同时做某件事时使用。

> **보기**
>
> 저는 언제나 음악을 들으면서 공부를 합니다.

※ 문장을 완성하십시오.

(1) 가 : 와, 영어를 하시네요. 언제 이렇게 배우셨어요?

　　나 : 집에 갈 때 (운전하다/영어테이프를 매일 듣다) ___________________.

(2) 가 : 어제 준하 씨 만나서 뭐했어요?

　　나 : 함께 (차를 마시다/이야기하다) ___________________.

(3) 가 : 결혼할 사람의 어떤 점이 마음에 들었어요?

　　나 : (똑똑하다/자신감이 있다) ___________________.

(4) 가 : 어제 뭐 했어요?

　　나 : (거리를 구경하다/쇼핑하다) ___________________.

2. N - (으)로도

'- (으)로'와 '- 도'가 합쳐진 형태이고 강조의 의미가 있다. 有强调的意思。

> **보기**
>
> 사람의 생명은 돈으로도 살 수 없어요.

※ 문장을 완성하십시오.

(1) 이 의자를 펴면 (침대) ___________________

(2) 거제도에 갈 때 배로 갈 수도 있고 (버스) ___________________

(3) 요즘 젊은이들이 입는 운동복은 모양이 예뻐서 (외출복) ___________________

(4) 물건을 산 후 돈을 낼 때 현금으로 계산할 수도 있고 (카드) ___________________

(5) 핸드폰이 있으면, (전화/사진기/mp3) ___________________

1. 다음 글을 읽고 질문에 답하십시오.

> 나에게 아르바이트는…….
>
> 　대학교 1학년 여름방학 때, 나는 ㉠(　　　　) 라면 공장에서 아르바이트를 하게 되었다. 그 후로도 계속 신문 배달, 이삿짐 센터 도우미 등의 여러 가지 아르바이트를 하였다.
> 　친구들이 즐거운 시간을 보내는 동안, 나는 아르바이트를 하면서 돈을 저축했다. 그 돈으로 대학교 학비도 내고, 생활비로도 사용하였다. 아르바이트를 하면서 나는 모든 일에 ㉡자신감이 생겼다. 시간을 내어 아르바이트를 하는 것이 힘들었지만 돈도 벌고 자신감을 얻을 수 있어서 좋았다.

(1) ㉠에 들어갈 말을 고르십시오. (　　　　)

　① 별로　　　　　　　② 우연히　　　　　　③ 무척　　　　　　④ 역시

(2) ㉡과 같은 의미를 본문에서 찾아 쓰십시오.

　______________________________

(3) 다음 중 맞는 것을 고르십시오. (　　　　)

　① 나는 아르바이트를 해서 부모님께 드렸다.
　② 나는 아르바이트를 하면서 자신감을 갖게 되었다.
　③ 나는 그동안 라면 공장 아르바이트만 해 보았다.
　④ 나는 아르바이트 하는 것이 생각보다 어렵지 않았다.

2. 본문 내용을 활용하여 대화문을 만들어 보십시오.

> 가 : 왕단 씨, 왕단 씨는 중국에서 아르바이트 한 적이 있어요?
> 나 : 네, 대학교 1학년 여름방학 때, 라면 공장에서 아르바이트 한 적이 있어요.
>
> ______________________________
>
> ______________________________
>
> ______________________________
>
> ______________________________

3. 다음 <보기>와 같이 제시된 표현을 모두 사용하여 문장을 쓰십시오.

(1) 집/마음에 들다/계약하십시오.

➡ ____

(2) 생활비/벌다/아르바이트를 해야 합니다.

➡ ____

(3) 자신감이 있다/무슨 일/할 수 있다.

➡ ____

(4) 아르바이트를 하다/힘들었다/재미있었다.

➡ ____

4. 다음 그림을 보고 ______에 알맞은 말을 쓰십시오.

(1)

(2)

(1) 저는 피자집에서 __________________ 아르바이트를 한 적이 있습니다.

(2) 저는 벽에 붙어있는 아르바이트 __________________ 전화했습니다.

(2) 아르바이트 구하기

找打工

어휘

1. 다음 <보기>에서 관계있는 것을 고르십시오.

> **보기**
>
> 판매원   과외   주유원   배달원   서빙   전단지 돌리기   학원 강사

(1) 주문한 물건이나 음식을 집까지 가져다 준다. ________________

(2) 계산대에서 계산하고 물건을 정리한다. ________________

(3) 국어, 수학, 영어, 외국어 등을 집에서 가르친다. ________________

(4) 주유소에서 기름을 넣는다. 유니폼을 입는다. ________________

(5) 집집마다 광고지를 넣는다. ________________

(6) 식당, 호프집 등에서 손님에게 음식을 가져다 준다. ________________

2. 다음 <보기>에서 알맞은 단어를 골라 문장을 완성하십시오.

> **보기**
>
> 편의점   구인광고   구하다   면허증   주유소

(1) 저는 오늘부터 LG24 ____________에서 판매원으로 일하게 되었습니다.

(2) ____________에서 하는 아르바이트는 손님들 차에 기름을 넣어주는 일입니다.

(3) 저는 지금 아르바이트를 ____________ 있습니다.

(4) 저는 생활정보지의 ____________을/를 보고 아르바이트를 찾았습니다.

(5) 배달하는 아르바이트를 하려면 오토바이 ____________이/가 있어야 합니다.

1. 불규칙동사

⑴ ㄹ 불규칙동사

ㄹ로 끝나는 동사 뒤에 ㄴ, ㅂ, ㅅ이 오면 ㄹ이 탈락한다. 以ㄹ结束的动词, 后接ㄴ, ㅂ, ㅅ的话, ㄹ脱落。

	－ㅂ니다/습니다	－아/어요	－아/어서	－(으)니까
알다				
살다				
놀다				
울다				
길다				

⑵ 으 불규칙동사

'으'로 끝나는 모든 동사 뒤에 모음으로 시작하는 동사와 만나면 '으'가 탈락한다. 以 '으' 结束的所有的动词后, 接以元音开始的动词时, '으' 脱落。

	－ㅂ니다/습니다	－아/어요	－아/어서	－(으)니까
아프다				
예쁘다				
크다				
쓰다				
바쁘다				

(3) ㄷ 불규칙동사

ㄷ으로 끝나는 동사 중에서 뒤에 모음으로 시작하는 동사와 만나면 ㄷ이 ㄹ로 바뀌는 동사. 以ㄷ结束的
动词中, 后接以元音开始的动词时, ㄷ变成ㄹ。

	– ㅂ니다/습니다	– 아/어요	– 아/어서	–(으)니까
걷다				
듣다				
묻다.				
받다				
싣다				

(4) ㅂ 불규칙동사

ㅂ으로 끝나는 동사 중에서 뒤에 모음으로 시작하는 동사와 만나면 ㅂ이 '오' 또는 '우'로 바뀌는 동사.
以ㅂ结束的动词中, 后接以元音开始的动词时, ㅂ变成'오' 或 '우'。

	– ㅂ니다/습니다	– 아/어요	– 아/어서	–(으)니까
덥다				
아름답다				
춥다				
고맙다				
돕다				

2. 다음 <보기>와 같이 틀린 것에 ✔표 하십시오.

(1) 좁다 : 좁으니까/좁아서/좁습니다/좁우면/좁으면서

(2) 돕다 : 돕습니다/도워요/도우니까/도우려고/도우러

(3) 걷다 : 걸어요/걷습니다/걸면/걸으려고/걸으니까

(4) 기쁘다 : 기뻤어요/기쁩니다/기뻐서/기쁘면/기뻐니까

(5) 놀다 : 놉니다/놀았어요/놀으려고/놀면/놀아서

3. 다음 <보기>와 같이 문장을 완성하십시오.

(1) 모르는 것이 있으면 저에게 (묻다)________________(아/어) 보세요.

(2) 시장에 싸고 좋은 물건을 많이 (팔다)______________((으)니까) 함께 가 봅시다.

(3) 이번 생일에 선물로 목걸이를 (받다)________________(았/었으면) 좋겠어요.

(4) 교실은 (덥다)__________________((으)ㄴ데) 밖은 춥네요.

(5) 제 방은 좀 (좁다)________________((으)ㄴ 편)이에요.

1. 다음 글을 읽고 맞는 것을 고르십시오. (   )

> 왕　펑 : 어디 가요?
> 취페이 : 아르바이트 하러 가요. (중략)
> 왕　펑 : 그런 아르바이트는 어디에서 구해요?
> 취페이 : 요즘 아르바이트생을 구하는 광고가 많은데, 그런 것을 한 번 보세요. 생활
> 　　　　정보지나 인터넷을 찾아보면, 하고 싶은 아르바이트를 구할 수 있을 거예요.
> 왕　펑 : 네, 정말 고마워요. 빨리 찾아 봐야겠어요.

① 왕펑은 지금 아르바이트를 하고 있다.

② 취페이는 현재 하고 있는 아르바이트가 있다.

③ 생활정보지를 통해서는 아르바이트를 구할 수 없다.

④ 취페이는 한국 사람을 많이 만나는 아르바이트를 하고 싶어한다.

2. 한국어는 중국어로, 중국어는 한국어로 써 보십시오.

(1) 저는 지금 번역하는 아르바이트를 하고 있습니다.

(2) 생활 정보지를 통해 아르바이트를 구했습니다.

(3) 从这个学期开始以勤工俭学方式在图书馆打工了。

(4) 我因为学习还没开始打工。

(3) 아르바이트 광고지 읽기

阅读招聘打工的广告

- 아르바이트 광고지를 보고 묻고 대답할 수 있다. 能看, 咨询和回答招聘打工的广告。
- 불규칙동사에 대해서 알 수 있다. 能了解不规则动词。

어휘

1. 다음 중 관계있는 것을 연결하고 문장을 만드십시오.

(1) 면허증을 ∘	• 배달하다
(2) 아르바이트를 ∘	• 받다
(3) 급여를 ∘	• 따다
(4) 피자를 ∘	• 구하다

[문장 만들기]

(1) ______________________________

(2) ______________________________

(3) ______________________________

(4) ______________________________

2. 다음 <보기>에서 관계있는 것을 고르십시오.

> **보기**
>
> 시급   월급   보너스   주급   연봉

(1) 일주일마다 받는 급여 ______________

(2) 한 달마다 받는 급여 ______________

(3) 직원들에게 급여 외에 더 주는 돈. '상여금'이라고도 함 ______________

(4) 일 년 동안 받는 급여의 총액 ______________

1. 불규칙 동사 (2)

(1) ㅅ 불규칙 동사

ㅅ으로 끝나는 동사 중에서 뒤에 모음으로 시작하는 동사와 만나면 ㅅ이 탈락한다. 以ㅅ结束的动词中, 后接以元音开始的动词时, ㅅ脱落。

	− ㅂ니다/습니다	− 아/어요	− 아/어서	−(으)니까
짓다				
낫다				
붓다				
벗다				

(2) 르 불규칙 동사

'르'로 끝나는 동사 중에서 뒤에 모음으로 시작하는 동사와 만나면 '_'가 탈락하고 'ㄹ'이 새로 생긴다. 以르结束的动词中, 后接以元音开始的动词的话, '_'脱落, 生成'ㄹ'。

	− ㅂ니다/습니다	− 아/어요	− 아/어서	−(으)니까
모르다				
기르다				
흐르다				
고르다				

2. 다음 <보기>와 같이 틀린 것에 ✔표 하십시오.

부르다 : 불러서 / 부르면 / 부릅니다 / 불렀어요 / 불르니까(✔)

(1) 짓다 : 지으니까/지어서/짓습니다/지으면/지고

(2) 벗다 : 벗으니까/벗는/벗어서/버습니다/벗으면

(3) 알다 : 알아서/알으니까/알면/압니다/아세요?

(4) 젓다 : 저면/저어도/저어요/젓습니다/저으려고

3. 다음 <보기>와 같이 문장을 완성하십시오.

그녀의 (까맣다)까만 눈은 정말 매력있습니다.

(1) 머리를 (기르다)______________((으)려고) 하다가 그냥 잘랐습니다.

(2) 감기가 (낫다)______________((으)면) 가을여행을 갑시다.

(3) 마음에 드는 옷을 하나 (고르다)______________(아/어) 보세요.

(4) 컵라면에 물을 (붓다)______________(았/었어요)

읽고 쓰기

1. 다음 글을 읽고 내용 중 맞으면 ○, 틀리면 × 하십시오.

<table>
<tr><td>

편의점 판매원

주 소 : 부산시 사상구
시 간 : 오후 5 : 00~오후 11 : 00
급 여 : 시급 3,000원
자 격 : 20~29세의 남
모집인원 : 2명
연락처 : 975－2468

</td><td>

중국어 가르쳐주실 분

주 소 : 한국무역회사
시 간 : 월, 수, 금 오후 5 : 00~7 : 00
급 여 : 시급 20,000원
자 격 : 표준 중국어를 할 수 있는 중국인
모집인원 : 2명
연락처 : 345－6678

</td></tr>
</table>

(1) 편의점 판매원은 남녀 모두 지원할 수 있다. (○/×)

(2) 중국어 수업은 매일 2시간씩 수업이 있다. (○/×)

(3) 중국어 수업은 중국어를 잘 하는 한국인이 지원해도 괜찮다. (○/×)

(4) 편의점 일은 매일 하는 일이다. (○/×)

2. 한국어는 중국어로, 중국어는 한국어로 써 보십시오.

(1) 표준 중국어를 발음할 수 있는 중국인 선생님을 찾습니다.

➡

(2) 오토바이 면허증이 있는 분만 지원해 주십시오.

➡

(3) 需要电脑好的人。

➡

(4) 一个月的工资是多少?

➡

3. 다음 [보기]와 같이 문장으로 바꿔 쓰십시오.

[보기]

<table>
<tr><td>

주말 아르바이트 급구

주 소 : 한국대학교 근처 PC방

시 간 : 토, 일 오후 5 : 00~12 : 00

급 여 : 월급 20만원

자 격 : 25세 이상 남자

연락처 : 775-8989

</td><td>

주말 아르바이트를 급히 구합니다.

주소는 한국대학교 근처에 있는 PC방입니다.

시간은 토요일과 일요일 오후 5시부터 12시까지 일합니다.

급여는 월급으로 20만원입니다.

자격은 25세 이상 남자면 됩니다.

연락처는 775-8989입니다.

</td></tr>
</table>

피자집 배달 구함

주 소 : 피망피자

시 간 : 오후 2 : 00~밤 9 : 00

급 여 : 시급 4,000원

자 격 : 21세 이상, 오토바이 면허증 소지

연락처 : 444-3663

(4) 아르바이트 문의하기

询问打工

- 이력서 관련 어휘를 알 수 있다. 能了解关于履历表的单词。
- 전화로 아르바이트 광고에 대한 내용을 묻고 대답할 수 있다. 能用电话咨询和回答招聘打工的广告。

 **어휘**

1. 다음 <보기>에서 알맞은 단어를 고르십시오.

보기

이름   생년월일   전화번호   주소   학력   성별   경력

이 력 서

1.   이   름   : 홍 길 동

2. ________________ : 1999년 5월 13일

3. ________________ : 남자 / 여자

4. ________________ : 서울시 종로구 사직동 100번지

5. ________________ : (02) 543−4321 / 핸드폰 010−000−0000

6. ________________ : ○○○○년 ○월 ○일 : ○○고등학교 졸업

　　　　　　　　　　　○○○○년 ○월 ○일 : ○○대학교 경영학과 입학

　　　　　　　　　　현　　　재　　　 : ○○대학교 3학년 재학중

7. ________________ : ○○○○년 ○월 ○일~○월 ○일 : 라면 공장에서 일함

　　　　　　　　　　　○○○○년 ○월 ○일~○월 ○일 : 학원에서 중국어 가르침

1. 아무 - (이)나 无论……都

'아무'는 '무엇이라고 정확하게 정하지 않은 것'을 말함. 뒤에 '- (이)나'가 붙으면 뒤에 긍정문이 오고, 뒤에 '- 도'가 붙으면 부정문이 온다. '아무' 是说不能确定是什么. 后面接 '- (이)나' 的话, 与肯定句连用, 后面接 '- 도' 的话, 与否定句连用。

	긍 정	부 정
누구(사람)	아무나	아무도
무엇(물건)	아무거나	아무것도
언제(시간)	아무 때나	아무 때도(X)
어디(장소)	아무 데(서)나	아무 데(서)도

Tip

> '아무 - (이)나'와 '의문대명사 - 든지' 비교
>
> '아무 - (이)나'와 '의문대명사 - 든지' 뒤에는 긍정문이 오며 바꿔 쓸 수 있다.
>
> '아무 - (이)나'和 '의문대명사 - 든지' 后面接肯定句可以互换。
>
> 아무나=누구든지/ 아무거나=무엇이든지/아무 때나=언제든지
>
> 아무 데(서)나=어디든지

• 보기 •

> 이번 주에는 시간이 많이 있으니까 아무 때나 오십시오.

※ 문장을 완성하십시오.

(1) 가 : 선생님, 같이 이야기하고 싶어요. 언제 시간이 있으세요?

　　나 : ＿＿＿＿＿＿＿＿＿ 다 괜찮아요. 시간 있을 때 오세요.

(2) 가 : 무슨 음식을 좋아하세요?

　　나 : 저는 ＿＿＿＿＿＿＿＿＿ 다 잘 먹어요.

(3) 가 : 링링 씨, 오늘 어디에 가고 싶어요?

　　나 : 저는 ＿＿＿＿＿＿＿ 다 괜찮아요. 하하 씨 가고 싶은 곳으로 결정하세요.

(4) 가 : 무엇을 드시겠어요?

　　나 : 속이 안 좋아서 ＿＿＿＿＿＿＿ 먹고 싶지 않아요.

(5) 가 : 오늘 모임에 같이 가요.

　　나 : 죄송하지만 오늘은 ＿＿＿＿＿＿＿ 만나고 싶지 않아요. 죄송합니다.

1. 다음 글을 읽고 맞으면 ○, 틀리면 × 하십시오.

> 사장 : 여보세요. 24시 편의점입니다.
>
> 왕펑 : 네, 아르바이트 구하는 광고 보고 전화했는데요. 거기에서 일하고 싶은데 어떻게
>
> 　　　하면 돼요? (중략)
>
> 사장 : 대학 정문에서 오른쪽으로 30m쯤 오시면, 사진관이 보일 겁니다.
>
> 　　　사진관 바로 옆에 있습니다.
>
> 왕펑 : 네, 그럼 내일 뵙겠습니다. 감사합니다.

(1) 왕펑은 중국인 대학생이다. 　　　　　　　　　　　　　　　　　　　(○ / ×)

(2) 왕펑 집은 24시 편의점에서 가까운 편이다. 　　　　　　　　　　　　(○ / ×)

(3) 왕펑은 내일 2시에 24시 편의점 사장님을 만나기로 했다. 　　　　(○ / ×)

(4) 왕펑은 언제든지 일할 수 있다. 　　　　　　　　　　　　　　　　(○ / ×)

(5) 왕펑은 내일 면접하러 갈 때 이력서와 사진을 가지고 가야 한다. 　(○ / ×)

2. 다음 [보기]에 제시한 내용을 중심으로 아르바이트 1~4 중 하나를 선택하여 대화문을 만드십시오. (A : 직원 B : 아르바이트를 찾는 학생)

> ●보기●
>
> | 자격요건 | 급여 | 급여방법 | 아르바이트 기간 및 시간 |
> |---|---|---|---|
> | 쉬는 날 | 위치 | 찾아 가는 방법 | 면접 때 준비해 가야 할 서류 |

[아르바이트 1] 모델

[아르바이트 2] 마트 계산원

[아르바이트 3] 중국어 과외

[아르바이트 4] 학교에서 운영하는 중국어 카페

(5) 아르바이트 면접

打工面试

- 여러 상황에서 면접할 때 묻고 대답할 수 있다. 能在不同面试情况下问和回答。

 **어휘**

1. 다음 중 관계있는 것을 연결하십시오.

(1) 이름이 뭐예요?	• 직업이 어떻게 되십니까?
(2) 무슨 일 해요?	• 성함이 어떻게 되세요?
(3) 어느 나라 사람이에요?	• 가격이 어떻게 됩니까?
(4) 얼마예요?	• 나이가 어떻게 되십니까?
(5) 몇 살이에요?	• 국적이 어떻게 되십니까?

2. 다음 <보기>에서 알맞은 단어를 골라 문장을 완성하십시오.

> **보기**
>
> 면접　　비슷하다　　구체적　　정리하다　　손님　　팔다　　시작하다

(1) 오늘은 회사 ＿＿＿＿＿＿＿이/가 있는 날이라서 긴장됩니다.

(2) 제주도에 가면 어디 어디 갈 것인지 ＿＿＿＿＿＿＿(으)로 이야기 해 주세요.

(3) 서울에서 ＿＿＿＿＿＿＿이/가 오셔서 지금 해운대에 가는 중입니다.

(4) 명수는 영화가 ＿＿＿＿＿＿＿ 때부터 끝날 때까지 계속 졸았습니다.

(5) 링링 씨와 랑랑 씨는 얼굴이 거의 ＿＿＿＿＿＿＿ 못 알아보겠어요.

1. V.A - 았/었던

과거에 지속되던 행동이나 상태 등이 중단됨을 나타낸다. 表达中断过去持续的动作或状态。

> **● 보기 ●**
>
> 제가 전에 있었던 학교에도 중국 유학생이 많았어요.

※ 문장을 완성하십시오.

(1) 오늘도 어제 (가다)________________ 식당에 갑시다.

(2) 언니가 (결혼하다)________________ 날에도 눈이 내렸어요.

(3) 제가 정말로 (사랑하다)________________ 사람은 왕단 씨뿐입니다.

(4) 지난 주에 (보다)________________ 영화제목이 뭐였지요?

2. V - (으)면 되다

어떤 기준이나 결과를 만족시키는 조건을 말할 때 사용한다. 说明满足某个基准或结果的条件时使用。

> **● 보기 ●**
>
> 이 길로 곧바로 가시면 됩니다.

※ 문장을 완성하십시오.

(1) 여러분, 건강해지고 싶으면 음식을 조금 먹고 운동을 많이 ________________.

(2) 야채를 싸게 사고 싶으면 시장에 ________________.

(3) 잘 모르는 것이 있으면 선생님께 ________________.

(4) 영화를 보고 싶으면 ________________.

Tip

> '- (으)면 되다'와 '- 아/어도 되다'
>
> '-(으)면 되다'는 어떤 기준이나 결과를 만족시키는 조건을 말하는 것이지만, '- 아/어도 되다'는 어떤 행위나 상태가 상대방에게 허락, 허용의 의미를 나타낼 때 사용할 수 있다.
> '- (으)면 되다'是说满足某个基准或结果的条件时使用, '- 아/어도 되다'是表达向对方许可, 容许某个行为或状态的意义时使用。
>
> 예1) 9시까지 학교에 가면 됩니다. ('조건'을 강조)
> 예2) 9시까지 학교에 가도 됩니다. ('허용'을 강조)

1. 다음 글을 읽고 질문에 답하십시오.

> 점원 : 어서 오세요.
>
> 왕평 : 어제 전화 드렸던 학생인데요, 면접 보러 왔어요.
>
> 점원 : 네, 잠깐만요. 사장님, 여기 학생이 면접 보러 왔어요.
>
> 사장 : 어서 오세요. 이력서와 사진은 가지고 오셨지요?
>
> 왕평 : 네, 여기 있습니다.
>
> 사장 : 중국 사람이라고 했죠? 한국에 ㉠_______________ 얼마나 됐어요?
>
> 왕평 : 6개월 됐습니다.
>
> 사장 : 아르바이트(를) ㉡_______________ 있어요?
>
> 왕평 : 중국에서 비슷한 일을 해 봤습니다.
>
> 사장 : 좋습니다. 그러면 같이 일해 봅시다.
>
> 왕평 : 감사합니다. 그런데 구체적으로 어떤 일을 해야 합니까?
>
> 사장 : 먼저 편의점 청소와 물건 정리를 하고 손님들에게 물건을 팔면 됩니다.
>
> 왕평 : 열심히 하겠습니다.
>
> 사장 : 그럼, 다음 주 월요일부터 일을 시작하세요. ㉢그날은 첫날이니까 30분 정도 일
> 찍 와서 일을 배우세요.
>
> 왕평 : 감사합니다. 그럼, 그날 뵙겠습니다.

⑴ ㉠에 어울리는 문장을 쓰십시오.

⑵ ㉡에 어울리는 문장을 쓰십시오.

⑶ ㉢ '그날'이 지시하는 것을 쓰십시오.

⑷ 다음 중 <u>틀린</u> 것을 고르십시오. (   )

　① 이곳은 편의점이다.

　② 왕평은 이력서와 사진을 준비했다.

　③ 왕평은 중국에서 아르바이트 경험이 있다.

　④ 왕평은 아르바이트 장소에서 물건 계산만 하면 된다.

2. 다음 [보기]와 같이 아르바이트 면접 상황의 대화문을 만들어 보십시오.

　　[학생(가) : 사장님, 학생(나) : 면접하러 온 학생]

가 : 사장님, 안녕하세요. 어제 전화 드렸던 학생입니다.

나 : 어서 오세요. 반갑습니다. 서류는 준비하셨나요?

가 : 네, 여기 있습니다.

나 : 좋아요. 여기에서 해야 할 일은 <u>차에 주유하기와 청소하기</u>예요.
　　　급료는 <u>한 시간에 4천원</u>이고 <u>월급</u>으로 지급합니다.
　　　혹시 질문 있으면 하세요.

가 : 근무시간은 어떻게 됩니까?

나 : <u>밤 11시부터 새벽 5시까지</u> 일해야 해요. <u>밤에 식사도 제공합니다.</u>

가 : 그렇군요. 쉬는 날도 있나요?

나 : <u>쉬는 날은 없습니다.</u>

가 : 네, 알겠습니다. 앞으로 열심히 하겠습니다.

나 : 그래요, 앞으로 잘 해 봅시다. 내일 아침 9시까지 나오세요.

	(1) 주유소에서 주유원	(2) 식당에서 서빙하기	(3) 전단지 돌리기
근무 조건	한 시간 4천원	한 시간 4천 5백원	한 시간 5천원
지급 방법	월급	주급	매일
해야 할 일	주유하기, 청소하기	주방에서 그릇 닦기, 음식 나르기	아파트에 전단지 붙이기
출근 시간	밤 11시~ 새벽 5시	오후 5시~ 밤 11시	오후 3시~ 6시
식사 제공	밤에 식사 제공	식사 제공	식사 제공 없음
쉬는 날	없음	2,4번째 일요일	매주 토,일

단원의 목표

- 아르바이트 장소에서 일하는 방법에 대해 묻고 대답할 수 있다.
  有关在打工的地方做事的方法能进行提问和回答。
- 편의점에서 파는 물건의 이름을 알 수 있다. 能了解便利店所卖的商品名称。

 **어휘**

1. 다음 <보기>에서 관계있는 것을 고르십시오.

> **보기**
>
> 주류   음료수류   즉석식품류   유제품류   서적류   생활용품류

(1) 콜라, 사이다, 오렌지 쥬스, 당근 쥬스 등 __음료수류__

(2) 우유, 요쿠르트, 치즈 등 _______________________

(3) 커피믹스, 컵라면, 어묵, 컵떡볶이 등 _______________________

(4) 1회용 면도기, 샴푸, 린스, 양말 등 _______________________

(5) 맥주, 소주, 양주, 막걸리 등 _______________________

2. 다음 <보기>에서 알맞은 단어를 골라 문장을 완성하십시오.

> **보기**
>
> 거스름돈   동전   지폐   영수증   계산하다   현금   카드

(1) 10,000원짜리, 5,000원짜리, 1,000원짜리 _______________이/가 새로 나왔어요.

(2) 새로 나온 50원짜리, 10원짜리 _______________이/가 전보다 작아졌어요.

(3) 어제 길에서 물건 살 때 돈을 내고 _______________ 500원을 안 받았어요.

(4) 지갑에 돈이 없어서 _______________(으)로 물건을 샀어요.

(5) 어머니는 물건을 산 후에 _______________을/를 꼭 받아서 모아요.

1. V.A - 게

뒤에 오는 행위나 상태의 방식, 정도 등을 나타낸다. 表达后面所接的行为或状态的方式, 程度等。

● 보기 ●

어제 친구들과 재미있게 놀았어요.

※ 문장을 완성하십시오.

(1) 가 : 이번 시험이 쉬웠어요?

　　나 : 아니요, 시험문제가 ＿＿＿＿＿＿＿＿＿ 나왔어요.

(2) 가 : 선생님, 방학동안 즐거운 시간 보내세요.

　　나 : 링링 씨도 방학을 ＿＿＿＿＿＿＿＿＿ 보내기 바래요.

(3) 가 : 왜 머리를 ＿＿＿＿＿＿＿＿＿ 잘랐어요?

　　나 : 이번 주에 군대에 가거든요.

(4) 가 : 링링 씨는 어떻게 생겼어요?

　　나 : 얼굴이 아주 ＿＿＿＿＿＿＿＿＿.

2. N - 대로

'앞에서 말한 근거와 똑같이' 또는 '따로따로 구별됨'을 나타낼 때 사용한다. 表示 '和前面说的根据一样' 或 '各有区别' 时使用。

● 보기 ●

1. 물건 가격대로 계산하시면 됩니다.
2. 오늘 식사 값은 너는 너대로, 나는 나대로 내자.

※ 문장을 완성하십시오.

(1) 가 : 무엇을 전공하려고 합니까?

　　나 : 교수님 ＿＿＿＿＿＿＿＿＿ 한국어교육을 공부하려고 합니다.

(2) 가 : 아버지, 제가 거짓말 안 하고 ＿＿＿＿＿＿＿＿＿ 말씀드리겠습니다.

　　나 : 알겠다. 사실대로 말해 봐.

(3) 가 : 어떻게 앉을까요?

　　나 : 여자는 ＿＿＿＿＿＿＿＿＿ 남자는 ＿＿＿＿＿＿＿＿＿ 앉아 주세요.

1. 다음 글을 읽고 질문에 답하십시오.

> **장면1**
>
> 왕펑 : 안녕하세요? 오늘부터 아르바이트를 하게 된 학생입니다. 잘 가르쳐 주세요.
> (중략)
>
> **장면2**
>
> 점원 : 이제 이쪽으로 와서 계산하는 방법을 배우세요. 먼저 손님들이 물건을 가지고
> 　　　오면 이 기계로 바코드를 ㉠__________. 그러면 가격이 표시돼요. 그 가격대로
> 　　　계산하고, 거스름돈과 ㉡__________ 을 드리면 됩니다. 한 번 해 보세요.
> 왕펑 : 이렇게요?
> 점원 : 네, 맞아요. 그리고 매장에 물건이 ㉢떨어지면 빨리 갖다 놓으세요.
> 왕펑 : 알겠습니다.
> 점원 : 손님에게는 ㉣항상 ㉤(친절하다) 인사하세요.

(1) ㉠에 들어갈 단어를 고르십시오. (　　　)

　① 주세요　　　　② 찍으세요　　　　③ 내세요　　　　④ 받으세요

(2) ㉡에 '산 물건에 대한 내용과 가격이 써져 있는 종이'를 나타내는 단어를 쓰십시오.

(3) ㉢의 '떨어지다'와 의미가 같은 것을 고르십시오. (　　　)

　① 취직 시험에 <u>떨어졌어요</u>.

　② 나에게 중요한 일이 <u>떨어졌어요</u>.

　③ 이번 달 생활비가 <u>떨어졌어요</u>.

　④ 책상 위의 사전이 <u>떨어져서</u> 주웠어요.

(4) ㉣ '항상'과 바꿔 쓸 수 있는 것을 고르십시오. (　　　)

　① 늘　　　　　② 자주　　　　　③ 대부분　　　　④ 가끔

(5) ㉤의 '친절하다'를 문맥에 맞게 쓰십시오.

2. 한국어는 중국어로, 중국어는 한국어로 써 보십시오.

(1) 산 물건은 계산대에서 바코드를 찍어야 합니다.

   ⮕

(2) 물건은 떨어지면 창고에서 가져와 빨리 채워 주십시오.

   ⮕

(3) 我们的卖店既宽敞，东西又多。

   ⮕

(4) 我教给你结算的方法。

   ⮕

3. 다음 <보기>와 같이 어순대로 문장을 쓰십시오.

> ● 보기 ●
>
> 하하 씨, 모두, 재미있습니다, 친절하고, 가족은
> ⮕ 하하 씨, <u>가족은 모두 친절하고 재미있습니다</u>.

(1) 이 기계로, 찍으면, 바코드를, 표시됩니다. 가격이

   ⮕ 이 기계로 _______________________________________

(2) 매장에, 갑니다, 물건 가지러, 떨어져서, 물건이

   ⮕ 매장에 _______________________________________

(3) 제가, 구체적으로, 무엇입니까? 이곳에서, 해야 하는 일이

   ⮕ 제가 _______________________________________

(4) 자신의, 경력에, 학력과, 대해서, 보십시오. 이야기해

   ⮕ 자신의 _______________________________________

(5) 너희들이, 갈게, 시간을 정하면, 늦게라도, 약속 장소와

   ⮕ 너희들이 _______________________________________

(6) 저는, 운전 면허증을 땄지만, 3년 전에 운전을 안 했어요, 그동안

   ⮕ 저는 _______________________________________

(7) 아르바이트 어려움 이야기하기

談談打工的难处

- 아르바이트의 어려움에 대해 묻고 대답할 수 있다. 有关打工的困难, 能进行提问和回答。
- 틀린 문장을 올바른 문장으로 고칠 수 있다. 把写错的句子能改成正确的句子。

어휘

1. 다음과 같이 연상되는 단어를 써 보십시오.

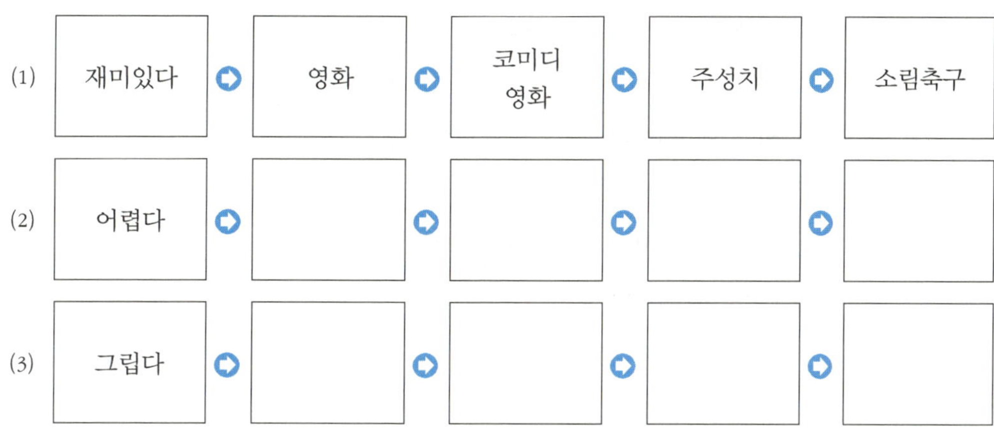

(1)	재미있다 ➡	영화 ➡	코미디 영화 ➡	주성치 ➡	소림축구
(2)	어렵다 ➡	➡	➡	➡	
(3)	그립다 ➡	➡	➡	➡	

2. 다음 <보기>에서 알맞은 단어를 골라 문장을 완성하십시오.

• 보기 •

힘들다　익숙해지다　끝나다　벌다　학비　곤란하다

(1) 국립대학교 ________________가 사립대학교보다 훨씬 쌉니다.

(2) 돈을 ________________것도 중요하지만 잘 쓰는 것도 중요합니다.

(3) 외국인들이 한국어로 전공서적을 읽는 것은 ________________일입니다.

(4) 가능하면 친구들에게 ________________부탁은 하지 말아야 합니다.

(5) 이제는 한국음식과 문화에 ________________.

1. V.A - 잖아요   不是……吗?

어떤 상황에 대해 말하는 사람이 상대방에게 확인할 때 사용한다. 说话人向对方确认某个情况时使用。

● 보기 ●

가 : 시험이 언제죠?   나 : 내일이 시험이잖아요.

※ 문장을 완성하십시오.

(1) 가 : 재석 씨의 인기비결이 뭘까요?

　　나 : ____________________.

(2) 가 : 요즘 왜 이렇게 날씨가 춥지요?

　　나 : 지금이 ____________________. 그러니까 춥지요.

(3) 가 : 황종 씨가 왜 해운대에 자주 가요?

　　나 : 황종 씨가 바다를 ____________________.

(4) 가 : 미영 씨가 요즘 몰라보게 예뻐진 것 같아요.

　　나 : 방학 때 성형수술을 ____________________. 그러니까 갑자기 예뻐졌지요.

Tip

'- 잖아요'와 '- 거든요'

'- 잖아요'는 말하는 사람과 상대방이 이미 알고 있는 사항에 대해 이야기하면서 확인할 때 사용하고, '- 거든요'는 질문에 대답하면서 이유를 설명할 때 사용한다.
'- 잖아요'是说话人和对方对已经知道的情况说明和确认时使用, '- 거든요'是回答问题, 说明理由时使用。

예) 가 : 요즘 날씨가 너무 더운 것 같아요.
　　나 : 지금 여름이잖아요. 그러니까 덥죠. (두 사람 모두 알고 상황)
예) 가 : 미영 씨, 링링 씨가 한국어 잘 하네요.
　　나 : 링링 씨 전공이 한국어이거든요. 4년 동안 배웠대요.
　　　　(질문한 사람이 모르고 있는 상황)

1. 다음 글을 읽고 질문에 답하십시오.

> 취페이 : 요즘 아르바이트 어때요?
>
> 왕　펑 : 재미있어요. 그런데 생각보다 좀 힘드네요.
>
> 취페이 : 그래요? 많이 힘들어요?
>
> 왕　펑 : 이제 ㉠(익숙하다) 괜찮아요. 그런데 너무 늦게 끝나서, 아침에 일어나기가 힘
> 들어요. 취페이 씨는 어때요?
>
> 취페이 : 한국 사람들에게 중국어를 가르치는 것이 생각보다 어려운 것 같아요. 그래서
> 다시 중국어를 공부하고 있어요.
>
> 왕　펑 : 우리도 한국어를 배우고 있지만, ㉡우리 선생님도 힘드실 것 같아요.
>
> 취페이 : 네, 맞아요. ㉢세상에 쉬운 일이 어디 있겠어요?
>
> 왕　펑 : 그렇죠. 그렇지만 배우는 것도 많잖아요.

⑴ ㉠을 문장에 맞게 고쳐 보십시오.

＿＿＿＿＿＿＿＿＿＿＿＿＿＿＿＿＿＿＿＿＿＿＿

⑵ ㉡ '우리 선생님도' 를 높임표현으로 바꿔 보십시오.

＿＿＿＿＿＿＿＿＿＿＿＿＿＿＿＿＿＿＿＿＿＿＿

⑶ ㉢의 의미가 맞는 것을 고르십시오. (　　　)

① 세상에 쉬운 일이 많다.

② 세상에 쉬운 일이 없다.

③ 세상에 쉬운 일도 있고 어려운 일도 있다.

④ 세상에 쉬운 일이 어디에 있는지 알려 주세요.

⑷ 다음 중 내용이 **틀린** 것을 고르십시오. (　　　)

① 아르바이트는 힘들지만 배우는 것이 많다.

② 한국어 선생님은 경험이 많아 힘들지 않다.

③ 취페이는 아르바이트가 생각보다 쉽지 않다.

④ 왕펑은 이제 아르바이트하는 것이 괜찮아졌다.

2. 다음 글을 읽고 __________에 알맞은 말을 쓰십시오.

> (1) 유학생활은 생각보다 쉽지 않다. 왜냐하면 유학 간 나라의 언어를 배워서 그 언어로 공부를 해야 하기 때문이다. 또한 공부뿐만 아니라 생활비를 벌기 위해서 때때로 아르바이트를 하는 경우도 있다. 공부도 하고 __________________ 그렇게 쉬운 일은 아닐 것이다.
>
> (2) 편의점에서 아르바이트를 할 때 주로 하는 일은 __________________ 계산해 주는 것과 매장의 물건을 정리하는 것이다. 돈은 정확하게 계산해야 하며, 매장에 물건이 떨어지면 빨리 갖다 놓아야 한다.

(1) __________________________   (2) __________________________

3. 다음 문장에서 밑줄 친 부분을 바르게 고치십시오.

(1) 제 방은 <u>남향이지만</u> 밝고 따뜻합니다.

(2) 제가 만든 <u>음식이어서</u> 한 번 드셔 보세요. 맛있을 거예요.

(3) 부산에서 중고 서적을 <u>사려고</u> 보수동에 가면 됩니다.

(4) 할머니, 올해 <u>나이가</u> 어떻게 되세요?

(5) 지금 사귀고 있는 여자친구는 <u>선생님에 대해서</u> 알게 되었어요.

(6) 재석 씨는 오늘 <u>명수 씨하고 준하 씨랑</u> 낚시를 하러 갈 예정입니다.

(8) 재미있는 아르바이트 생각해 보기

想一想有趣的打工

- 이색 아르바이트 광고를 보고 내용을 이해할 수 있다. 能看和理解各种各样的打工广告。
- 그림을 보고 이야기를 만들 수 있다. 能看图造句。

어휘

1. 다음 중 관계있는 것을 연결하고 문장을 만들어 보십시오.

(1) 담배를	• 감다
(2) 로션을	• 바르다
(3) (샴푸로) 머리를	• 받다
(4) 강아지를	• 피우다
(5) 보수를	• 바꾸다
(6) 머리모양을	• 키우다

[문장 만들기]

(1) 건강에 안 좋으니까 담배를 피우지 마십시오.

(2) ______________________________________

(3) ______________________________________

(4) ______________________________________

(5) ______________________________________

(6) ______________________________________

1. V - 는지/을지

막연한 의문에 사용한다. 用于茫然的疑问句中。

●보기●

1. 나는 링링 씨가 무슨 음식을 좋아하는지 잘 모릅니다.
2. 저는 하하 씨가 어떤 과목을 싫어하는지 압니다.

※ 문장을 완성하십시오.

(1) 가 : 숙제가 언제쯤 끝날 것 같아요?

　나 : 언제쯤 ＿＿＿＿＿＿＿ 잘 모르겠어요.

(2) 가 : 혹시 왕단 씨가 왜 우는지 아세요?

　나 : 아니요, ＿＿＿＿＿＿＿＿＿.

(3) 가 : 링링 씨에게 남자친구가 있을까요?

　나 : 글쎄요, ＿＿＿＿＿＿＿＿＿.

(4) 가 : 외국인 학생이지요?

　나 : 제가 ＿＿＿＿＿＿＿ 어떻게 아셨어요?

2. V - 기(가) 어렵다(쉽다/힘들다/좋다/편하다)

어떤 행위를 하기에 까다로운 점이 많아 힘들 때 사용한다. 在做某行为感到困难时使用。

●보기●

1. 아르바이트 하기가 어렵습니다.　　2. 라면을 끓이기가 쉽습니다.

※ 문장을 완성하십시오.

(1) 가 : 링링 씨, 만두 만들기가 쉬워요? 어려워요?

　나 : 저는 중국사람이니까 만두 ＿＿＿＿＿＿＿＿＿.

(2) 가 : 마이클 씨, 한국에서 살기가 어때요?

　나 : 환경이 좋아서 ＿＿＿＿＿＿＿＿＿.

(3) 가 : 자전거를 타고 학교에 다닌다면서요? 어때요?

　나 : 이제는 적응이 돼서 자전거로 학교 ＿＿＿＿＿＿＿＿＿.

1. 다음 글을 읽고 내용이 맞으면 O, 틀리면 × 하십시오.

> (1) 담배를 피워보고 담배 맛을 이야기해 주는 아르바이트. 아르바이트 보수 2만 5천원
>   정도.
> (2) 아침, 저녁으로 로션만 바르면 된다. 여드름 로션 화장품 회사의 아르바이트. 보수는
>   10만원 정도.
> (3) 주인이 없을 때, 강아지를 봐 주는 아르바이트. 특별한 기술이 필요없다.
> (4) '헤어 모델' 아르바이트. 머리 모양도 바꾸고 돈도 벌 수 있다. 3시간에 3만원 정도.

(1) 아르바이트는 전에 담배를 피운 적이 없는 사람만 할 수 있다.　　　　(O/×)

(2) 아르바이트는 여드름이 있는 사람을 대상으로 한다.　　　　(O/×)

(3) 아르바이트는 주인 대신 보살펴주기만 하면 된다.　　　　(O/×)

(4) 아르바이트는 무료지만 머리모양은 바꿀 수 있다.　　　　(O/×)

2. 다음 중 맞는 것을 고르십시오.

> 　　삐에로[Pierrot, 광대] 공연을 전문으로 하고 있는 공연 전문회사 [삐에로빈]입니다. 삐
> 에로의 자부심을 갖고 함께 일할 직원을 찾습니다. 각종 키다리 삐에로, 일반 삐에로,
> 간단한 마술, 매직풍선 등 무료 교육 후 행사에 참여할 연기자를 모집합니다.
>
> - **채용분야** : 삐에로, 키다리 삐에로, 삐에로 공연
> - **급여조건** : 시간당 35,000원
> - **성　　별** : 남, 여
> - **나이제한** : 20세 이상
> - **자격요건** : 활발하고 끼 많은 적극적인 분, 시간 약속 잘 지키는 분
> 　　　　　　　(삐에로 공연에 필요한 교육을 제공합니다.)
> - **담 당 자** : OOO [삐에로빈]　H.P 010-123-4567

(1) '삐에로빈'이라는 회사에서 직원을 모집하고 있다.　　　　(O/×)

(2) 직원이 된 후에 공연 관련 교육을 받는다.　　　　(O/×)

(3) 관심이 있는 사람은 누구든지 지원할 수 있다.　　　　(O/×)

(4) 직원이 되면 여러 가지 공연에 참가할 수 있다.　　　　(O/×)

3. 다음 그림을 보고 이야기를 만들어 보십시오.

(1)

(2)

(3)

(4)

(9) 아르바이트 5계명 만들기

打工的五个戒律

• 자기소개서를 양식에 맞게 쓸 수 있다. 能按表格写自我介绍。

어휘

1. 다음 중 관계있는 것을 연결하고 문장을 만드십시오.

(1) 계획을	• 극복하다
(2) 어려움을	• 만들다
(3) 의욕이	• 세우다
(4) 기회를	• 나다
(5) 생각이	• 생기다

[문장 만들기]

(1) ____

(2) ____

(3) ____

(4) ____

(5) ____

2. 다음 <보기>에서 알맞은 단어를 골라 문장을 완성하십시오.

보기

활용   의욕   목표   기간   줄다   늘다   학비   소중하다

(1) 이 반지는 어머니가 저에게 주신 _____________ 반지입니다.

(2) 일을 할 때 분명한 _____________이/가 있는 사람이 빨리 성공합니다.

(3) 부모님께서 어제 _____________을/를 보내주셨습니다.

(4) 학교에서 배운 문법을 꼭 _____________ 보시기 바랍니다.

1. V.A - (으)ㄴ/는가, N - (이)ㄴ가

질문이나 추측을 나타내거나 일반적인 문제를 제기할 때 사용한다. 表达疑问或推测, 或是提出一般问题时使用。

● 보기 ●

물건이 정말 싼가?　　　　　　행복의 조건은 무엇인가?

※ 문장을 완성하십시오.

(1) 이 집 음식이 정말 (맛있다)______________________ 먹어 봅시다.

(2) 아르바이트가 정말로 (필요하다)______________ 생각해 보십시오.

(3) 그 사람이 정말 나를 (사랑하다)______________ 생각해 봐야겠다.

(4) 결혼과 성공은 어떤 관계가 (있다)______________________?

(5) 남자와 여자는 정말로 (다르다)______________________?

2. V - (으)라

여러 사람들에게 어떤 행위를 할 것을 요구할 때 사용한다. 주로 글에서 사용한다. 向大家要求某个行为时使用。主要用于书面语。

● 보기 ●

시간을 생각하라.　　　　　　아는 사람을 활용하라.

※ 문장을 완성하십시오.

(1) 목표를 분명히 (하다)______________.

(2) 사랑이여, (영원하다)______________.

(3) 거짓말을 하지 말고 언제나 (솔직하다)______________.

(4) 자연을 (보다)______________.

(5) 열심히 일해서 부자가 (되다)______________.

1. 다음 글을 읽고 질문에 답하십시오.

> (1) 기간을 생각하라. 얼마 동안 할 수 있는지 생각한 다음 일자리를 구한다.
>
> (2) 시간을 생각하라. 시간에 따라 파트타임 아르바이트, 풀 타임 아르바이트를 할 수 있다.
>
> (3) 교통은 편리한가? 사는 곳과 가깝고 교통이 편리한 곳으로 결정한다. ㉠시간은 곧 돈이다.
>
> (4) 목표를 세워라. 무엇을 위해 아르바이트를 하는지 목표를 세운다. 목표가 있으면 의욕이 생긴다.
>
> (5) 아는 사람을 활용하라. ㉡＿＿＿＿＿＿＿＿＿ 아르바이트를 하고 있는 친구에게 물어보는 것이 좋다. 그러면 그 일에 대해 더 잘 알 수 있고, 아르바이트 구할 때도 시간을 ㉢줄일 수 있다.

(1) ㉠의 의미를 설명하십시오.

(2) ㉡에 들어갈 단어를 고르십시오. (　　　)

　① 벌써　　　　　② 아까　　　　　③ 이따가　　　　　④ 이미

(3) ㉢의 반대말을 기본형으로 쓰십시오.

(4) 위 글의 내용과 <u>다른</u> 것을 고르십시오. (　　　)

　① 가능하면 거리가 가까운 곳에서 일하는 것이 좋다.
　② 목표가 분명하면 어려움도 잘 극복할 수 있다.
　③ 아르바이트는 무조건 풀타임으로 하는 것이 좋다.
　④ 아는 사람을 통해 아르바이트를 구하는 것도 좋은 방법이다.

2. 다음에 제시한 자기소개서를 써 보십시오.

<table>
<tr><td colspan="6" align="center">자기소개서</td></tr>
<tr><td>지원분야</td><td></td><td>지원자(이름)</td><td></td><td>연락처</td><td></td></tr>
<tr><td colspan="2">성장 과정</td><td colspan="4"></td></tr>
<tr><td colspan="2">성격의 장 · 단점</td><td colspan="4"></td></tr>
<tr><td colspan="2">학교 생활 및 교내외 활동</td><td colspan="4"></td></tr>
<tr><td colspan="2">지원동기 및 희망사항</td><td colspan="4"></td></tr>
</table>

여행하기

旅行

(1) 어디로 갈까

去哪里

어휘

1. 다음 중 관계있는 것을 연결하십시오.

(1) 제주도 ○	• 설악산
(2) 경주 ○	• 불국사
(3) 부산 ○	• 한라산
(4) 서울 ○	• 해운대
(5) 강원도 ○	• 경복궁

2. 다음 <보기>에서 알맞은 단어를 골라 문장을 완성하십시오.

보기

| 섬 | 관광지 | 고궁 | 전통 | 문화재 | 유명하다 |

(1) 마라도는 한국에서 가장 남쪽 끝에 있는 ＿＿＿＿＿＿＿＿입니다.

(2) 경주는 ＿＿＿＿＿＿＿＿(이)라서 볼거리가 많습니다.

(3) 서울에는 경복궁, 창덕궁, 비원 등 ＿＿＿＿＿＿＿＿이/가 많이 있습니다.

(4) 부산에서 제일 ＿＿＿＿＿＿＿＿ 곳은 해운대입니다.

(5) 우리는 우리나라의 ＿＿＿＿＿＿＿＿ 문화를 잘 지켜야 합니다.

1. V - (으)ㄹ 만하다 值得……

가치나 정도를 나타낼 때 사용한다. 表达价值或程度时使用。

※ 다음 〈보기〉에서 알맞은 단어를 고르십시오.

●보기●

삼계탕   만리장성   가 보다   믿다   타 보다

(1) 가 : 중국으로 여행을 가는데 어디가 가 볼만 합니까?

나 : 만리장성이 가 볼만 합니다. 꼭 가 보세요.

(2) 가 : 여름에 어떤 음식을 먹으면 좋을까요? 한 가지만 추천해 주세요.

나 : ________________________________.

(3) 가 : 요즘 ______________________________영화가 있어요?

나 : 네, 영화 '맘마미아'가 ______________________________.

(4) 가 : 지금 읽고 있는 책이 괜찮은가요?

나 : 네, 좋아요. ______________________________. 마이클 씨도 꼭 읽어 보세요.

2. V - 아/어야 할지 모르겠다 不知道要……

앞으로 할 행동에 대해 걱정함을 나타낼 때 사용한다. 表达对将要做的行为担心时使用。

●보기●

방학 때 어디로 여행을 가야 할지 잘 모르겠어요.

※ 문장을 완성하십시오.

(1) 가 : 한국대학교에서 무엇을 전공하려고 합니까?

나 : 글쎄요. 아직까지 ______________________.

(2) 가 : 보영 씨, 준하 씨와 정말로 결혼하실 거예요?

나 : 글쎄요, 결혼을 ______________________.

(3) 가 : 하하 씨, 재석 씨와 다투셨다면서요? 서로 화해하세요.

나 : 제가 먼저 화해를 ______________________ 말아야 할지 잘 모르겠어요.

(4) 가 : 애완동물을 키우고 싶은데 어떤 동물을 ______________________.

나 : 남편과 이야기해 보세요.

1. 다음 글을 읽고 질문에 답하십시오.

> 장궈잉 : 이번 방학에 한국을 좀 여행하고 싶은데, 어디로 가야 할지 모르겠어.
>
> 유　진 : 그래? 그럼 내가 ㉠(　　　)을/를 말해 줄까?
>
> 장궈잉 : 그럼 좋지!
>
> 유　진 : 음, 한국에서 유명한 관광지는 ㉡(　　　), 경주, 설악산 등인데, ㉡(　　　)는 한국에서 제일 큰 섬이고, 경주는 한국의 전통 문화재가 가장 많이 있는 곳이야. 그리고 설악산은 강원도에 있는 유명한 산이야.
>
> 장궈잉 : 또 다른 곳은 없어? (중략)
>
> 유　진 : 우선 나하고 같이 인터넷을 찾아보자.
>
> 장궈잉 : 그래, 고마워.

(1) ㉠에 어울리는 단어를 쓰십시오.

(2) ㉡에 공통으로 들어갈 단어를 쓰십시오.

(3) 다음 중 맞는 것을 고르십시오. (　　　)

① 장궈잉은 서울 구경을 한 적이 있다.

② 두 사람은 함께 서울 구경을 가려고 한다.

③ 장궈잉은 유진에게 한국에서 유명한 관광지를 소개받았다.

④ 유진은 신문을 통해 서울 투어 버스에 대한 기사를 읽었다.

2. 본문 내용을 문맥에 맞게 써 보십시오.

나는 이번 방학에 한국을 여행하고 싶은데 어디로 가야 할지 잘 몰라서 유진에게 물어보았다. 유진은 한국에서 유명한 관광지 _____________에 대해 말해 주었다.

____.

유진은 나에게 ___________ 간 적이 있는지 물어 보았다. 나는 간 적이 없었다.

유진은 나에게 __________을/를 추천해 주었다. 유진이 _________에서 봤는데 ____________ 투어 버스가 있다고 했다. 나는 가고 싶었다. 그래서 우리는 같이 인터넷을 찾아보기로 했다.

3. 다음 [보기]와 같이 '-(으)ㄹ 만하다'와 '-(으)로 유명하다'를 이용하여 대화문을 만들어 보십시오. (1가지 선택)

● 보기 ●

가 : 서울에 가면 어디가 가 볼만 해요?
나 : 많이 있어요. 제 생각으로는 동숭동 마로니에 공원이 가 볼만 해요.
가 : 동숭동 마로니에 공원은 무엇으로 유명해요?
나 : 동숭동 마로니에 공원은 예술가들이 많이 오고 연극 공연 장소가 많기로 유명해요.
가 : 아, 그렇군요. 꼭 가 봐야겠어요.

(1)	서울	동숭동 마로니에 공원	예술가들이 많이 온다./연극 공연 장소가 많다.
(2)	부산	용궁사	바다 옆에 절이 있다./경치가 아름답다.
(3)	남원	광한루	춘향이와 이도령 이야기
(4)	섬	울릉도	독도에 갈 수 있다./오징어가 맛있다.
(5)	경주	불국사	석가탑과 다보탑

- 여행 광고문을 읽고 내용을 알 수 있다. 阅读旅行广告并能理解内容。
- 그림을 보고 이야기를 만들어 쓸 수 있다. 看图能写故事。

어휘

1. 다음 _______에 알맞은 단어를 고르십시오. (   )

(1) _____________은/는 섬입니다.

① 부산　　　　　② 서울　　　　　③ 제주도　　　　　④ 대구

(2) 지금 집에 없으니까, _____________에 말씀해 주십시오.

① 녹음기　　　　　② 전화　　　　　③ 핸드폰　　　　　④ 자동응답기

(3) '탑승하다'와 같은 말은 '_____________'입니다.

① 하차하다　　　　　② 내리다　　　　　③ 타다　　　　　④ 갈아타다

(4) 학교 버스가 5분 _____________(으)로 옵니다.

① 간격　　　　　② 사이　　　　　③ 쯤　　　　　④ 정도

(5) '사다'와 바꿔 쓸 수 있는 말은 '_____________'입니다.

① 팔다　　　　　② 교환하다　　　　　③ 판매하다　　　　　④ 구입하다

(6) 여행비에 항공권과 입장료가 _____________.

① 중요합니다　　　　　② 포함됩니다　　　　　③ 가능합니다　　　　　④ 변경됩니다

(7) _____________에 가입하면, 아플 때 도움이 됩니다.

① 병원　　　　　② 보험　　　　　③ 모임　　　　　④ 동호회

1. V - 아/어 주다, - 아/어 주시다, - 아/어 드리다 给

다른 사람을 위해 어떤 행동을 할 때 사용한다. '- 아/어 주다'는 내가 아랫사람에게, 또는 아랫사람이 나에게 서로 무언가를 주고 받을 때 사용한다. '- 아/어 주시다'는 윗사람이 나에게 무언가를 줄 때 사용한다. '- 아/어 드리다'는 내가 윗사람에게 무언가를 줄 때 사용한다. 为了他人做某个行为时使用。 '- 아/어 주다' 是自己对下级, 或下级对自己互送时使用。'- 아/어 주시다' 是上级给自己什么时使用。'- 아/어 드리다' 是自己给上级什么时使用。

• 보기 •

(1) 가 : 제가 무엇을 도와 줄까요?

　　나 : 숙제 좀 <u>도와 주세요</u>.

(2) 가 : 누가 한국어를 가르쳐 주었어요?

　　나 : <u>선생님이 한국어를 가르쳐 주셨어요</u>.

(3) 가 : 선생님, 제가 선생님 일을 좀 <u>도와 드리고</u> 싶어요.

　　나 : 아, 그래요? 그러면 이 일 좀 도와주세요. 고마워요.

※ 문장을 완성하십시오.

(1) 가 : 오늘 내가 한턱낼게요. 무엇을 사 줄까요?

　　나 : 맛있는 한정식을 ＿＿＿＿＿＿＿＿＿＿＿＿＿＿.

(2) 가 : 이 책을 링링 씨가 사 주었어요?

　　나 : 아니요, 선생님이 ＿＿＿＿＿＿＿＿＿＿＿＿＿＿.

(3) 가 : 어머니 생일에 무슨 선물을 하려고 합니까?

　　나 : 핸드폰을 ＿＿＿＿＿＿＿＿＿＿＿＿＿＿.

(4) 가 : 남자친구가 생일 선물로 무엇을 사 주었어요?

　　나 : MP3를 ＿＿＿＿＿＿＿＿＿＿＿＿＿＿.

(5) 가 : 부모님이 졸업 선물로 무엇을 사 주셨어요?

　　나 : 백화점에서 옷을 한 벌 ＿＿＿＿＿＿＿＿＿＿＿＿＿＿.

(6) 가 : 어버이날에 부모님께 무슨 선물을 하려고 합니까?

　　나 : 건강 운동화를 ＿＿＿＿＿＿＿＿＿＿＿＿＿＿.

1. 다음 광고를 읽고 맞으면 ○, 틀리면 × 하십시오.

<table>
<tr><td>

(1) 백두산 등반 관광회원 모집

• 기간 : 4박 5일
• 장소 : 김해 국제공항 2층
• 회비 : ₩1,100000원
• 숙소 : 호텔 2인1실 기준
• 교통편 : 항공이용−부산−중국 연길
         전세버스−연길에서 백두산
• 산행&관광 : 천문봉−장백폭포−마천루
• 문의전화 : 051−999−0000
• 상기 일정은 항공 현지 사정으로 다소 변
  경 될 수 있습니다.

</td><td>

(2) 봄꽃 열차여행

• 코스 : 서울−섬진강 매화마을−구례−
         산수유마을−서울
• 요금 : 성인 37,000원, 어린이 32,000원
• 최소 출발인원 : 20명
• 왕복교통비, 중식, 여행가이드, 여행보험
  포함
※ 2일 전 취소 : 전액 환불
  하루 전 취소 : 여행경비의 50%
                수수료 부과
  당일 취소 : 환불 불가

</td></tr>
</table>

(1) 백두산 관광은 등산을 목적으로 가는 여행이다.   (○ / ×)

(2) 백두산 여행은 여행하는 동안 계속 비행기로 이동한다.   (○ / ×)

(3) 백두산 여행일정은 상황에 따라 변할 수 있다.   (○ / ×)

(4) 열차여행은 참가인원이 20명이 안 되면 출발하지 않는다.   (○ / ×)

(5) 열차여행 비용은 1인당 금액이 모두 같다.   (○ / ×)

(6) 열차여행을 하면 하루 종일 식사가 제공된다.   (○ / ×)

(7) 열차여행을 당일에 취소해도 환불받을 수 있다.   (○ / ×)

2. 여행 안내문을 문장으로 바꾼 것입니다. 내용이 틀린 부분을 찾아 고치십시오.

봄꽃 열차여행

(1) 코스 : 서울－섬진강 매화마을－구례 산수유마을－서울

(2) 요금 : 성인 37,000원, 어린이 32,000원

(3) 최소 출발인원 : 20명

(4) 왕복교통비, 중식, 여행가이드, 여행보험 포함

(5) 2일 전 취소 : 전액 환불

(6) 하루 전 취소 : 여행경비의 50% 수수료 냄

(7) 당일 취소 : 환불 불가

(1) 코스는 서울을 출발하여 섬진강 매화마을, 구례 산수유 마을을 지나 서울에 다시 출발합니다.

(2) 요금은 성인이 37,000원이니까 어린이는 32,000원입니다.

(3) 최소 출발인원이 20명이 되려고 출발합니다.

(4) 요금에는 왕복교통비와 중식, 여행가이드 비용, 여행보험료가 포함합니다.

(5) 2일 전에 예약을 취소하면 돈을 거의 돌려드립니다.

(6) 하루 전에 취소하면 여행경비의 50% 수수료를 제출해야 합니다.

(7) 당일 취소하면 돈을 돌려드립니다.

(3) 서울시티투어 버스에 문의하기

咨询首尔观光汽车

- 전화로 서울시티투어 버스에 대한 정보를 물을 수 있다.
  电话询问首尔城市观光汽车的信息。
- 대화문을 문장으로 정리하여 쓸 수 있다. 能将对话文整理并写成文章。

어휘

1. 다음 중 비슷한 말을 연결하십시오.

(1) 탑승하다	• 내리다
(2) 출발하다	• 사다
(3) 하차하다	• 타다
(4) 구입하다	• 떠나다

문법 및 표현

1. V.A - 나요?

주로 상대방에게 물어볼 때 사용하며, 부드럽고 여성스럽다는 느낌을 주기 때문에 남성보다 여성이 많이 사용한다. 主要在询问对方时使用，因为给人温柔和女性的感觉，所以比起男性，女性更多使用。

> **보기**
>
> 가 : 무슨 일이 있나요?   나 : 아니요, 아무 일도 없어요.

※ 문장을 완성하십시오.

(1) 가 : 한국에 언제 ________________________?

　　나 : 다음 주에 가려고 해요.

(2) 가 : 어디에서 그 가방을 ________________________?

　　나 : 어제 백화점에서 샀어요.

(3) 가 : 혹시 '아시나요?' 노래를 부른 가수 이름을 ________________?

　　나 : 네, '조성모'가 불렀어요.

1. 다음을 읽고 질문에 답하십시오.

> 자동응답기 : 안녕하십니까? 서울시티투어버스 여행 자동 안내입니다. 버스 탑승안내
> 를 원하시면 1번을, 안내원과 통화를 원하시면 0번을 눌러 주십시오. (0번을
> 누른다.) 안내원과 연결해 드리겠습니다. 잠시만 기다려 주십시오.
>
> 안내원 : 안녕하십니까? 무엇을 도와 드릴까요? (중략)
>
> 안내원 : 저희 차가 매일 ㉠30분 간격으로 있습니다. 원하시는 곳에서 ㉡하차하여, 관광
> 을 한 뒤 다음 버스를 이용하시면 됩니다.
>
> 장궈잉 : 투어하는 데 시간은 얼마나 걸립니까?
>
> 안내원 : 6~7곳 관광하는데 보통 8시간 쯤 걸려요.
>
> 장궈잉 : 그래요? 그럼 버스 승차권은 어디서 사죠?
>
> 안내원 : 버스에 탑승하여 안내원에게 직접 구입하면 됩니다. (중략)
>
> 장궈잉 : 잘 알겠습니다. 고맙습니다.
>
> 안내원 : 즐거운 여행 되십시오.

(1) ㉠과 바꿔 쓸 수 있는 것을 고르십시오. (   )

① 30분씩   ② 30분조차   ③ 30분보다   ④ 30분마다

(2) ㉡의 반대말을 본문에서 찾아 쓰십시오.

(3) 다음 중 맞으면 ○, 틀리면 × 하십시오.

① 안내원과 통화를 하려면 1번을 눌러야 한다.   (○ / ×)

② 장궈잉은 친구의 소개로 서울시티투어에 대해 알게 되었다.   (○ / ×)

③ 시티투어버스는 광화문 사거리 정류소에서 탈 수 있다.   (○ / ×)

④ 버스 승차권은 버스 안에서 구입하면 된다.   (○ / ×)

⑤ 투어 소요 시간은 약 8시간쯤 걸린다.   (○ / ×)

⑥ 시티투어버스는 30분 간격으로 있다.   (○ / ×)

2. 본문을 활용하여 내용을 완성하십시오.

    저는 서울에 가기 전에 서울시티투어에 대해 문의를 하려고 전화를 했습니다. 안내원과 통화를 하면서 '서울시티투어버스'에 대해 알게 된 것은 다음과 같습니다.

1. 버스 이용 안내

    ① ______________________________________

    ② ______________________________________

    ③ ______________________________________

2. 투어 시간 : ______________________________________

3. 버스 승차권 구입 : ______________________________________

4. 버스 요금 : ______________________________________

5. 버스 승차 장소 : ______________________________________

3. 다음 그림을 보고 ________에 알맞은 말을 쓰십시오.

(1)

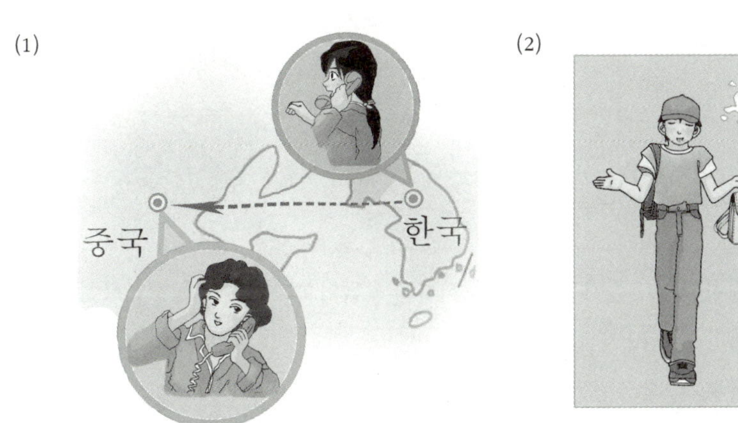

(2)

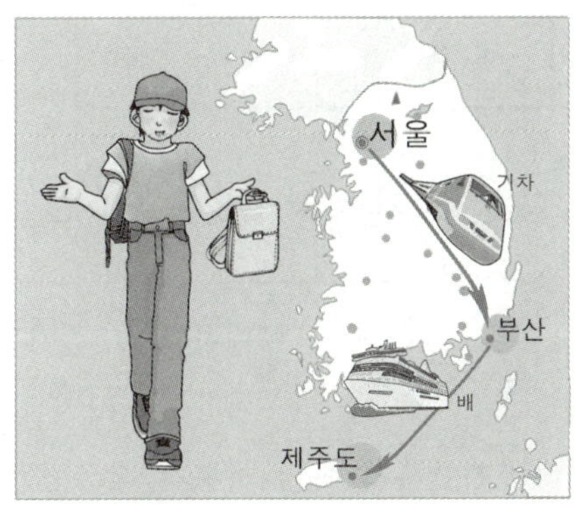

(1) 저는 중국에 ________________ 자주 전화를 드립니다.

(2) 링링 씨는 서울에서 기차를 타고 ________________ 배로 제주도에 갔습니다.

(4) 기차표 사기

买火车票

- 매표소에서 자신이 원하는 표를 살 수 있다. 能在卖票处买自己所需要的票。
- 이미 구입한 표를 원하는 표로 교환할 수 있다. 能将已买的票换成所需要的票。

 **어휘**

1. 다음 중 알맞은 단어를 표시하십시오.

관	광	지	녹
습	고	열	차
계	속	도	둑
사	철	야	식

(1) '기차'와 같은 말. ○○

(2) 관광을 하는 곳. ○○○

(3) 그린 티(Green tea) ○○

(4) 기차 'KTX'와 같은 말. ○○○

(5) 끝나지 않고 이어지는 것. ○○

2. 다음 <보기>에서 알맞은 단어를 고르십시오.

● 보기 ●

간격　　예매하다　　승차권　　가능하다　　돌아오다　　편도　　왕복

(1) 가 : 혹시 옷의 치수가 작으면 어떻게 하지요?

　　나 : 언제든지 교환이 ＿＿＿＿＿＿＿＿＿＿＿.

(2) 가 : 표는 미리 사셨어요?

　　나 : 이번에는 ＿＿＿＿＿＿＿＿＿＿ 못했어요.

(3) 가 : 학교 버스가 자주 있어요?

　　나 : 네, 5분 ＿＿＿＿＿＿＿＿＿ 다닙니다.

(4) 가 : 어, 왜 집에 ＿＿＿＿＿＿＿＿＿?

　　나 : 숙제를 안 가지고 갔어요. 그래서 다시 가지러 왔어요.

1. V - 는 게 어때요?　……怎么样?

상대방의 의견을 묻거나 권유할 때 사용한다. 询问对方意见或劝说时使用。

> **보기**
>
> 가 : 우리 언제 만날까요?　나 : 이번 토요일에 만나는 게 어때요?

※ 문장을 완성하십시오.

(1) 가 : 무엇을 전공해야 할지 아직 잘 모르겠어요.

　　나 : 그러면, 부모님과 ＿＿＿＿＿＿＿＿＿＿＿＿＿＿＿＿＿＿＿?

(2) 가 : 링링 씨, 이번 주말에 함께 ＿＿＿＿＿＿＿＿＿＿＿＿＿?

　　나 : 죄송해요. 월요일에 시험이 있어서 등산을 못 갈 것 같아요.

(3) 가 : 이번 여행은 울릉도로 ＿＿＿＿＿＿＿＿＿＿＿＿＿＿＿?

　　나 : 좋아요. 꼭 가보고 싶었어요.

(4) 가 : 오늘은 무엇을 먹을까?

　　나 : 오랜만에 ＿＿＿＿＿＿＿＿＿＿＿＿＿?

　　가 : 좋아, 삼계탕을 먹자.

2. N - 에 따라서　根据……

앞의 내용에 의해 뒤의 결과가 달라질 수 있을 때 사용한다. 根据前面的内容, 后面的结果有所不同时使用。

> **보기**
>
> 날씨에 따라 등산을 갈지 안 갈지 결정하겠습니다.

※ 문장을 완성하십시오.

(1) 오늘 날씨는 (지역)＿＿＿＿＿＿＿＿＿＿＿＿ 다릅니다.

(2) 사람은 입는 (옷)＿＿＿＿＿＿＿＿＿＿＿ 달라 보입니다.

(3) 가 : 냉장고 가격이 어떻게 됩니까?

　　나 : (디자인과 크기)＿＿＿＿＿＿＿＿＿＿＿＿＿＿.

1. 다음 글을 읽고 질문에 답하십시오.

장궈잉 : 저, 서울로 가는 고속철도 승차권을 예매하고 싶은데요.

판매원 : 언제 가실 겁니까?

장궈잉 : 12월 1일에 여행하려고 합니다.

판매원 : 몇 시 기차로 예매해 드릴까요?

장궈잉 : 첫 기차가 몇 시에 있습니까?

판매원 : 첫 기차는 오전 5시 30분부터 있습니다.

장궈잉 : 기차는 자주 있나요?

판매원 : 네, 2~30분 간격으로 있습니다.

장궈잉 : 서울까지 얼마나 걸리나요?

판매원 : 부산에서 서울까지 약 2시간 50분 정도 걸립니다.

장궈잉 : 그럼, 오전 7시 기차로 예매해 주세요. 그리고 돌아오는 기차도 예매할 수 있습니까?

판매원 : 네, 가능합니다.

장궈잉 : 그럼, 돌아오는 기차는 12월 3일 오후 5시로 해 주세요. 얼마입니까?

판매원 : 편도 45,000원이니까, 왕복으로 90,000원입니다.

⑴ 장궈잉이 예매한 기차의 종류, 가는 날짜와 장소, 시간을 쓰십시오.

- 기차의 종류 : _________________

- 가는 곳 : _________________　　　　• 돌아오는 곳 : _________________

　날　짜 : _________________　　　　　날　짜 : _________________

　시　간 : _________________　　　　　시　간 : _________________

⑵ 다음 중 맞는 것을 고르십시오. (　　　)

① 장궈잉은 첫 기차를 타려고 한다.

② 장궈잉은 서울로 가는 기차표만 샀다.

③ 장궈잉은 가장 빠른 새마을 기차표를 끊었다.

④ 장궈잉은 12월 3일 오후 기차표도 끊었다.

2. 다음과 같은 상황의 대화문을 만들어 보십시오.

[상황]
친구(개) : 서울에서 부산 가는 기차표를 예매했습니다. 영화를 보면서 갈 수 있는 공간이 있음을 친구에게 들어서 영화 칸으로 바꾸려고 합니다. 매표소에 문의하십시오.
친구(내) : 저는 기차표 판매원입니다. 손님이 표를 영화 칸으로 바꿔달라고 합니다. 영화 소개, 좌석, 추가비용에 대해서 설명해 보십시오.

가 : 저, 표를 예매했는데 바꾸려고 합니다.
나 : 표를 좀 보여 주시겠어요? 제가 확인해 보겠습니다.
　　(확인 후) 내일 오후 3시 서울에서 부산가는 KTX 군요. 어떻게 바꿔드릴까요?

가 : ____

나 : ____

가 : ____

나 : ____

가 : ____

나 : ____

가 : ____

나 : ____

가 : ____

나 : ____

가 : ____

나 : ____

가 : ____

나 : ____

(5) 게스트 하우스 예약하기

预约客房

- 숙박업소 관련 어휘를 알 수 있다. 能了解关于住宿场所的词汇。
- 전화로 숙박업소를 예약할 수 있다. 能用电话预约住宿场所。

어휘

1. 다음 <보기>에서 관계있는 것을 고르십시오.

> **• 보기 •**
>
> 호텔　모텔(여관)　여인숙　콘도(미니엄)　유스호스텔　민박　게스트 하우스

(1) 숙박업소 중에서 가장 비싸고 좋다. ___________________

(2) 내부가 아파트와 비슷하다. 직접 요리할 수 있다. ___________________

(3) 국제적인 숙박 시설이고 청소년들이 숙박할 수 있다. ___________________

(4) 숙박업소 중 가장 싸지만 환경이 안 좋다. ___________________

(5) 주로 외국인들이 많이 묵는다. ___________________

2. 다음 _______에 알맞은 것을 고르십시오. (　　　)

(1) 교통수단 중 _______________이/가 가장 빠르고 하늘을 날아서 간다.

　① 비행기　　　② 유람선　　　③ 승용차　　　④ 기차

(2) 서울시티투어에 대해 _______________ 좀 하려고 하는데요.

　① 취소　　　② 문의　　　③ 예매　　　④ 변경

(3) _______________은/는 오전 5시 30분부터 있습니다.

　① 마지막 기차　② 막차　　　③ 첫 기차　　　④ 처음 기차

(4) 몇 시 기차로 _______________ 드릴까요?

　① 탑승해　　　② 연결해　　　③ 팔아　　　④ 예매

(5) 지난번 여행은 호텔에서 _______________.

　① 묵었어요　　② 예약했어요　　③ 사용했어요　　④ 만들었어요

1. V - (으)ㄹ 예정이다   预定……

가까운 미래의 계획을 나타낼 때 사용한다. ' - (으)ㄹ 계획이다' 表达将来比较近的计划时使用。

> ● 보기 ●
>
> 저는 방학에 유럽여행을 갈 예정입니다.

※ 문장을 완성하십시오.

(1) 가 : 부모님이 한국에 몇 시에 _______________________________?

　　나 : 오후 4시 30분에 도착하세요.

(2) 가 : 결혼은 _______________________________?

　　나 : 대학을 졸업하는 대로 하려고 합니다.

(3) 가 : 언제 미국에 가실 거예요?

　　나 : 내년 봄에 _______________________.

(4) 가 : 한국대학교에서 무엇을 전공하려고 합니까?

　　나 : 경영학을 _______________________.

2. V - 는 동안, N - 동안   ……期间

어떤 행위나 상태가 계속 되는 시간을 나타낸다. 表示某个行为或状态持续的时间。

> ● 보기 ●
>
> 이틀 동안 묵으려고 하니까 바다가 보이는 방으로 예약해 주세요.

※ 문장을 완성하십시오.

(1) 가 : 한국에 _______________ 여행을 많이 다니고 싶어요.

　　나 : 저도 그래요. 시간이 되면 같이 다닙시다.

(2) 가 : 여보~, 마트에 좀 갔다 올게요.

　　나 : 그래요, 아기가 자고 있으니까 _______________ 빨리 갔다 와요.

(3) 가 : 선생님, 수업할 때 핸드폰을 사용해도 돼요?

　　나 : 안 돼요, _______________ 핸드폰을 꺼 두세요.

(4) 가 : 영화가 시작하려면 1시간이나 기다려야겠어요.

　　나 : _______________ 쇼핑이나 할까요?

1. 다음 글을 읽고 내용 중 맞으면 ○, 틀리면 × 하십시오.

> 저희 게스트 하우스를 소개하겠습니다. 저희 게스트 하우스는 종로구 계동에 위치하고 있으며, 주로 외국인들이 투숙하고 있습니다. 방은 혼자 쓰는 방과 여러 명이 함께 쓰는 큰 방이 있습니다. 큰 방은 3~4인 함께 사용할 수 있고, 가격은 58,000원이며, 독방은 30,000원입니다. 큰 방은 온돌방이고 독방은 침대방과 온돌방 모두 있습니다. 원하시는 방을 선택하시면 됩니다. 아침식사는 제공되며 간단하게 토스트를 만들거나 음식을 할 수 있습니다. 저희 게스트 하우스의 특징은 한옥으로 되어 있어서 한국의 멋과 맛을 깊이 느낄 수 있으실 겁니다. 감사합니다.

(1) 게스트 하우스는 큰 방과 독방이 있다.   (○ / ×)

(2) 큰 방은 침대방과 온돌방 두 종류의 방이 있다.   (○ / ×)

(3) 혼자 사용하는 방은 하루에 30,000원이다.   (○ / ×)

(4) 게스트 하우스에서는 식사가 모두 제공된다.   (○ / ×)

(5) 게스트 하우스는 한국 전통집으로 되어 있다.   (○ / ×)

2. 한국어는 중국어로, 중국어는 한국어로 써 보십시오.

(1) 지난번 여행은 호텔에서 묵었습니다.

(2) 이번 여행은 경주에 있는 콘도미니엄에서 묵으려고 합니다.

(3) 有床的房间和地热房间中要哪个?

(4) 请给预约能看见大海的房间。

(6) 관광지 미리 보기

預先看观光地

- '인사동'에 대해 간단하게 소개할 수 있다. 能简单地介绍仁祠洞。
- 그림을 보고 이야기를 만들어 발표할 수 있다. 能看图描写并能发表。

어휘

1. 다음 중 반대말을 연결하십시오.

<table>
<tr><td>(1) 젊다</td><td>•</td><td>• 복잡하다</td></tr>
<tr><td>(2) 배우다</td><td>•</td><td>• 출발하다</td></tr>
<tr><td>(3) 넓다</td><td>•</td><td>• 늙다</td></tr>
<tr><td>(4) 간단하다</td><td>•</td><td>• 가르치다</td></tr>
<tr><td>(5) 도착하다</td><td>•</td><td>• 좁다</td></tr>
<tr><td>(6) 빠르다</td><td>•</td><td>• 느리다</td></tr>
</table>

2. 다음 <보기>에서 알맞은 것을 골라 문장을 완성하십시오.

> **보기**
>
> 전통 살아있다 풍습 오래되다 지나가다 걸리다 양보하다

(1) 경부선 기차를 타면 대전과 대구를 _______________________.

(2) 이 가구는 할머니 때부터 사용한 _______________________ 가구입니다.

(3) 한국의 _______________________ 의상은 '한복'입니다.

(4) 정원에 있는 나무가 죽은 줄 알았는데 아직 _______________________.

(5) 집을 새로 지으려면 6개월쯤 _______________________ 것 같습니다.

(6) 버스나 지하철에서 노인이나 임산부, 아이가 타면 자리를 _______________ 주어야 합니다.

1. V - 는군요. A - 군요

새롭게 알게 된 사실을 감탄하면서 말하거나 이미 알고 있는 사실을 확인할 때 사용한다. 边感叹边说新知道的事实, 或确认已知道的事实时使用。

> **● 보기 ●**
>
> 남자친구가 참 멋있군요.

※ 문장을 완성하시오.

(1) 가 : 혹시 어디 아프세요? 다른 때보다 잠을 많이 ___________________.

　　나 : 사실은 이틀 동안 밤을 새웠거든요. 그래서 그래요.

(2) 가 : 와~, 호동 씨, 정말로 고기를 많이 ___________________.

　　나 : 오늘은 조금밖에 안 먹은 거예요.

(3) 가 : 링링 씨는 그림을 정말 잘 _______________! 언제부터 그림을 그렸어요?

　　나 : 중학교 때부터 그렸어요.

(4) 가 : (아기의 엄마에게) 어머, 아기가 너무 ___________________!

　　나 : 고맙습니다.

2. V.A - 네요

새롭게 알게 된 사실을 감탄하면서 말할 때 사용한다. 边感叹边说新知道的事实时使用。

※ 다음 〈보기〉와 같이 알맞은 문장으로 쓰십시오.

> **● 보기 ●**
>
> (영화가 재미있을 때) 영화가 정말 재미있네요!

(1) (눈이 펑펑 내리는 것을 보고) _________________________________.

(2) (아름다운 여자를 보고) _________________________________.

(3) (영화가 아주 감동적일 때) _________________________________.

(4) (무서운 이야기를 듣고) _________________________________.

(5) (친구가 산 옷이 아주 비싸 보일 때) _________________________________.

읽고 쓰기

1. 다음 글을 읽고 질문에 답하십시오.

> ### 인사동
>
> 젊은이들이 찾는 전통 문화의 거리, 인사동은 살아있는 박물관이다. ㉠이곳에는 옛날 풍습이나 물건 등 오래된 것들이 많이 있다. 인사동은 30분이면 다 지나갈 수 있는 짧은 거리지만 그 거리에 있는 작은 골목길까지 다 돌아보려면 ㉡__________ 하루가 걸린다. 또, 수백 가지의 전통 공예품을 볼 수도 있고, ㉢곳곳에 아트센터나 갤러리가 있어서 다양한 전시회도 볼 수 있다. 그리고 주변에 있는 전통 찻집이나 음식점에서 한국의 맛을 느낄 수도 있다. 인사동에 가려면, 지하철 1호선 종로 3가 역이나 3호선 안국역에서 내리면 된다.

⑴ ㉠'이곳'은 어디입니까?

⑵ ㉡에 어울리는 말을 고르십시오. (　　　)

　① 항상　　　　　② 때때로　　　　　③ 자주　　　　　④ 거의

⑶ ㉢과 바꿔 쓸 수 <u>없는</u> 것을 고르십시오. (　　　)

　① 여기저기　　　② 이곳저곳　　　③ 이것저것　　　④ 이쪽저쪽

⑷ 위 글의 내용과 <u>다른</u> 것을 고르십시오. (　　　)

　① 인사동에는 오래된 물건들이 많이 있다.

　② 인사동에서 전시회도 구경할 수 있다.

　③ 인사동에 가려면 지하철 1호선과 3호선을 타면 된다.

　④ 인사동은 자세히 구경해도 30분이면 충분하다.

2. '인사동' 소개의 글을 표에 정리해 보십시오.

⑴ 관광지 이름	
⑵ 유명한 것	
⑶ 볼거리	
⑷ 가는 방법	

3. 다음 그림을 보고 이야기를 만들어 보십시오.

(1)

(2)

(3)

(4)

(7) 기념품 가게에서

在纪念品商店

- 한국 전통공예품 관련 어휘를 알 수 있다. 能了解关于韩国传统工艺品的词汇。
- 기념품 가게에서 물건에 대해 문의하고 구입할 수 있다. 在纪念品商店可以询问和购买商品。

어휘

1. 다음 <보기>에서 관계있는 것을 고르십시오.

> **보기**
>
> 복조리　　부채　　도자기　　탈　　인형　　매듭

(1) ____________________

(2) ____________________

(3) ____________________

(4) ____________________

(5) ____________________

(6) ____________________

2. 다음 <보기>에서 알맞은 단어를 골라 문장을 완성하십시오.

> **보기**
>
> 오래되다　　탈　　구경　　둘러보다　　신기하다　　깎다

(1) 선생님은 교실에 들어오셔서 천천히 이쪽저쪽을 ____________________.

(2) 내일 부모님을 모시고 벚꽃 ____________________을/를 가려고 한다.

(3) 어제 TV에서 마술을 봤는데 정말 ____________________.

(4) 이 책상은 20년도 더 사용한 ____________________ 책상이다.

1. V.A - 는 걸요

말하는 사람이 새로 알게 된 사실이나 자신의 생각, 느낌을 말할 때 사용한다. 在说话人说明新知道的事实或自己的想法和感觉时使用。

> **보기**
>
> 가 : 내 남자친구 못 생겼지요?   나 : 아니에요. 멋있는 걸요.

※ 문장을 완성하십시오.

(1) 가 : 미영 씨, 제가 만든 음식이 어때요?

　　나 : 아주 ________________. 음식 좀 더 주세요.

(2) 가 : 지금 입고 있는 옷이 이번에 새로 산 옷이에요?

　　나 : 아니에요, 이 옷은 3년 전에 산 ________________.

(3) 가 : 마이클 씨가 자동차 마니아라면서요?

　　나 : 맞아요. 자동차를 하도 좋아해서 자동차가 10대나 ________________.

(4) 가 : 준하 씨, 식사 좀 더 하세요.

　　나 : 이제 배 불러요. 밥을 3그릇이나 ________________.

2. N - 만 只

다른 것을 배제하고 오직 어떤 것을 한정하여 나타낼 때 사용한다. 表达排斥别的, 只限定某个时使用。

> **보기**
>
> 나는 고기 중에서 쇠고기만 먹을 수 있다.

※ 문장을 완성하십시오.

(1) 어제는 하루종일 비가 와서 밖에 나가지 않고 집에서 ________________.

(2) 동생은 밥을 먹을 때 반찬은 먹지 않고 ________________ 먹는다.

(3) 하하 씨는 능력, 학력, 경제력 등 다 좋은데 ________________.

(4) 아이들은 ________________ 하면 밖에서 놀고 싶어한다.

(5) 저는 이상하게 ________________ 하려고 하면 머리가 아파요.

읽고 쓰기

1. 다음 중 내용이 <u>다른</u> 것을 고르십시오. (   )

> 주 인 : 어서 오세요. 뭘 드릴까요?
> 장궈잉 : 아니, 그냥 구경 좀 하려고요.
> 주 인 : 네, 천천히 둘러보세요.
> 장궈잉 : 여기 신기한 물건들이 많이 있네요.
> 주 인 : 네, 우리 집 물건들은 모두 손으로 직접 만든 거라서 다른 가게엔 없는 것들이
>   많죠. (중략)
> 장궈잉 : 전 외국인인데 좀 깎아 줄 수 없어요?
> 주 인 : 좋아요, 그럼 19,000원만 주세요.
> 장궈잉 : 여기 있어요, 고맙습니다.

① 장궈잉은 탈을 샀다.
② 여기는 기념품 가게이다.
③ 주인은 물건 값을 깎아 주지 않았다.
④ 이 집에는 다른 집에는 없는 물건들이 많이 있다.

2. 다음 글을 읽고 맞으면 ○, 틀리면 × 하십시오.

> **민속 공예품 소개 – 한지 공예**
>
> 　한지(韓紙)는 닥나무[楮] 껍질로 만든 종이입니다. 한지 공예는 기본 5색인 빨간색, 파란색, 노란색, 검은색, 하얀색의 천연 염료로 염색한 한지로 여러 가지 물건을 만드는 것입니다. 한지와 같이 종이로 만든 공예품은 사용하기에 편리하고 예뻐서 현대 생활용품으로 좋습니다. 
>
> 　그 뿐만 아니라 만드는 방법도 간단하고 쉬워서 한지공예를 취미로 하는 사람이 늘어나고 있고, 관광공예품으로도 높이 평가받고 있습니다.

(1) 한지는 닥나무 껍질로 만든다.　　　　　　　　　　　　　　　(○ / ×)

(2) 한지 염색은 일반 물감으로 염색을 한다.　　　　　　　　　　　(○ / ×)

(3) 한지공예품은 만들기가 쉽다　　　　　　　　　　　　　　　　(○ / ×)

(4) 한지공예를 배우는 사람들이 늘어나고 있다.　　　　　　　　　(○ / ×)

3. 한국어는 중국어로, 중국어는 한국어로 써 보십시오.

(1) 인사동에 가면 탈, 부채, 한지 공예품 등 민속 공예품이 많이 있습니다.

    ➡

(2) 시간이 있으면 인사동 거리를 천천히 걸어 보세요.

    ➡

(3) 我们店里的商品都是直接用手做的手工制品。

    ➡

(4) 最近在韩国来自各个国家的外国人增多了。

    ➡

4. 다음 <보기>와 같이 어순대로 문장을 쓰십시오.

> ● 보기 ●
>
> 이, 같아요, 가게에는, 물건이, 많은 것, 오래된
> ➡ 이 가게에는 오래된 물건이 많은 것 같아요.

(1) 여러 명이, 묵을 때는, 더 편합니다, 숙소에, 함께, 온돌방이

  ➡ 여러 명이 _______________________________________.

(2) 많이, 신기한, 있어요, 우리 가게에는, 물건이

  ➡ 우리 가게에는 _______________________________________.

(3) 한지공예를, 취미로, 있어요, 배우고, 제 동생은

  ➡ 제 동생은 _______________________________________.

(4) 만들어 주신, 이 구두는, 직접, 아버지께서, 구두입니다

  ➡ 이 구두는 _______________________________________.

(5) 여행을 할 때, 꼭, 대학가를, 거리인, 젊은이들의, 가보십시오.

  ➡ 여행을 할 때 _______________________________________.

(6) 인사동에는, 편합니다. 차가 다니지 않아, 주말에, 관광하기가

  ➡ 인사동에는 _______________________________________.

(8) 소감 이야기하기

说说感想

- 한국에서 경험한 가장 인상적인 경험에 대해 쓰고 말할 수 있다.
  能说说并写写在韩国印象深刻的经历。

 **어휘**

1. 다음 <보기>에서 관계있는 것을 고르십시오.

> ● 보기 ●
>
> 덕분에   불편하다   기억   골동품   전시회   안내하다   모으다

(1) 가 : 취미가 뭐예요?

　나 : 세계 여러 나라의 인형을 _________________ 것이 취미예요.

(2) 가 : 지금 핸드폰이 없어요?

　나 : 네, 없어요. 핸드폰이 없으니까 _________________.

(3) 가 : 왕단 씨 _________________ 시험에 합격했어요. 고마워요.

　나 : 천만에요. 보영 씨가 열심히 공부하신 거예요.

(4) 가 : 마이클 씨는 어릴 때 _________________이/가 많이 나요?

　나 : 아니요, 거의 잊어 버렸어요.

 **문법 및 표현**

1. V.A - 았/었겠

과거 추측을 나타낼 때 사용한다. 表达过去推测时使用。

> ● 보기 ●
>
> 가 : 이번에 서울에 가서 아주 좋았어요.　나 : 좋았겠어요. 다음에는 같이 가요.

※ 문장을 완성하십시오.

(1) 가 : 링링 씨, 어머니 사진을 보니까, 어머니가 젊었을 때 아주 ____________.

　　나 : 네, 지금은 많이 늙으셨지만, 젊었을 때는 아주 미인이셨어요.

(2) 가 : 어제 왕단 씨가 준비한 음식을 먹었는데 정말 맛있었어요.

　　나 : 왕단 씨가 요리를 잘 한다는 이야기를 많이 들었어요. 정말 ____________.

(3) 가 : 오늘 중국에서 친구가 와요.

　　나 : 몇 시에 와요?

　　가 : 오전 11시에 도착한다고 들었어요.

　　나 : 지금이 11시 30분이니까 벌써 ______________.

(4) 가 : 이번에 MT가서 아주 재미있었어요.

　　나 : ______________. 다음에는 저도 꼭 갈 거예요.

2. V.A - 더라

말하는 사람이 경험한 일을 회상할 때 사용한다. 说话人回想经历的事时使用。

● 보기 ●

지난주 일요일에 등산을 갔는데 꽃이 아주 예쁘더라.

※ 문장을 완성하십시오.

(1) 가 : 링링 씨가 다이어트를 해서 이제는 ______________________.

　　나 : 그렇죠? 저도 다이어트를 해야겠어요.

(2) 가 : 오늘은 시장에 가서 야채를 살까?

　　나 : 그래, 야채는 마트보다 시장이 더 ________________.

(3) 가 : 재석아, 네가 어제 입은 옷이 ________________. 네가 샀어?

　　나 : 아니, 어머니가 사 오셨어.

(4) 가 : 오늘도 어제 간 식당에 갈까?

　　나 : 그래, 그 집 음식이 정말로 ______________.

Tip

' - 더라(구요)'와 ' - 았/었어요'

' - 더라'는 과거에 경험한 사실을 지금 말하면서 좀더 생생한 느낌으로 표현하는 것이고,
' - 았/었어요'는 일반적인 과거시점으로 서술한 것이다. ' - 더라'是现在说过去经历的事实,
并能表现生动的感觉。而 '았/었어요' 是以一般的过去视点叙述的。

1. 다음 글을 읽고 질문에 답하십시오.

> 유 진 : 여행 잘 다녀왔니? 어땠어?
>
> 장궈잉 : 응. 좋았어. 덕분에 잘 다녀왔어.
>
> 유 진 : 불편한 점은 없었어?
>
> 장궈잉 : 응. 괜찮았어. 그런데 서울은 정말 복잡하더라.
>
> 유 진 : 서울이 한국의 중심이니까, 사람도 가장 많고 차도 많아서 그래. 어디 어디를 가 봤어?
>
> 장궈잉 : 서울 시내는 ㉠거의 다 가본 것 같아. 그 중에서 인사동이 가장 기억에 남아. 오래된 골동품도 많이 있고, 골목 여기저기서 열리는 전시회와 공연도 인상적이었어.
>
> 유 진 : 좋았겠다. 다음엔 같이 가 보자.
>
> 장궈잉 : 그래. ㉡그 땐 내가 길을 안내해 줄게.

⑴ ㉠과 바꿔 쓸 수 있는 것을 고르십시오. (   )

① 전부   ② 전혀   ③ 대부분   ④ 보통

⑵ ㉡이 지시하는 것을 본문에서 찾아 쓰십시오.

⑶ 다음 중 맞는 것을 고르십시오. (   )

① 장궈잉은 인사동만 가 보았다.

② 장궈잉은 인사동에서 공연을 보았다.

③ 장궈잉과 유진은 여행을 함께 갔다.

④ 장궈잉은 서울에서 불편한 점이 많았다.

2. 한국어는 중국어로, 중국어는 한국어로 써 보십시오.

　(1) 저는 부모님 덕분에 한국으로 유학을 오게 되었습니다.

　　➡

　(2) 서울에서 외국인들이 좋아하는 장소 중의 한 곳이 인사동입니다.

　　➡

　(3) 在仁寺洞有很多能感受到韩国传统文化的东西。

　　➡

　(4) 仁寺洞周六汽车不能通行，所以对慢慢地购物很好。

　　➡

3. 여러분이 한국에서 경험한 '한국 문화체험 프로그램' 중 가장 인상적인 경험에 대해 쓰고 발표해 보십시오.

(9) 기행문 쓰기

写游记

• 기행문을 쓰고 말할 수 있다. 能写和说游记。

 **어휘**

1. 다음 중 설명하는 단어에 표시를 하십시오.

김	치	유	탈
부	자	명	춤
드	체	하	고
립	험	다	한
다	기	회	복

(1) 한국에서 제일 유명한 음식. 맵다. ○○
(2) (피부가) '거칠다'의 반대말. ○○○○
(3) 한국의 전통적인 옷. ○○
(4) 어떤 일을 하는데 적절한 시기. ○○
(5) 이름이 많이 알려지다. ○○○○
(6) '경험'과 같은 말. ○○
(7) 탈을 쓰고 추는 춤. ○○

2. 다음 _______에 맞는 것을 고르십시오. (   )

(1) 나는 여행을 통해 좋은 _______________을/를 만들고 싶습니다.

① 기억   ② 체험   ③ 추억   ④ 경험

(2) 어젯밤에 저는 밤새도록 컴퓨터 게임하는 친구 때문에 ________________.

① 잠이 들었어요   ② 잠을 깨웠어요
③ 잠을 설쳤어요   ④ 잠을 잘 잤어요.

(3) 그리운 고향의 모습이 ________________.

① 눈이 높다   ② 눈앞이 캄캄하다
③ 눈에 선하다   ④ 눈에 거슬리다

(4) 다음에 여행할 ________________이/가 오면, 금강산에도 가고 싶습니다.

① 경험   ② 약속   ③ 관심   ④ 기회

1. (마치) N-인 것 같이(= 처럼)　就象……似的

비유를 하여 표현할 때 사용한다. '-인 듯이, -처럼, -같이' 表达比喻时使用。

● 보기 ●

링링 씨의 피부는 마치 우유같이 하얗다.

※ 문장을 완성하십시오.

(1) 재석 씨는 마치 자기가 (왕자)＿＿＿＿＿＿＿＿＿＿ 말했다.

(2) 왕단 씨의 눈은 (호수)＿＿＿＿＿＿＿＿＿ 맑고 예쁘다.

(3) 동생은 말을 할 때 (아빠)＿＿＿＿＿＿＿＿ 말을 한다.

(4) 명수 씨는 자기가 마치 (여자)＿＿＿＿＿＿＿ 화장을 하고 옷을 입었다.

2. N-(이)라고 하다　叫

서술된 내용을 간접적으로 옮김을 나타낼 때 사용한다. 将叙述的内容转变为间接引用型。

● 보기 ●

가을은 독서의 계절이라고 합니다.

※ 문장을 완성하십시오.

(1) 가 : 왕단 씨, 마이클 씨 직업이 뭐예요?

　　나 : 마이클 씨의 직업은 ＿＿＿＿＿＿＿＿＿＿＿ 합니다.

(2) 가 : 성함이 어떻게 되세요?

　　나 : 제 이름은 ＿＿＿＿＿＿＿＿＿＿＿.

(3) 가 : 해운대 바로 옆에 '누리마루'가 있는 섬을 뭐라고 불러요?

　　나 : ＿＿＿＿＿＿＿＿＿＿＿＿ 부릅니다.

(4) 가 : 중국어로 '잘 몰라요'를 뭐라고 해요?

　　나 : ＿＿＿＿＿＿＿＿＿＿＿.

1. 다음 글을 읽고 질문에 답하십시오.

서울 구경을 하고 나서

　　한국에 있는 동안 좋은 추억을 만들고 싶어서, 나는 친구와 함께 서울을 여행했다. ㉠한국에 와서 처음 하는 여행이라 밤잠을 설치며 여행 준비를 했다.

　　서울에서 가장 먼저 가본 곳은 경복궁이었다. 한국의 옛 궁궐을 돌아보면서 ㉡(　　) 내가 조선시대에 와 있는 것 같은 느낌을 받았다. 특히 부드러운 곡선 모양의 기와가 인상적이었다. (중략)

　　마지막으로 남산에서 내려다 본 한강과 서울의 야경은 잊지 못할 추억이 되었다. 남산타워에서 내려다 본 아름다운 경치는 지금도 ㉢(　　) 서울은 정말 아름다운 곳이다.

　　이번 여행을 통해 한국을 좀 더 잘 알게 되어서 기쁘다. 다음에 기회가 되면 한국의 다른 곳도 꼭 여행하고 싶다.

(1) ㉠과 관계있는 느낌 중 가장 어울리는 것을 고르십시오. (　　)

① 설레임　　　　② 두려움　　　　③ 답답함　　　　④ 무서움

(2) ㉡에 알맞은 단어를 고르십시오. (　　)

① 아무리　　　　② 마치　　　　③ 마냥　　　　④ 도무지

(3) ㉢에 어울리는 표현을 고르십시오. (　　)

① 눈이 높다　　　　　　　　② 눈에 들다

③ 눈에 선하다　　　　　　　④ 눈에 넣어도 안 아프다

(4) 위 글의 내용과 <u>다른</u> 것을 고르십시오. (　　)

① 서울의 야경은 잊을 수 없는 추억이 되었다.

② 경복궁에서 가장 기억에 남은 것은 기와이다.

③ 글쓴이는 한국에 와서 처음으로 여행을 다녀왔다.

④ 글쓴이는 다음에 다시 남산을 가려고 마음먹었다.

2. 여러분은 여행을 한 적이 있습니까? 다음과 같이 여행 일정표를 만들고 기행문을
   써 보십시오.

일정표

1. 장소 : 부산
2. 날짜 : 2009년 ○월 ○일 ~ ○월 ○일(1박 2일)
3. 여행 코스 :
   (1일) 부산역 도착 → 해운대 → 동백섬(누리마루) → 용궁사
   (2일) 태종대 → 자갈치 시장 → 남포동 국제시장 쇼핑 → 부산역 → 서울

☞ 여행일정, 여행기간 동안 보고 들은 것, 느낀 것을 쓰십시오.

일정표

_______________________구경을 하고 나서……

취미 생활하기

興趣生活

(1) 당신의 취미는

你的兴趣

- 취미에 대해 묻고 대답할 수 있다. 关于兴趣, 能询问和回答.
- 제시된 어휘를 사용하여 문장을 완성할 수 있다. 利用所给的词汇完成句子.

어휘

1. 다음 중 관계있는 것을 연결하십시오.

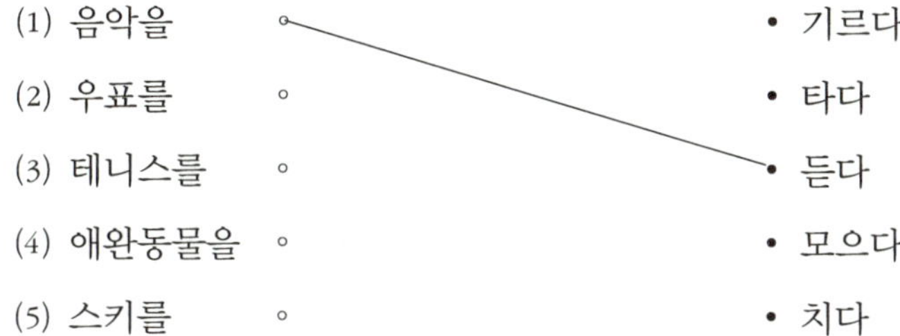

(1) 음악을   • 기르다

(2) 우표를   • 타다

(3) 테니스를   • 듣다

(4) 애완동물을   • 모으다

(5) 스키를   • 치다

2. 다음 <보기>에서 알맞은 단어를 골라 문장을 완성하십시오.

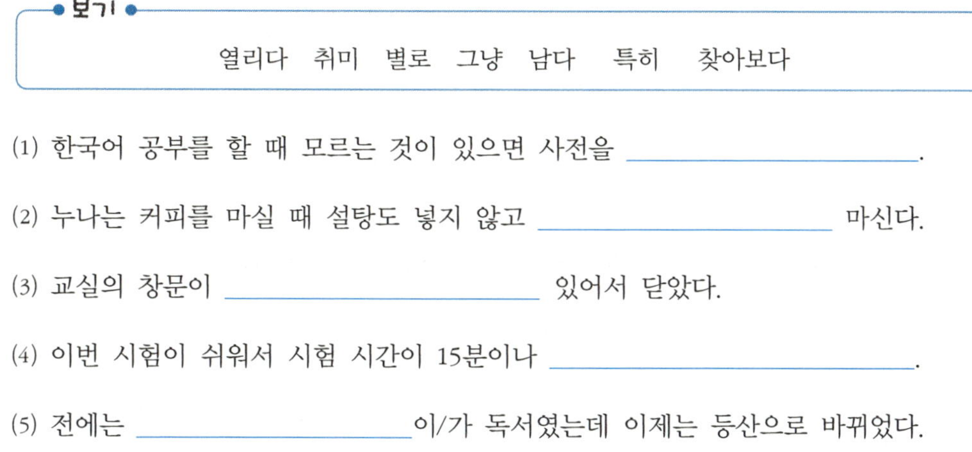

(1) 한국어 공부를 할 때 모르는 것이 있으면 사전을 _____________________.

(2) 누나는 커피를 마실 때 설탕도 넣지 않고 _____________________ 마신다.

(3) 교실의 창문이 _____________________ 있어서 닫았다.

(4) 이번 시험이 쉬워서 시험 시간이 15분이나 _____________________.

(5) 전에는 _____________________이/가 독서였는데 이제는 등산으로 바뀌었다.

1. N - 말고 / N - 말고는   除了……以外

앞 문장에 제시된 것이 아니라 뒤 문장에 제시된 것을 선택할 때 사용한다. 不选择前一句提出的内容，而是选择后一句提出的内容时使用。

> **● 보기 ●**
>
> 가 : 사과를 드릴까요?   나 : 아니요, 사과 말고 수박을 주세요.

※ 문장을 완성하십시오.

(1) 가 : 링링을 좋아하니?

　　나 : 아니, ＿＿＿＿＿＿＿＿＿.

(2) 가 : 랑랑은 다른 남자친구가 있으니 다른 여자를 사귀는 게 어때?

　　나 : 싫어요, ＿＿＿＿＿＿＿＿＿.

(3) 가 : 명수야, 한국에 가서 컴퓨터공학을 공부하는 게 어떠니?

　　나 : 아버지, 저는 ＿＿＿＿＿＿＿＿＿ 다른 공부에 관심 없어요.

(4) 가 : 보영 씨, 언제 시간 있어요?

　　나 : ＿＿＿＿＿＿＿＿＿ 시간이 없어요.

2. V.A - (으)ㄹ 텐데

1) 앞 문장에는 어떤 사실이나 상황에 대해 말하는 사람의 강한 추측을 나타내고, 뒤 문장에는 관련 내용이나 반대 내용을 말할 때 사용한다. 表示说话人对前一句中的某种事实或情况进行强烈的推测，后面的句子说的是相关的内容或相反的内容时使用。
2) 문장 끝에 쓰일 때는 추측을 나타낸다. 句子结尾使用时表示推测。

> **● 보기 ●**
>
> 오후에 비가 올 텐데, 우산을 가지고 가세요.

※ 문장을 완성하십시오.

(1) 호동 씨, 내일부터 (바쁘다)＿＿＿＿＿＿ 오늘 같이 저녁식사 하는 게 어때요?

(2) 이번에 꼭 학부에 (들어가야 하다)＿＿＿＿＿ 한국어를 잘 못해서 걱정이에요.

(3) 아가야, 주사를 맞으면 조금 (아프다)＿＿＿＿＿＿ 울면 안 돼요.

(4) 한국어가 (어렵다)＿＿＿＿＿＿ 링링 씨는 한국어를 정말 잘 하시네요.

1. 다음을 읽고 내용이 맞으면 ○, 틀리면 × 하십시오.

> 민수 : 링링 씨, 수업이 없는 날에는 뭘 해요?
>
> 링링 : 그냥 공부해요.
>
> 민수 : 공부 말고 남는 시간에는 무엇을 해요?
>
> 링링 : 평소에는 집에서 그냥 음악을 들어요. (중략)
>
> 민수 : 영화나 연극을 보는 것은 어때요?
>
> 링링 : 저도 그러고 싶지만 잘 몰라서요. (중략)
>
> 민수 : 혹시 내일 시간 되면 저랑 영화나 연극 보러 갈래요? 미술 전시회도 좋고요.
>
> 링링 : 그런데, 뭘 보러 가죠?
>
> 민수 : 우리 같이 한 번 찾아봐요.

(1) 링링은 취미가 공부이다. (○ / ×)

(2) 민수는 노래를 부르는 것이 취미이다. (○ / ×)

(3) 링링은 영화나 연극을 보고 싶지만 잘 모른다. (○ / ×)

(4) 두 사람은 내일 연극을 보러 가기로 했다. (○ / ×)

2. 다음 <보기>와 같이 제시된 표현을 모두 사용하여 문장을 쓰십시오.

> ● 보기 ●
>
> 수업이 없다/날/뭐해요? ➡ 수업이 없는 날에는 뭐해요?

(1) 책/소설책(을) 읽다/좋아합니다.

➡ _______________________________________

(2) 저/음악듣기/좋아하는 취미가 없습니다.

➡ _______________________________________

(3) 여행하다/좋은 친구를 만나다/사귀게 되었어요.

➡ _______________________________________

(4) 취미생활/스트레스를 풀다/좋은 방법입니다.

➡ _______________________________________

(2) 취미 생활을 위한 광고 읽기

阅读趣味生活广告

> • 광고를 보고 내용을 파악할 수 있다. 看广告后, 能掌握内容。
>
> • 광고를 활용하여 대화문을 만들 수 있다. 利用广告能编写对话。

어휘

1. 다음 <보기>에서 공통으로 들어갈 단어를 고르십시오.

> **보기**
>
> 뮤지컬   영화   박람회   연주회   오페라   연극   전시회

(1) 무역 _________   꽃 _________   _________

(2) 공포 _________   코미디 _________   _________

(3) 피아노 _________   국악 _________   _________

(4) 사진 _________   그림 _________   _________

2. 다음 <보기>에서 알맞은 단어를 골라 문장을 완성하십시오.

> **보기**
>
> 제목   작품   공연   특징   상영하다   방영하다

(1) 가 : 오늘 우리가 볼 영화 ____________이 뭐예요?

　　나 : '태극기 휘날리며'예요.

(2) 가 : 요즘 ____________ 영화 중에서 어떤 영화가 재미있어요?

　　나 : 글쎄요. 저도 잘 모르겠어요.

(3) 가 : 요즘 텔레비전에서 ____________ '꽃보다 남자'라는 드라마가 재미있어요.

　　나 : 맞아요, 저도 보는데 정말 재미있어요.

(4) 가 : 내가 그린 그림이 어때?

　　나 : 음~, 잘 그렸지만 ____________이/가 없는 것 같아.

1. N - 을/를 위한 N, V.A - 기 위한   N 为了

어떤 목적을 이루려고 한다는 의미의 '- 을/를 위하다'가 관형형으로 활용됨. 是想实现某种目的意思的 '- 을/를 위하다' 的定语型。

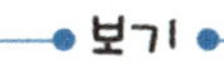

> 건강해지기 위한 노력으로 운동을 하고 있습니다.

※ 문장을 완성하십시오.

(1) 스트레스를 (풀다) ____________________ 노래 부르기

(2) 인기를 (얻다)____________________ 노력

(3) 시험에 (합격하다)____________________ 공부

(4) 돈을 (벌다)____________________ 아르바이트

(5) 한국어를 (잘하다)____________________ 방법

2. V.A - 아/어야 하다   应该, 要

의무적으로 꼭 갖추어야 함을 나타낼 때 사용한다. 表达有义务做时使用。

> 반드시 살아서 돌아가야 합니다.

※ 문장을 완성하십시오.

(1) 청소년 시기에 책을 많이 ____________________.

(2) 누구나 건강을 위해 일주일에 3번 이상은 ____________________.

(3) 부모님이 살아 계실 때 ____________________.

(4) 남자는 용기가 ____________________.

(5) 사람들은 사랑을 주고 받을 줄 ____________________.

(6) 사업을 시작하려면 돈이 ____________________.

1. 다음 글을 읽고 맞으면 ○, 틀리면 × 하십시오.

[사진전] 사진 동아리 '정원사' 전시회

전시기간 : 2008. 8. 1 — 15
장소 : 홍익대학교 뒤쪽 '희망 전시관'
공연문의 : 02—714—5678

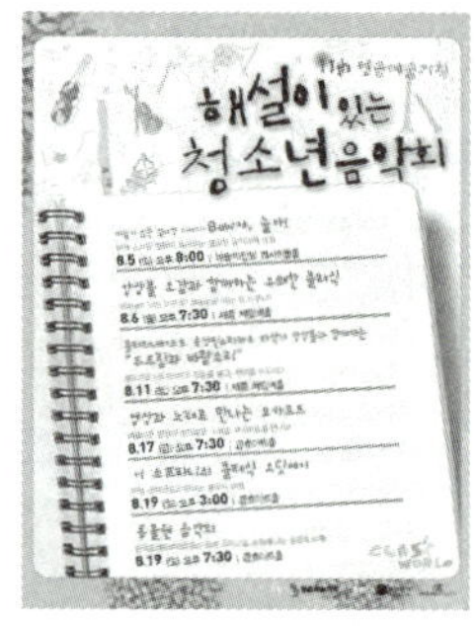

[음악회] 해설이 있는 청소년음악회

공연일정 : 2008. 8. 19
공연시간 : 16시, 19 : 30시
공연문의 : 02—581—5404
입장료　　: 일반 10,000원/청소년 5,000원
제작/기획 : 영음예술기획
공연장소 : 금호아트홀

[연극] 고도를 기다리며

공연기간 : 2008. 8. 21 — 2009. 10. 21
공연시간 : 화~금 7시30분/토3시, 6시30분
　　　　　　/일 3시 /월요일 쉼
공연장 : 동숭동 산울림
관람문의 : 02—334—5915
입장료 : 일반 30,000원/대학생 20,000원

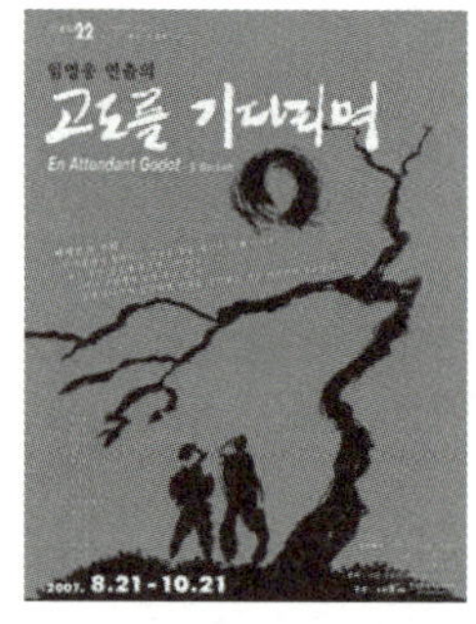

(1) 사진전은 무료이다. 　　　　　　　　　　　　　　　　　　　　(○/×)

(2) 음악회는 하루만 공연을 한다. 　　　　　　　　　　　　　　　(○/×)

(3) 연극은 주말에도 공연이 있다. 　　　　　　　　　　　　　　　(○/×)

(4) 금호아트홀에서 하는 공연은 연극이다. 　　　　　　　　　　(○/×)

(5) 연극 관람료는 모든 사람에게 동일하다. 　　　　　　　　　　(○/×)

2. 위의 [읽기]를 보고 대화문을 만들어 보십시오.

가 : 오늘 무엇을 보러 갈까?

나 : 내 친구가 사진 동아리 회원인데 오늘 전시회를 한다고 했어. 거기에 갈래?

가 : 어디에서 하는데?

나 : ____

가 : 오늘 하루만 전시회를 하는 거야?

나 : 아니. _______________________________________

가 : 그러면, 거기에는 다음에 가고 오늘은 음악회에 가는 게 어때?

나 : 어떤 음악회인데?

가 : ____

나 : 오늘 하루만 하는 거야?

가 : 응. 오늘만 해. 하지만 시간은 ___________________________

나 : 좋아. 그러면 몇 시에 하는 것을 볼까?

가 : _______________________________________는 게 어때?

나 : 좋아. 그런데 입장료는 얼마야?

가 : ____

나 : 그렇구나. 그러면 지금 가자.

가 : 그래.

享受趣味生活

- 취미관련 어휘를 알 수 있다. 能了解关于兴趣的词汇。
- 과자 만드는 방법을 알 수 있다. 能了解制作点心的方法。

어휘

1. 다음 <보기>에서 관계있는 것을 고르십시오.

┌─ **보기** ─────────────────────────────────┐
│ 배드민턴   그림   달리기   테니스   스킨 스쿠버   등산   낚시   사진 │
└──┘

(1) 붓, 물감, 연필, 화판, 도화지 그림 그리기 ____________________

(2) 운동복, 운동화, 양말, 무릎 보호대 ____________________

(3) 낚싯대, 미끼, 의자, 물고기 넣는 통 ____________________

(4) 등산복, 등산화, 배낭, 모자, 지팡이 ____________________

(5) 사진기, 필름, 사진기받침대, 건전지 ____________________

(6) 다이빙 슈트(옷), 마스크, 스노클, 핀 ____________________

(7) 테니스채, 공, 운동복, 운동화, 모자 ____________________

2. 다음 단어로 문장을 만드십시오.

(1) 기억에 남다 ____________________

(2) 입장료를 내다 ____________________

(3) 건강을 지키다 ____________________

1. V.A - (으)며

1) 어떤 일이나 상태를 동시에 하고 있거나 유지할 때 사용한다. '- (으)면서'로 바꿔 쓸 수 있다. 某事或状态同时做或保持时使用。可替换成 '- (으)면서'。

2) 어떤 일이나 상태를 대등하게 연결할 때 사용한다. '- 고'로 바꿔 쓸 수 있다. 某事或状态对等罗列时使用。可替换成 '- 고'。

> ● 보기 ●
>
> 1. 저는 운동을 하며 음악을 듣습니다.
> 2. 링링 씨는 성격이 명랑하며 활발합니다.

※ 문장을 완성하십시오.

(1) 우리 아버지는 성격이 ＿＿＿＿＿＿ 낙천적이십니다.

(2) 제 직업은 학생을 가르치는 ＿＿＿＿＿＿ 대학원 학생이기도 합니다.

(3) 저는 아침식사를 할 때 ＿＿＿＿＿＿ 신문을 봅니다.

(4) 하하 씨가 나에게 눈물을 ＿＿＿＿＿＿ 이야기하기 시작했습니다.

(5) 재석 씨는 마트에 가서 ＿＿＿＿＿＿ 먹을 거리를 사 왔습니다.

2. V.A - (으)ㄴ/는/(으)ㄹ 점

'여러 속성 가운데 어느 부분이나 요소'를 나타낼 때 사용한다. 表达 '许多的属性中某个部分或要素' 时使用。

> ● 보기 ●
>
> 배우다　잘못하다　어떻다　좋다　나쁘다

※ 문장을 완성하십시오.

(1) 사람은 누구나 ＿＿＿＿＿＿과 ＿＿＿＿＿＿을 모두 갖고 있습니다.

(2) 준하 씨는 나이가 어리지만 우리가 ＿＿＿＿＿＿이 많은 사람입니다.

(3) 이번 여행을 통해 ＿＿＿＿＿＿을 배웠습니까?

(4) 선생님, 저의 ＿＿＿＿＿＿을 말씀해 주시면 고치도록 하겠습니다.

1. 다음 글을 읽고 질문에 답하십시오.

취미 소개하기 – 홈베이킹(Home baking)

제 취미는 홈베이킹입니다. 홈베이킹은 빵이나 과자, 케이크 등을 자신이 직접 만드는 것을 말합니다. 제가 만든 것을 제가 먹는 것도 좋지만, 제가 만든 것을 친구나 가족들이 맛있게 먹는 것을 보면 더 행복해집니다. 오늘은 제가 여러분들에게 호밀과자 만드는 방법을 소개해 드리겠습니다. 과자를 만들어서 친구, 가족, 이웃과 함께 나눠 보시기 바랍니다.

재료

호밀 50g/멀티믹스 50g/박력분 50g/계피가루 5g/버터 50g/

베이킹파우더 ⅜ts/설탕 2ts/소금 약간/우유 50g

① 가루로 된 것(호밀, 멀티믹스, 박력분, 계피가루)을 그릇에 넣고 섞어 주세요.

② 버터를 따뜻하게 녹인 후에 ①에 넣어 주세요.

③ 그 다음에 우유를 넣고, 섞어 주세요. 밀대로 밀어서 쿠키커터(cookie cutter)로 모양을 예쁘게 만들어 주세요.

④ 180도로 된 오븐 안에서 20분만 있으면 과자가 완성됩니다.

⑴ 홈베이킹이 무엇입니까?

⑵ 다음 중 내용이 맞는 것을 고르십시오. (   )

① 홈베이킹은 집에서 과자만 만드는 것이다.

② 과자를 만들 때 계피가루도 들어간다.

③ 만든 것을 오븐에 넣고 30분 이상 굽는다.

④ 우유와 밀가루를 섞은 후에 버터를 넣는다.

2. 다음 그림을 보고 _______에 알맞은 말을 쓰십시오.

(1)

(2)

(1) 나는 장래에 영화감독이 ________________ 마음먹었습니다.

(2) 지금 ________________ 사람이 바로 왕단 씨입니다.

3. 다음 <보기>와 같이 어순대로 문장을 쓰십시오.

> ● 보기 ●
>
> 공부 말고, 남는, 무엇을 해요?, 시간에는
> ➡ 남는 <u>시간에는 공부 말고 무엇을 해요</u>?

(1) 저는, 영화를, 등산을, 쉬는 날에는, 봅니다, 가거나

➡ 저는 ____

(2) 오늘부터, 열린다, 3일 동안, 사진 전시회가, 전시실에서

➡ 오늘부터 ____

(3) 한국에서, 더 재미있게, 취미 생활을 하면, 유학생활을, 보낼 수 있어요.

➡ 한국에서 ____

(4) 혹시, 영화나, 연극 보러 갈래요? 같이, 시간이 있으면

➡ 혹시 ____

(5) 우리, 운동할 때, 지급합니다, 운동복을, 헬스센터에서는

➡ 우리 ____

(4) 프로그램 읽고 여가 생활 정하기

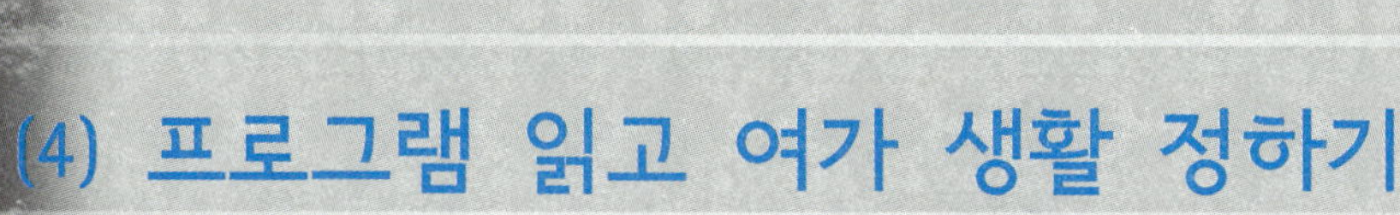

단원의 목표

• 여러 가지 취미 프로그램을 보고 자신이 원하는 과목을 선택하여 신청할 수 있다.
看各种各样的兴趣内容，能选择和申请自己喜欢的课程。

어휘

1. 다음 <보기>에서 관계있는 것을 고르십시오.

> • 보기 •
>
> 여가 활동　강습　쿠폰　할인　지급하다　구입하다

(1) 일이 없어 한가로운 시간에 하는 일이나 행동　＿＿＿＿＿＿＿

(2) 한 장씩 떼어서 쓰는 표. '교환권'과 같은 말　＿＿＿＿＿＿＿

(3) 돈이나 물건을 정한 만큼 주는 것　＿＿＿＿＿＿＿

(4) '사다'와 같은 말　＿＿＿＿＿＿＿

(5) 어떤 것을 가르쳐서 할 수 있도록 지도하는 것　＿＿＿＿＿＿＿

문법 및 표현

1. V - 고 말다

어떤 일이 결국 일어남을 나타낸다. 表达某事引起结果。

> • 보기 •
>
> 커피를 마시다가 커피를 쏟고 말았어요.

※ 문장을 완성하십시오.

(1) 이번에는 다이어트에 꼭 성공할 줄 알았는데 결국 ＿＿＿＿＿＿＿＿＿＿＿.

(2) 나는 노래를 부르다가 갑자기 슬퍼져서 ＿＿＿＿＿＿＿＿＿＿＿.

(3) 링링 씨가 오늘 높은 구두를 신고 왔는데 계단에서 ＿＿＿＿＿＿＿＿＿＿＿.

(4) 친구 컴퓨터로 컴퓨터 게임을 하다가 컴퓨터를 고장 ＿＿＿＿＿＿＿＿＿＿＿.

1. 다음은 '문화센터'에서 운영하는 취미, 교양 프로그램입니다. 글을 읽고 맞으면 ○, 틀리면 × 하십시오.

과정명	시간	요일	수업료	비고
알고 보면 더 재미있는 한국 영화	10 : 00−12 : 00 19 : 00−21 : 00	매주 월, 수요일	30,000	
영화로 떠나는 세계 여행	9 : 00−12 : 00 18 : 00−21 : 00	매주 화, 수요일	45,000	
사진	14 : 00−16 : 00 19 : 00−21 : 00	매주 화요일	50,000	개인별로 디카 준비
꽃꽂이	18 : 00−20 : 00	매주 금요일	40,000	재료 본인 부담
선물 포장하기	18 : 00−19 : 30 19 : 40−21 : 10	매주 화, 목요일	20,000	
한지 공예	19 : 00−21 : 00	매주 월, 수, 금요일	40,000	
풍선 장식 만들기	16 : 00−18 : 00 19 : 00−21 : 00	매주 목, 금요일	30,000	
홈베이킹	10 : 00−12 : 00 14 : 00−16 : 00 18 : 00−20 : 00	매주 토요일	70,000	재료비 포함

(1) '영화로 떠나는 세계 여행' 수업은 일주일에 2회 있다. (○ / ×)

(2) 한국영화 수업은 영화배우를 직접 만나는 수업이다. (○ / ×)

(3) 한지공예 수업은 수업료가 40,000원이다. (○ / ×)

(4) 홈베이킹 수업은 수강생이 재료를 준비해야 한다. (○ / ×)

(5) 한지공예 수업만 수요일 오전에 들을 수 있다. (○ / ×)

(6) 토요일에 들을 수 있는 수업은 홈베이킹 수업뿐이다. (○ / ×)

2. 한국어는 중국어로, 중국어는 한국어로 써 보십시오.

   (1) 저는 일주일에 3번씩 수영 강습을 받고 있습니다.

   ➡

   (2) 검도를 배우려면 운동 장비는 개인이 구입해야 합니다.

   ➡

   (3) 我每次有时间时, 都要买一日券健身。

   ➡

   (4) 做瑜伽, 会使身体变的柔软, 皮肤变得更好, 因此很受女性朋友们喜爱。

   ➡

3. [읽기]에서 제시한 프로그램을 보고 자연스러운 대화문을 만들어 보십시오.

> 학생(가) : 문화센터 직원. 수강자가 문의하는 내용을 듣고 안내해 주십시오.
> 학생(나) : 궁금한 사항을 직원에게 묻고 소개 받은 후에 등록하십시오.

가 : 무엇을 도와드릴까요?

(5) 전화로 프로그램에 대해 문의하기

用电话咨询内容表

• 말과 관련 있는 속담을 알 수 있다. 能了解和马有关的俗语。

• 자신의 취미생활에 대해 구체적으로 말할 수 있다. 能详细地说自己的兴趣生活。

어휘

1. 다음 <보기>에서 알맞은 단어를 골라 문장을 완성하십시오.

보기

선택하다　편하다　허리　강사　자세하게　안내하다　실력

(1) 가 : 선생님, 지금 배운 것을 잘 모르겠어요.

　　나 : 그래요? 다시 한 번 ＿＿＿＿＿＿＿＿＿ 설명해 줄게요. 잘 들어 보세요.

(2) 가 : 준하 씨의 어떤 점을 좋아하세요?

　　나 : 함께 있으면 ＿＿＿＿＿＿＿＿＿. 그래서 좋아해요.

(3) 가 : 링링 씨, ＿＿＿＿＿＿＿＿＿ 사이즈가 어떻게 돼요?

　　나 : 비밀이에요.

(4) 가 : 중국어를 배우려고 하는데 ＿＿＿＿＿＿＿＿＿ 있는 분을 소개해 주시겠어요?

　　나 : 왕단 씨가 제일 좋겠어요. 잘 가르쳐 줄 거예요.

2. 다음 중 관계있는 것을 연결하십시오.

(1) 가는 말이 고와야 오는 　　　　　• 　　• 말을 잘하면 어려운 일도 잘 해결된다.
　　말이 곱다.

(2) 낮말은 새가 듣고 밤말 　　　　　• 　　• 내가 먼저 말을 부드럽고 친절하게 하
　　은 쥐가 듣는다. 　　　　　　　　　　　면 상대방도 말을 부드럽고 친절하게
　　　　　　　　　　　　　　　　　　　　　한다.

(3) 말 한마디로 천 냥 빚 갚 　　　　　• 　　• 누군가 듣고 있을지 모르니까 언제나
　　는다. 　　　　　　　　　　　　　　　　말조심해야 한다.

1. V.A - 아/어지다

동사에 붙어 어떤 행위를 하게 되거나 형용사에 붙어 어떤 상태가 변화되어 가는 것을 나타낸다. 接动词时, 表达被做某种行为。接形容词时, 表达某种状态变化下去。

─● 보기 ●─

맑다　빨갛다　파랗다　익숙하다　길다　건강하다　많다

※ 문장을 완성하십시오.

(1) 우리 학교에 외국인 학생이 점점 ＿＿＿＿＿＿＿＿＿ 있어요.

(2) 이제는 전보다 한국생활이 많이 ＿＿＿＿＿＿＿＿＿＿.

(3) 아침마다 운동을 해서 그런지 전보다 ＿＿＿＿＿＿＿＿＿.

(4) 오전에는 날씨가 흐렸는데 오후에는 ＿＿＿＿＿＿＿＿＿.

(5) 여름에는 낮이 ＿＿＿＿＿＿＿＿＿ 밤이 짧아집니다.

2. V - 는 중, N - 중

앞문장의 행동을 하고 있는 도중임을 나타낼 때 사용한다. 表达做前一句行为的途中时使用。

─● 보기 ●─

수업을 하고 있는 중에 전화가 왔다.

※ 문장을 완성하십시오.

(1) 가 : 곧 회의를 시작할게요. ＿＿＿＿＿＿ 핸드폰을 꺼 주시기 바랍니다.

　　나 : 알겠습니다.

(2) 가 : 지금 뭐하고 있어요?

　　나 : 영화 ＿＿＿＿＿＿.

(3) 가 : 보영 씨, 쉬잇~, 지금 듣기 시험문제 ＿＿＿＿＿＿.

　　나 : 아, 네. 녹음하고 계셨군요. 조용히 할게요.

(4) 가 : 여보세요? 제가 지금 ＿＿＿＿＿＿ 이따가 전화할게요.

　　나 : 네, 알겠습니다. 운전 조심하세요.

1. 다음 중 내용이 맞으면 ○, 틀리면 × 하십시오.

링링 : 거기 인도 요가 센터죠?

직원 : 네, 맞습니다. 무얼 도와드릴까요?

링링 : 요가를 좀 배우고 싶어서요.

직원 : 네, 그러세요? 월수금반과 화목반, 그리고 매일반이 있습니다.

링링 : 월수금반이 좋겠어요. 시간이 7시부터 맞아요? (중략)

링링 : 제가 허리가 좀 아픈데, 요가하면 좀 좋아질까요?

직원 : 그럼요. 요가는 건강에 좋은 운동이에요. 아마 강사 선생님께서 자세하게 안내해
주실 거예요.

(1) 링링은 지금 전화로 이야기하고 있다. (○ / ×)

(2) 요가센터에서 운동복을 지급한다. (○ / ×)

(3) 링링은 7시에 시작하는 반을 신청하려고 한다. (○ / ×)

(4) 링링은 현재 허리가 아프다. (○ / ×)

(5) 요가는 세 반이 개설되어 있다. (○ / ×)

(6) 세 달을 한 번에 등록하면 가격이 싸다. (○ / ×)

2. 본문 내용을 문장으로 요약하십시오.

3. 한국어는 중국어로, 중국어는 한국어로 써 보십시오.

(1) 학원에 전화해서 문의하면 자세한 정보를 알 수 있다.

➡

(2) 내가 먼저 말을 친절하게 하면 상대방도 말을 친절하게 합니다.

➡

(3) 大学里运营的社会教育院里有各种各样的教育科目。

➡

(4) 作为新的兴趣生活开始学习四物游戏。

➡

4. 여러분은 취미생활을 위해 무엇을 배웠습니까? [보기]와 같이 자신의 경험을 써 보십시오.

● 보기 ●

　　저는 3년 전에 기타를 배운 적이 있습니다. 왜냐하면 음악을 좋아하기 때문입니다. 특히, 기타를 치면서 노래하는 것이 멋있어 보여서 나도 그렇게 하고 싶었습니다. 그래서 문화센터에서 기타강습을 석 달쯤 배웠습니다. 기타는 수강자가 준비를 해야 해서 기타를 하나 샀습니다. 기타를 배우기가 생각보다 어려웠습니다. 하지만 아주 재미있었습니다. 지금은 배우고 있지 않지만 다시 배워서 기타를 치며 멋있게 노래하고 싶습니다.

(6) 동아리 만들기

建立社团

- 자신이 가입했던 동아리에 대해 말할 수 있다. 能说一说自己参加过的社团。
- 그림을 보고 이야기를 만들 수 있다. 能看图说话。

어휘

1. 다음 <보기>에서 밑줄 친 단어와 바꿔 쓸 수 있는 것을 고르십시오.

─ 보기 ─

흥미롭다　가입하다　즐겁다　무료하다　긍정적이다　부정적이다

(1) 테니스 동아리를 탈퇴했다가 다시 <u>들어갔어요</u>.　________________

(2) 학생들과 MT를 가서 <u>아주 신나게</u> 잘 놀고 왔어요.　________________

(3) 준호 씨는 모든 일이 <u>잘 될 거라고 생각하는</u> 사람이다.　________________

문 법 및 표 현

1. A - 아/어지겠지

서로 알고 있는 사실이 가까운 미래에 변화가 있을 것임을 추측할 때 사용한다. 推测相互知道的事实在不久的将来会有所变化时使用。

─ 보기 ─

동아리에 들어가면 한국생활이 좀 더 즐거워지겠지.

※ 문장을 완성하십시오.

(1) 미영이가 성형수술을 하면 좀 ________________________________.

(2) 열심히 운동하고 음식을 적게 먹으니까 ________________________.

(3) 곧 여름이 오니까 점점 ____________________________________.

1. 다음 글을 읽고 질문에 답하십시오.

> 구 량 : 우리 공부만 하니까 좀 심심하다. 뭐 좀 재미있게 할 수 있는 것 없을까?
>
> 마타오 : 중국에서는 친구들과 재미있는 일들을 많이 했는데, 여기서는 못 하니까 심심하다.
>
> 구 량 : 넌 주로 뭘 하면서 지냈니?
>
> 마타오 : 음, 학교 친구들하고 같이 축구 동아리를 만들었어. ㉠(   ) 일요일 아침마다 축구를 했어.
>
> 구 량 : 정말 재미있었겠다. 나도 중국에 있을 때, 동네 친구들하고 같이 책 읽는 모임을 만들었어. 거기서 여러 가지 책을 많이 읽을 수 있었어. ㉡(   ) 여기서는 친구들하고 모임을 못하니까 심심하다.
>
> 마타오 : 그럼 우리 동아리에 가입해 볼까? 나도 동아리를 하고 싶은데.
>
> 구 량 : ㉢(   ) 우리 함께 동아리를 해 보자. 동아리에 들면 한국생활이 좀 더 즐거워지겠지.
>
> 마타오 : 좋아, 우리 학교에 어떤 동아리가 있는지 한 번 찾아볼까?

⑴ 다음 〈보기〉에서 알맞은 접속사를 골라 ㉠ ~ ㉢에 넣으십시오.

> **● 보기 ●**
>
> 그래서   그러면   그런데   그리고   또한   그러니까

㉠ ________________   ㉡ ________________   ㉢ ________________

⑵ 다음 중 맞는 것을 고르십시오. (   )

① 두 사람은 중국에 있을 때 동아리 활동을 했다.
② 마타오는 지금도 아침마다 축구를 하고 있다.
③ 구량은 고향에 있을 때 대학친구들과 독서모임을 했다.
④ 두 사람은 축구동아리와 책 읽는 모임에 가입하려고 한다.

2. 다음 그림을 보고 이야기를 만들어 보십시오.

(1)

(2)

(3)

(4)

(7) 동아리 소개 자료 읽기

阅读介绍社团的资料

- 여러 가지 동아리에 대한 정보를 알 수 있다. 能了解各种各样的社团情况。
- 동아리에 대해 묻고 대답할 수 있다. 就社团能询问和回答。

어휘

1. 다음 중 관계있는 것을 연결하십시오.

(1) 봉사를   • 쌓다

(2) 우정을   • 하다

(3) 고아원을   • 설립되다

(4) 기회를   • 가입하다

(5) 동아리에   • 방문하다

(6) 학교가   • 가지다

[문장만들기]

(1) ____

(2) ____

(3) ____

(4) ____

(5) ____

(6) ____

1. 접속사

문장과 문장을 이어주는 말. 连接句子和句子。

※ 다음 〈보기〉에서 알맞은 접속사를 고르십시오.

───● 보기 ●───

그러나   그런데   그러면   또   그래서   그러니까

(1) 가 : 부산에서 어디를 갔어요?

　　나 : 남포동과 해운대에 갔어요. ＿＿＿＿＿＿＿ 자갈치 시장도 갔어요.

(2) 가 : 대학원에서 무엇을 공부하려고 합니까?

　　나 : 한국어를 가르치고 싶어요. ＿＿＿＿＿＿ 한국어 교육을 공부하려고 합니다.

(3) 가 : 봉사 동아리에 가입했어요?

　　나 : 아니요, 가입하려고 했어요. ＿＿＿＿＿＿＿ 결국 못했어요.

(4) 가 : 명수 씨, 오늘 시간이 없어서 못 만날 것 같아요.

　　나 : ＿＿＿＿＿＿＿ 내일 만나는 게 어때요?

(5) 가 : 아이구, 오늘도 늦었네요. 죄송합니다.

　　나 : 재석 씨, ＿＿＿＿＿＿＿ 늦으면 어떻게 합니까?

※ 두 문장을 한 문장으로 써 보십시오.

(1) 아르바이트가 힘들어요. 하지만 보람이 있어요.

➡

(2) 눈을 좋아하는데 눈이 와요. 그래서 기분이 좋아요.

➡

(3) 지난달에 다이어트를 했어요. 그런데 실패했어요.

➡

(4) 한국 친구들이 많습니까? 그러면 한 사람 소개시켜 주세요.

➡

(5) 6시 기차를 타야 해요. 그러니까 서둘러 주세요.

➡

1. 다음 글을 읽고 맞으면 ○, 틀리면 × 하십시오.

① 동아리 – 하늬비

위치 : 화랑관 500호

통기타를 치며 대중가요를 함께 부르는 동아리입니다. 음악에 열정이 있는 신입생이라면 누구든지 환영합니다. 기타를 기초부터 잘 배울 수 있습니다. 한 학기에 한 번씩 정기발표회도 하고 있습니다.

② 동아리 – 상앗대

위치 : 화랑관 400호

보육원에서 아이들을 가르치고 도와주는 동아리입니다. 저희 동아리는 겉모습은 그리 화려하지 않지만 사람 간의 진정한 관계, 사랑, 관심, 봉사의 의미를 깊이 느낄 수 있는 따뜻한 동아리입니다. 관심 있는 분들의 적극적인 지원 바랍니다.

③ 동아리 – 택견

위치 : 화랑관 300호

택견은 한국 고유 무술을 배우는 동아리입니다. 택견은 신체를 건강하게 하고 성장에 도움을 주며 몸의 균형적인 발달을 도와줍니다. 무술을 배우면서, 선후배와의 따뜻한 관계, 즐거운 대학생활을 원하는 신입생들은 언제든지 환영합니다.

④ 동아리 – 사진예술연구회

위치 : 화랑관 200호

사진을 배우는 동아리입니다. 흑백사진을 기초로 요즘 흔하게 찍는 디카 및 폰카까지 사진을 잘 찍는 방법, 현상하는 방법을 함께 알아갈 수 있습니다. 또한 1년에 한 번씩 사진전시회를 열기도 합니다. 관심 있는 분들은 방문해 주시기 바랍니다.

(1) 택견반은 한국 고유의 무술을 배우는 동아리이다. (○ / ×)

(2) 사진예술연구회는 사진 찍는 방법뿐만 아니라 사진을 뽑는 것도
직접 해 볼 수 있다. (○ / ×)

(3) 사진예술연구회에서는 칼라사진은 찍지 않고 흑백사진만 찍는다. (○ / ×)

(4) 음악 동아리 '하늬비'는 정기적으로 공연을 하고 있다. (○ / ×)

(5) 봉사 동아리에서는 아이, 노인 등을 방문하여 봉사하고 있다. (○ / ×)

2. 한국어는 중국어로, 중국어는 한국어로 써 보십시오.

(1) 대학교마다 여가생활을 즐길 수 있는 모임이 다양하게 있습니다.

　　➡

(2) 한국의 전통 문화와 예술을 알 수 있는 동아리에 관심이 있습니다.

　　➡

(3) 我通过旅行社团去了许多有名的观光地。

　　➡

(4) 也有学习外语和电脑等具有实用性目的的社团。

　　➡

3. 본문을 활용하여 대화문을 만들어 보십시오.

학생(가) : 선배. 어떤 동아리에 가입할지 몰라서 고민하는 후배에게 조언해 주십시오.
학생(나) : 후배. 동아리에 대해 선배에게 물어보고 나서 동아리를 하나 선택하십시오.

후배 : 선배님, 안녕하세요?

선배 : 안녕, 지금 여기에서 뭐해요?

후배 : 동아리에 가입하려고 하는데 어떤 동아리를 선택해야 할지 잘 모르겠어요.

선배 : 어떤 것에 관심있는데요?

후배 : 한국의 사물놀이나 탈춤을 배우고 싶은 마음이 있어요. 그리고 기타를 치면서
　　　한국노래를 좀 배웠으면 좋겠어요.

선배 : 아, 그렇군요. ____

후배 : ____

선배 : ____

후배 : ____

선배 : ____

후배 : ____

(8) 동아리 등록하기

社团报名

 어휘

1. 다음 빈칸에 들어갈 단어를 표시하십시오.

대	학	생	활
학	사	첨	부
동	생	축	하
아	마	제	보
리	선	배	람

(1) 한국과 중국의 ○○○○은 많이 다른 것 같습니다.

(2) ○○○는 '같은 뜻을 가진 사람들의 모임'이라는 의미입니다.

(3) 한국에서는 대학마다 5월에 ○○를 합니다.

(4) 저는 신입생입니다. 학과 ○○, 동아리○○가 친절하게 잘 해 줍니다.

(5) 이메일을 보낼 때 사진을 한 장 ○○해 주세요.

(6) 다른 사람을 도와주는 봉사활동을 하면 ○○을 느끼게 됩니다.

2. 다음 <보기>에서 알맞은 단어를 골라 문장을 완성하십시오.

> **보기**
>
> 등록하다 접속하다 신청자 구체적 모이다 모으다 의논하다

(1) 오늘부터 수영을 배우려고 수영장을 _________________.

(2) 외국에 나가면 인터넷 _________________이/가 쉽지 않아 불편합니다.

(3) 요가 강습은 _________________이/가 많아서 벌써 마감되었습니다.

(4) 재석 씨, 함께 _________________ 일이 있는데 시간 좀 내 주십시오.

(5) 명절에 가족이 함께 _________________ 즐거운 시간을 보냈습니다.

1. N - 말이다, V.A - 아/어서 말이다, V.A - (으)ㄴ/는데 말이다

'- 을 의미한다, 뜻한다'의 의미를 나타내고, 연결문과 함께 쓰일 때는 후행절을 대신할 때 사용한다.
表达 '意味, 意思' 的意思, 在连接句或对话句中, 写在后面以代替前一句。

> **보기**
>
> 가 : 나는 운동을 하는 동아리에 들고 싶어.
> 나 : 그래, 축구 같은 것 말이야.

※ 문장을 완성하십시오.

(1) 가 : 오늘 아르바이트를 그만 두려고 해요.

　　나 : (힘들다)＿＿＿＿＿＿＿＿＿＿＿＿＿＿＿?

(2) 가 : 미영 씨, 오늘 저는 학교에 못 갈 것 같아요.

　　나 : 왜요? (숙제를 안 하다)＿＿＿＿＿＿＿＿＿＿＿＿?

(3) 가 : 링링 씨, 많이 고민했는데요. 저는 그냥 명수 씨와 결혼할래요.

　　나 : 정말이요? (사랑하지 않다)＿＿＿＿＿＿＿＿＿＿＿?

(4) 가 : 보영 씨가 벌써 학교에 갔어요.

　　나 : 밥도 (안 먹다)＿＿＿＿＿＿＿＿＿＿＿＿＿?

2. N - 을/를 위해서　为了

어떤 대상을 좋게 하거나 어떤 목표, 목적을 이룰 때 사용한다. 让某个对象变好, 或实现目标和目的时使用。

> **보기**
>
> 공부는 자신을 위해서 하는 것이지 다른 사람을 위해서 하는 것이 아닙니다.

※ 문장을 완성하십시오.

(1) 나는 (건강)＿＿＿＿＿＿＿＿＿＿＿＿＿＿＿＿＿＿＿＿＿＿＿.

(2) 나는 (나라)＿＿＿＿＿＿＿＿＿＿＿＿＿＿＿＿＿＿＿＿＿＿＿.

(3) 나는 (성공)＿＿＿＿＿＿＿＿＿＿＿＿＿＿＿＿＿＿＿＿＿＿＿.

(4) 나는 이번 학기에 (대학원 진학)＿＿＿＿＿＿＿＿＿＿ 열심히 공부하고 있다.

(5) 나는 (부모님)＿＿＿＿＿＿＿＿＿＿＿＿＿＿＿＿＿ 돈을 많이 벌고 싶다.

1. 다음을 읽고 맞으면 ○, 틀리면 × 하십시오.

⑴ 동아리 회원이 20명 이상이 되어야 동아리를 만들 수 있다.　　　　　（○/×）

⑵ 총동아리연합회에서 등록신청서를 받아 등록해야 한다.　　　　　（○/×）

⑶ 동아리의 의미는 '같은 뜻을 가진 사람들의 모임'이다.　　　　　（○/×）

⑷ 신입생이 동아리에 가입하려면 학과 교수님의 허락을 받아야 한다.　　　　　（○/×）

2. 여러분은 동아리 활동을 한 적이 있습니까? 어떤 동아리였습니까? 동아리에 대해
   간단하게 소개해 주십시오.

3. 다음에 제시한 [동아리 입회 신청서]를 작성해 보십시오.

신청인 성명	
학번	
학과	
동아리 이름	
연락처	
동아리 활동을 통해 얻고 싶은 것	
기타 하고 싶은 말	

LESSON 07

모임에 참석하기

参加聚会

(1) 생일 축하하기

庆祝生日

• 생일 관련 어휘를 알 수 있다. 能了解关于生日的词汇。

• 생일 축하 인사를 할 수 있다. 能表达祝贺生日。

어휘

1. 다음의 외래어를 한국어로 써 보십시오.

(1) party ____________________   (2) Cake ____________________

(3) fork ____________________   (4) Champagne ____________________

2. 다음 중 관계있는 것을 연결하고 문장을 만드십시오.

(1) 샴페인을   • 터뜨리다

(2) 소원을   • 자르다

(3) 선물을   • 따다

(4) 케이크를   • 빌다

(5) 촛불을   • 주다

(6) 폭죽을   • 켜다

[문장 만들기]

(1) ____

(2) ____

(3) ____

(4) ____

(5) ____

(6) ____

1. V.A - 아/어야지

1) 말하는 사람이 결심을 하면서 의지를 나타낼 때 사용한다. 说话人表决心和意志时使用。
2) 친구나 가까운 사람에게 권유하면서 동의를 구할 때 사용한다. 劝说朋友或亲近的人, 并求得同意时使用。

● 보기 ●

> 어머니 생신 때 생일 축하 노래도 불러야지.

※ 문장을 완성하십시오.

  (1) 가 : 여보~, 새해에는 담배 좀 끊으세요.

     나 : 알았어요. 곧 _________________________.

  (2) 가 : 매일 지각하면 어떻게 해? 일찍 _________________________.

     나 : 알았어, 내일부터는 일찍 올게.

  (3) 가 : 이번 시험에 합격할 수 있겠어?

     나 : 이번에는 꼭 _________________________.

  (4) 가 : 오늘 학교에 못 가는데 선생님께 말씀드려야 해요?

     나 : 말씀 _________________________. 걱정하시잖아요.

2. V.A - 았/었던

과거 상황을 회상하거나 그 상황이 완료되지 않고 중단되었음을 나타낼 때 사용한다.
表达回想过去某事或那件事没完被中断时使用。

● 보기 ●

> 이 책이 내가 읽고 싶었던 책이에요.

※ 문장을 완성하십시오.

  (1) 오늘도 어제 _________________________ 식당에 갑시다.

  (2) 젊었을 때는 _________________________ 어머니가 이제는 많이 늙으셨다.

  (3) 어릴 적 _________________________ 초등학교를 20년만에 가 보았다.

  (4) 작년까지 _________________________ 옷이 올해에는 작아서 입을 수가 없다.

  (5) 지난주에 _________________________ 영화가 너무 재미있어서 다시 한 번 보러 갔다.

1. 다음 글을 읽고 질문에 답하십시오.

> 왕핑 : 생일 축하해.
>
> 미정 : 지연아, 생일 축하해.
>
> 지연 : 와 줘서 고마워.
>
> 왕핑 : 먼저 케이크에 촛불을 켜자.
>
> 미정 : 생일 축하 노래도 불러야지.
>
> 왕핑, 미정 : (㉠ 생일축하노래)
>
> 지연 : 고마워.
>
> 미정 : 지연아, 이제 케이크를 자를 차례야.
>
> 왕핑 : 이건 우리가 준비한 선물이야.
>
> 지연 : 와, 소설책이네!
>
> 왕핑 : 응, 네가 소설을 좋아하는 것 같아서.
>
> 지연 : 이거 내가 읽고 싶었던 거야. 잘 읽을게. 고마워.

⑴ 이 사람들은 지금 무엇을 하고 있습니까?

⑵ 친구들은 지연에게 어떤 선물을 주었습니까?

⑶ ㉠생일축하 노래를 써 보십시오.

⑷ 위 글의 내용과 <u>다른</u> 것을 고르십시오. (　　　)

　① 여기는 지연이네 집이다.

　② 친구들은 생일축하 노래를 불렀다.

　③ 생일 축하노래를 부른 후에 촛불을 켰다.

　④ 지연은 생일 케이크를 자른 후에 선물을 받았다.

2. 본문 내용을 격식체 '- ㅂ니다/습니다'로 바꿔 써 보십시오.

3. 다음 그림을 보고 ______에 알맞은 말을 쓰십시오.

(1) 

(2) 

(1) 링링 씨는 생일파티를 할 때 촛불을 __________________ 소원을 말했습니다.

(2) 링링 씨는 칼로 __________________ 친구들에게 주었습니다.

(2) 생일 초대 카드와 생일 축하 카드 쓰기

写生日招待卡和生日贺卡

어휘

1. 다음 중 설명하는 단어에 표시를 하십시오.

동	꽃	다	발
창	조	송	이
초	대	하	다
축	사	고	생
대	하	민	일

(1) '태어난 날' ○○

(2) 모임에 올 수 있도록 말함. ○○○○

(3) 한 학교에서 같이 공부한 사이. ○○

(4) 꽃으로 만든 다발. ○○○

(5) 꽃을 세는 단위. ○○

(6) 남의 좋은 일을 기뻐하고 즐거워한다는 뜻으로 인사함. ○○

2. 다음 <보기>에서 알맞은 단어를 골라 문장을 완성하십시오.

> **보기**
>
> 선배   후배   송년회   신년회   보내다   초대하다   가까이   행복하다

(1) 회사에서는 새해가 되면 한 해를 시작하는 ______________을/를 합니다.

(2) 한 해가 끝나가는 12월 마지막 날에 ______________을/를 합니다.

(3) 재석오빠는 학교 ______________인 나를 잘 배려해 주는 좋은 선배이시다.

(4) 여러분, 눈이 나빠질 수 있으니까 TV를 너무 ______________ 보지 마십시오.

(5) 나는 시간이 있을 때마다 바다에 가서 낚시를 하며 시간을 ______________.

1. V.A - 도록

1) 동사와 일부 형용사에 붙어 뒤 문장에 오는 행위의 목적, 기준 등을 나타낸다. 接在动词和一部分形容词后，表达后面的句子所接的行为的目的，基准等。

2) 동사에 붙어 시간의 한계, 행위의 방식, 정도를 나타낸다. 과장된 표현을 쓸 때도 많이 사용한다. '-(으)ㄹ 정도로' 接在动词后，表达时间的界限，行为的方式、程度。也多用于夸张的表现。

> **● 보기 ●**
>
> 1. 가 : 모든 친구들이 볼 수 있도록 크게 쓰세요.　　나 : 네, 알겠습니다.
> 2. 가 : 그녀를 얼마나 사랑해요?　　나 : 죽도록 사랑합니다.

※ 문장을 완성하십시오.

(1) 학생들이 교실에 빨리 (들어오다)＿＿＿＿＿＿＿ 문을 활짝 열었다.

(2) 내가 내일 아침에 일찍 (일어날 수 있다)＿＿＿＿＿ 친구에게 모닝콜을 부탁했다.

(3) 아버지가 깊이 (주무시다)＿＿＿＿＿＿ 가족 모두가 조용히 했다.

(4) 친구가 한 시간이 지나도록 안 와서 (목이 빠지다)＿＿＿＿＿ 기다렸다.

(5) 영화가 너무 웃겨서 (배꼽이 빠지다)＿＿＿＿＿ 웃었다.

2. V - (으)ㄹ 수 없게(있게) 되어(서)

어떤 기회, 가능성이 있게(없게)된 이유 설명을 나타낼 때 사용한다. 表达说明有(没有)某种机会, 可能性的理由时使用。

> **● 보기 ●**
>
> 네 생일에 갈 수 없게 되어 정말 미안해.

※ 문장을 완성하십시오.

(1) 제가 이번 학기에 학부에 ＿＿＿＿＿＿ 얼마나 기쁜지 몰라요.

(2) 이번 학기에는 장학금을 ＿＿＿＿＿＿ 아르바이트는 안 하려고 합니다.

(3) 돌아가신 할아버지를 이제는 ＿＿＿＿＿＿ 마음이 아픕니다.

(4) 이제는 한국어를 ＿＿＿＿＿＿ 한국생활이 편합니다.

(5) 제가 선생님으로서 외국인 학생들에게 한국어를 ＿＿＿＿＿＿ 기쁩니다

1. 지연은 생일초대 문자를 친구들에게 보냈습니다. 내용을 읽고 맞으면 ○, 틀리면 ×
   하십시오.

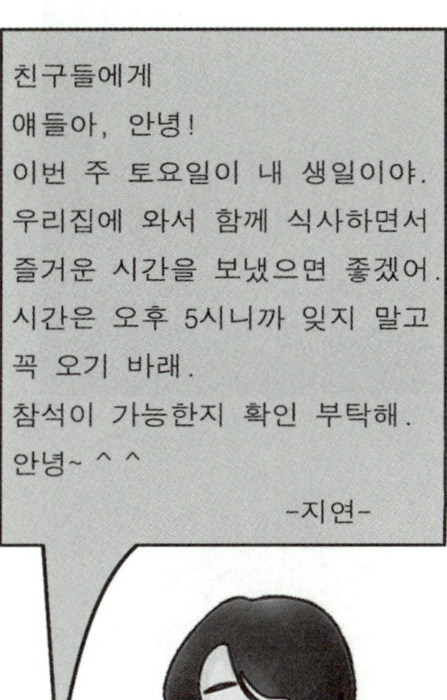

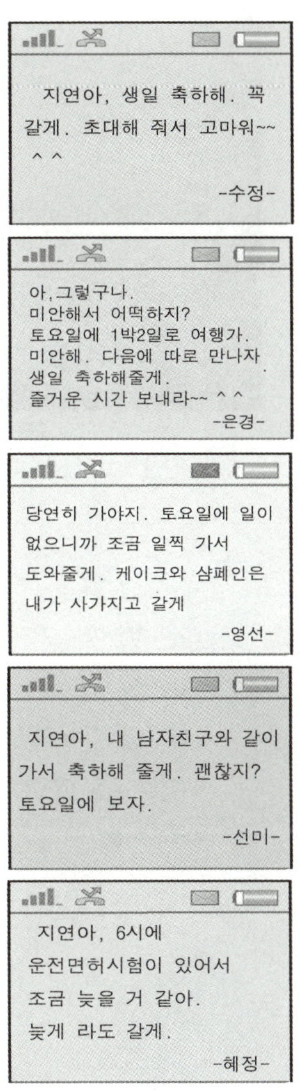

(1) 지연은 친구들에게 생일파티에 초대하는 카드를 보냈다.   (○ / ×)

(2) 지연이 초대한 친구 모두 참석이 가능하다.   (○ / ×)

(3) 혜정이 케이크와 샴페인을 준비하기로 했다.   (○ / ×)

(4) 은경은 여행계획이 있어 참석하지 못한다.   (○ / ×)

(5) 지연의 생일은 이번 주 토요일이다.   (○ / ×)

2. 이번 달에 생일인 친구가 있습니까? 카드 한 장에 반 학생 모두가 축하 인사를 써봅
   시다.

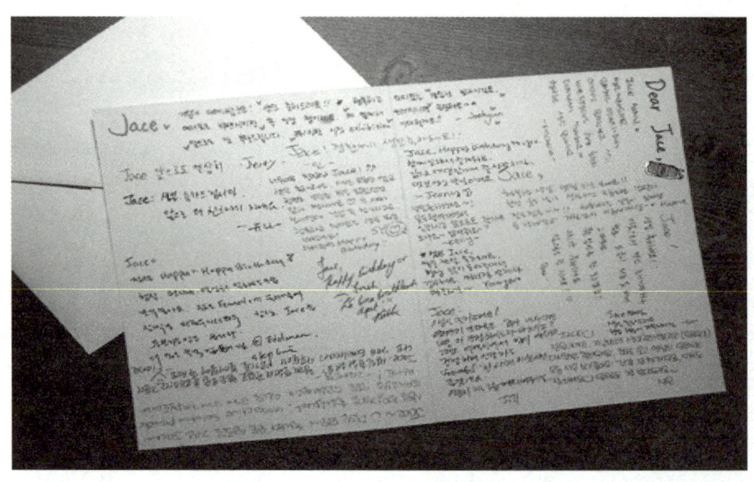

(3) 결혼식에 초대하기

邀请参加婚礼

• 청첩장을 읽고 내용을 이해할 수 있다. 能读请柬和理解内容。

어휘

1. 다음 질문에 답하십시오.

(1) 첫 번째 태어난 아들, 딸을 뭐라고 부릅니까?　　　　＿＿＿＿＿＿

(2) 마지막에 태어난 아들, 딸을 뭐라고 부릅니까?　　　　＿＿＿＿＿＿

(3) 자식이 아들 하나인 경우 뭐라고 부릅니까?　　　　＿＿＿＿＿＿

(4) 자식이 딸 하나인 경우 뭐라고 부릅니까?　　　　＿＿＿＿＿＿

(5) 결혼식을 알리는 글을 뭐라고 합니까?　　　　＿＿＿＿＿＿

문법 및 표현

1. V. A - (으)ㄴ데요/는데요

어떤 사실에 대해 놀라거나 의외라는 뜻으로 감탄을 할 때 사용한다. 또한 서술로 끝낼 때도 사용한다.
对某事实吃惊或意外的感叹时使用。或者作为叙述结尾时使用。

> **● 보기 ●**
>
> 가 : 새신랑이 오늘 정말 멋진데요?　나 : 고맙습니다.

※ 문장을 완성하십시오.

(1) 가 : 한국어를 아주 (잘하다)＿＿＿＿＿＿＿＿＿＿?

　　나 : 천만에요, 아직 잘 못해요.

(2) 가 : 오늘 선생님이 기분이 (좋아 보이다)＿＿＿＿＿＿＿＿＿?

　　나 : 데이트 약속이 있는 것 같아요.

(3) 가 : 와, 이 음식 진짜 (맛있다)＿＿＿＿＿＿＿＿＿?

　　나 : 그래요? 저도 먹어 볼래요.

1. 다음 글을 읽고 맞으면 ○, 틀리면 × 하십시오.

(1) 결혼을 알리는 청첩장이다. (○ / ×)

(2) 두 사람은 4월 28일에 결혼을 한다. (○ / ×)

(3) 신랑과 신부는 모두 맏이이다. (○ / ×)

(4) 신랑과 신부의 부모님은 모두 살아계신다. (○ / ×)

2. 한국어는 중국어로, 중국어는 한국어로 써 보십시오.

(1) 오늘 두 사람이 결혼을 하려고 합니다.

   ➡

(2) 그동안 보살펴 주신 부모님과 여러분들께 감사드립니다.

   ➡

(3) 将来要努力成为好丈夫, 好妻子。

   ➡

(4) 请祝福我们新的开始吧。

   ➡

(4) 결혼 축하하는 인사하기

结婚祝贺词

단원의 목표

- 결혼 관련 어휘를 알 수 있다. 能了解有关结婚的词汇。
- 결혼식장에 참석하여 축하인사를 할 수 있다. 参加婚礼并能表示祝贺。

어휘

1. 다음 중 관계있는 것을 고르십시오.

(1) 결혼하는 장소	• 신혼여행
(2) 결혼할 때 여자가 입는 옷	• 커플 티
(3) 결혼할 때 여자가 든 꽃	• 예식장
(4) 결혼한 후에 가는 여행	• 신혼집
(5) 남자와 여자 두 사람이 같이 입은 옷	• 웨딩드레스
(6) 남자와 여자 두 사람이 같이 끼는 반지	• 신혼부부
(7) 결혼한 지 얼마 안 되는 부부가 같이 사는 집	• 부케
(8) 결혼한 지 얼마 안 된 부부	• 각시
(9) '신부'와 같은 말	• 커플링

2. 다음의 두 단어를 사용하여 문장을 쓰십시오.

(1) 신랑, 신부

(2) 커플링, 끼다

(3) 부케, 들다

(4) 신혼부부, 커플티

1. V - 기로 하다   決定

다른 사람과 어떤 약속을 할 때나 자기 자신의 결심을 나타낼 때 사용한다. 和他人约定或表达自己的决心时使用。

●보기●

가 : 오늘 같이 영화나 볼래요?　　　　나 : 미안해요, 친구와 공부하기로 했어요.

※ 문장을 완성하십시오.

(1) 가 : 링링 씨, 이번 주말에 영화나 봅시다.

　　나 : 미안해요. 재석 씨하고 북한산에 ____________________.

(2) 가 : 민수 씨, 취직했으니까 한턱내세요.

　　나 : 네, 이번 주 토요일에 친구들에게 ________________. 명수 씨도 꼭 오세요.

(3) 가 : 보영씨, 결혼식은 언제쯤 할까요?

　　나 : 올 가을에 ____________________.

(4) 가 : 전공을 결정하셨어요?

　　나 : 네, 고민을 많이 했는데, e−비즈니스학과에 ____________________.

2. V - (으)ㄴ 지

어떤 일을 한 후에 시간이 지남을 나타낸다. 表达某事做完后所度过的时间。

●보기●

가 : 배가 고파요.　　　　나 : 밥을 먹은 지 2시간도 안 됐잖아요.

※ 문장을 완성하십시오.

(1) 가 : 고등학교를 ________________ 얼마나 되었어요?

　　나 : 제가 지금 대학교 1학년이니까 아직 1년도 안 되었어요.

(2) 가 : 부산에 ________________ 얼마나 되었어요?

　　나 : 벌써 6년이나 되었어요.

(3) 가 : 한국어를 ________________ 얼마나 되었어요?

　　나 : 벌써 10년이나 가르쳤어요.

(4) 가 : 우리가 언제 만났지요?

　　나 : 우리가 ________________ 3년밖에 안 되었어요.

1. 다음 글을 읽고 질문에 답하십시오.

> 쟈오잉 : 민수 씨, 결혼 축하해요. (중략)
>
> 쟈오잉 : 두 분이 만난 지 얼마나 되었어요?
>
> 민　수 : 만난 지 (　㉠　) 3년이나 되었어요.
>
> 쟈오잉 : 오래 만나셨네요. 두 분 오래오래 행복하게 잘 사세요.
>
> 민　수 : 네, 저희들 잘 살게요.
>
> 쟈오잉 : 신혼여행은 어디로 가요?
>
> 민　수 : 제주도에 가기로 했어요.
>
> 쟈오잉 : 좋겠어요. 결혼한 뒤에는 어디서 살 거예요?
>
> 민　수 : 부모님 (　㉡　)에서 부모님과 함께 살 거예요.

(1) ㉠, ㉡에 들어갈 말을 쓰십시오.

　㉠ ____________________　　　　㉡ ____________________

(2) 위 글의 내용과 <u>다른</u> 것을 고르십시오. (　　)

① 오늘은 민수 씨의 결혼식날이다.

② 민수 씨는 제주도로 신혼여행을 가려고 한다.

③ 민수 씨는 3년 간 연애를 한 후에 결혼하는 것이다.

④ 민수 씨 집에 부모님이 오셔서 함께 살기로 했다.

2. 본문 내용을 문장으로 요약하십시오.

3. 다음 그림을 보고 이야기를 만드십시오.

(1)

(2)

(3)

(4)

# (5) 돌잔치에 초대하기

邀请参加周岁生日

- 돌잔치 알리는 글을 읽고 이해할 수 있다. 能读懂周岁生日通知。
- 어순에 맞추어 문장을 쓸 수 있다. 能写语顺正确的文章。

 **어휘**

1. 다음 <보기>에서 알맞은 것을 고르십시오.

● 보기 ●

생일 백일잔치 재롱 덕담 맞이하다 참석하다 환갑잔치

(1) 태어난 날 　　　　　　　　　　　　　

(2) 어린아이의 재미있는 말과 귀여운 행동 　　　　　　　　　　　　　

(3) 남이 잘 되기를 바라는 좋은 말 　　　　　　　　　　　　　

(4) 만으로 60세가 된 것을 축하해 주는 잔치 　　　　　　　　　　　　　

(5) 모임 등에 참가하는 것 　　　　　　　　　　　　　

2. 다음 단어를 사용하여 문장을 만드십시오.

(1) 잔치에 초대하다 　　　　　　　　　　　　　

(2) 덕담을 하다 　　　　　　　　　　　　　

(3) 재롱을 부리다 　　　　　　　　　　　　　

(4) 돌잔치를 하다 　　　　　　　　　　　　　

문법 및 표현

1. V - 기 시작하다 开始

어떤 일이나 행동이 처음으로 발생됨을 나타낼 때 사용한다. 表达某事或行为开始发生时使用。

> **● 보기 ●**
>
> 우리 아름이가 걷기 시작했습니다.

(1) 봄이 되니까 꽃이 _______________________.

(2) 동생은 대학을 졸업한 후에 곧바로 취직해서 돈을 _______________________.

(3) 나는 고등학교 2학년 때부터 기타를 _______________________.

(4) 아기가 이유 없이 _______________________.

2. 간접화법

인용한 말을 전할 때 사용한다. 转达引用的话时使用。

		서술문	의문문	청유문	명령문
동사	받침 ㅇ	V-는다고 하다	V-느냐고 하다	V-자고 하다	V-(으)라고 하다
	받침 ×	V-ㄴ다고 하다	V-냐고 하다	V-자고 하다	V-라고 하다
형용사	받침 ㅇ	A-다고 하다	A-(으)냐고 하다	×	×
	받침 ×	A-다고 하다	A-냐고 하다	×	×

※ 직접화법을 간접화법으로 바꾸십시오.

(1) 철수 씨는 나에게 "사랑해요."라고 말했습니다.

　➡

(2) 철수 씨는 나에게 "부모님을 사랑해요?"라고 물었습니다.

　➡

(3) 철수 씨는 나에게 "오후에 해운대에 갑시다."라고 말했습니다.

　➡

(4) 철수 씨는 나에게 "운동을 열심히 하세요."라고 말했습니다.

　➡

(5) 철수 씨는 나에게 "이것은 MP3예요."라고 말했습니다.

　➡

1. 다음 글을 읽고 맞으면 ○, 틀리면 × 하십시오.

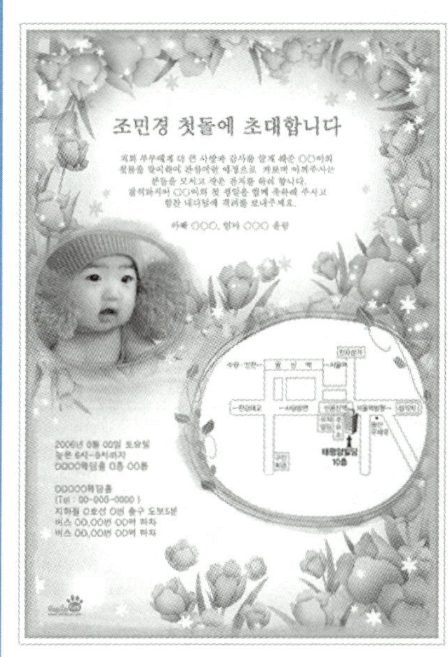

조민경 첫돌에 초대합니다

저희 부부에게 더 큰 사랑과 감사를 하게 해 준 민경의 첫돌을 맞이하여 그동안 많은 관심과 사랑을 보내주신 분들을 모시고 돌잔치를 하려고 합니다.

오셔서 민경의 첫 생일을 함께 축하해 주시고, 민경을 위해 사랑과 격려를 보내주시기 바랍니다.

아빠 조용한, 엄마 박나영 올림

2008년 5월 24일 토요일 늦은 6시—9시까지
르네상스 부페 5층(전화번호 : 051—000—6789)
지하철 2호선 사상역 3번 출구 도보 3분
버스 62번, 15번, 169번 사상역 하차

(1) 백일잔치를 알리는 글이다. (○ / ×)

(2) 잔치를 식당에서 한다. (○ / ×)

(3) 잔치는 토요일 오전부터 하루종일 한다. (○ / ×)

(4) 모임 장소에 가려면 버스와 지하철을 이용할 수 있다. (○ / ×)

2. 한국어는 중국어로, 중국어는 한국어로 써 보십시오.

(1) 저희 아름이가 태어난 지 벌써 1년이 되었습니다.

    ➡

(2) 그동안 많은 사랑과 관심을 보내주신 모든 분께 감사드립니다.

    ➡

(3) 拜托您来给아름이说些吉利的话。

    ➡

(4) 乖的孩子样子很可爱。

    ➡

3. 다음 대화를 읽고 _______에 알맞은 말을 쓰십시오.

(1) 가 : 한국에서는 돌잔치에 갈 때 무슨 선물을 합니까?

　　나 : 보통 _________________________________.

　　가 : 그렇군요. 그러면 저도 금반지를 준비해야겠어요.

(2) 가 : 하하 씨는 돌잡이 때 무엇을 집었어요?

　　나 : 저는 돈을 집었대요.

　　가 : 와, 그러면 앞으로 ______________________.

　　나 : 네, 열심히 일해서 부자가 되어야지요.

4. 다음 <보기>와 같이 어순대로 문장을 쓰십시오.

● 보기 ●

건강하게, 할머니, 사세요, 오래오래 ➡ <u>할머니, 건강하게 오래오래 사세요.</u>

(1) 제주도에는, 온, 많습니다, 사람들이, 신혼여행을

　➡ 제주도에는 ___________________________________

(2) 우리가, 100일이나, 지났어요, 만난 지, 벌써

　➡ 우리가 ______________________________________

(3) 그동안, 부모님과, 여러분들께, 감사드립니다, 보살펴 주신

　➡ 그동안 ______________________________________

(4) 갑자기, 정말 미안해, 급한 일이 생겨서, 네 생일에, 갈 수 없게 되어

　➡ 갑자기 ______________________________________

(5) 저는, 막내입니다, 저와, 장남이고, 결혼할 사람은

　➡ 저는 _______________________________________

(6) 모든 사람이, 글씨를, 쓰세요, 크게, 볼 수 있도록

　➡ 모든 사람이 ___________________________________

단원의 목표

- 돌잔치에 가서 축하인사를 할 수 있다. 能去祝贺孩子周岁生日。
- 틀린 문장을 올바른 문장으로 고칠 수 있다. 把写错的句子能改成正确的句子。

어휘

1. 다음 <보기>에서 밑줄 친 단어와 바꿔 쓸 수 있는 것을 고르십시오.

● 보기 ●

조그맣다　자라다　바라다　선물하다　잡다　장래　훌륭하다

(1) 정원에 심어놓은 사과나무가 잘 <u>컸다</u>.　＿＿＿＿＿＿＿＿

(2) 저는 돌잡이 때 공책을 <u>집었다</u>.　＿＿＿＿＿＿＿＿

(3) 친구를 위해 <u>작은</u> 선물을 준비했다.　＿＿＿＿＿＿＿＿

(4) <u>앞으로</u> 어떤 일을 할지 결정했다.　＿＿＿＿＿＿＿＿

(5) 부모님이 아프지 않고 건강하기를 <u>희망한다</u>.　＿＿＿＿＿＿＿＿

2. 다음 단어를 사용하여 문장을 만드십시오.

(1) 돌잡이　＿＿＿＿＿＿＿＿＿＿＿＿＿＿

(2) 바라다　＿＿＿＿＿＿＿＿＿＿＿＿＿＿

(3) 훌륭하다　＿＿＿＿＿＿＿＿＿＿＿＿＿＿

(4) 맞이하다　＿＿＿＿＿＿＿＿＿＿＿＿＿＿

1. V.A - (으)ㄴ/는다고 해서 因为说

앞의 내용이 뒤의 내용의 원인이나 이유임을 나타낸다. ' - (으)ㄴ/는다는 이유로', 表达前面的内容是后面内容的原因或理由。

● 보기 ●

한국에서는 돌에 반지를 선물한다고 해서 저도 반지를 샀어요.

※ 문장을 완성하십시오.

(1) 가 : 마이클 씨, 어제 학교에 왜 안 왔어요?

　　나 : 수업이 ＿＿＿＿＿＿＿＿＿＿＿ 안 왔어요. 수업 있었어요?

(2) 가 : 왜 e－비즈니스학을 공부하려고 합니까?

　　나 : 취직이 ＿＿＿＿＿＿＿＿＿＿＿ 선택했습니다.

(3) 가 : 어머, 링링 씨. 링링 씨도 삼계탕집에 오셨네요?

　　나 : 네, 이 집 삼계탕이 ＿＿＿＿＿＿＿＿＿＿＿ 왔어요.

(4) 가 : 아이구, 선생님이 저희 집에 웬일이세요?

　　나 : 하하가 ＿＿＿＿＿＿＿＿＿＿＿ 왔어요. 꾀병이었어요?

2. V - 아/어라

나이가 어린 사람 또는 친구와 같이 친한 사람에게 명령을 할 때 사용한다. 对年龄小的人或是象朋友一样亲密的人命令时使用。

● 보기 ●

아름아, 건강하게 잘 자라라.

※ 문장을 완성하십시오.

(1) 음식을 빨리 먹지 말고 천천히 ＿＿＿＿＿＿＿＿＿＿＿.

(2) 날씨가 추우니까 창문을 ＿＿＿＿＿＿＿＿＿＿＿.

(3) 한국어를 잘 해야 취직이 잘 되니까 열심히 ＿＿＿＿＿＿＿＿＿＿＿.

(4) 진뢰야, 이번 시험에는 꼭 ＿＿＿＿＿＿＿＿＿＿＿.

(5) 링링아, 우리 아이 돌잔치 때 꼭 ＿＿＿＿＿＿＿＿＿＿＿.

1. 다음 글을 읽고 내용이 다른 것을 고르십시오. (   )

> 치잉 : 아름이 아버지, 아름이 돌을 축하합니다.
>
> 민제 : 바쁘신데, 이렇게 와 주셔서 감사합니다.
>
> 치잉 : 아름이에게 조그만 선물을 준비했어요. 한국에서는 돌에 반지를 선물한다고 해
> 서 저도 반지를 샀어요.
>
> 민제 : 정말 감사합니다.
>
> 치잉 : (아름이를 보며) 아름아, 건강하게 잘 자라라. (중략)
>
> 민제 : 글쎄요. 연필을 잡으면 좋겠는데요. 연필을 잡으면 공부를 잘 한대요.
>
> 치잉 : 아름이가 커서, 훌륭한 학자가 되기를 바라시는군요.

① 치잉은 선물로 금반지를 준비했다.

② 치잉은 민제 씨에게 덕담을 했다.

③ 민제 씨는 치잉 씨를 돌잔치에 초대했다.

④ 민제 씨는 아름이가 연필잡기를 희망한다.

2. 다음 중 밑줄 친 부분을 바르게 고치십시오.

(1) 아버지는 어머니와 대학 때 만나서 연애결혼을 <u>하셨냐고</u> 합니다.

(2) 돌잡이 때 연필을 <u>잡고</u> 공부를 잘한다고 합니다.

(3) 밥을 많이 <u>먹지만</u> 배가 부르지 않아요. 또 먹어야겠어요.

(4) 결혼식에서 신부가 <u>던질</u> 부케를 제가 받았습니다.

(5) 그동안 잘 보살펴 <u>주시고</u> 감사드립니다.

(6) 영화가 너무 재미있어서 배꼽이 <u>빠지자마자</u> 웃었어요.

(7) 검은 머리가 파뿌리가 <u>되면</u> 오래오래 행복하게 사세요.

(8) 영철이가 나에게 같이 영화보러 <u>가라고</u> 했어요.

(7) 병문안을 가서

去探病

- 증상과 관련된 병원의 이름을 알 수 있다. 能了解症状和相关医院的名字。
- 병원에 입원한 친구를 방문하여 위로의 인사를 할 수 있다. 能看望并安慰住院的朋友。

어휘

1. 다음과 같이 어울리는 말을 골라 표시하십시오.

통	원	치	료
퇴	원	병	실
병	문	안	수
수	갑	영	입
술	자	음	원
먹	기	다	행

(1) 친구가 ○○해 있는 ○○은 602호입니다.

(2) 아버지가 오늘 병원에서 ○○하는 날입니다.
앞으로 일주일에 한 번씩 ○○○○를 할 예정입니다.

(3) 할아버지가 작년에 대장암 ○○을 하셨습니다.

(4) ○○○ 비가 내리기 시작했습니다.

(5) 이만하기 천만○○이에요.

2. 다음은 병의 증상과 병원입니다. 관계있는 것을 연결하십시오.

(1) 감기에 걸리다 ○	○ 성형외과
(2) 다리가 부러지다 ○	○ 산부인과
(3) 아기를 낳다 ○	○ 내과
(4) 쌍꺼풀 수술을 하다 ○	○ 정형외과
(5) 이가 아프다 ○	○ 신경정신과
(6) 피부가 가렵다 ○	○ 소아과
(7) 우울증이 있다 ○	○ 치과
(8) 아기가 아프다 ○	○ 항문과
(9) 치질이 있다 ○	○ 피부과

1. V - (으)ㄹ 뻔하다 差点

어떤 일이 일어나기 바로 전에 멈추어서 일이 일어나지 않았을 때 사용한다. 某事就要发生前停止, 没能发生时使用。

● 보기 ●

아침에 하마터면 교통사고가 날 **뻔했어요**.

※ 문장을 완성하십시오.

(1) 오늘 아침에 늦게 일어나서 (지각하다) ____________________.

(2) 오늘 수업하다가 너무 피곤해서 (졸다) ____________________.

(3) 학교에 가다가 갑자기 어지러워서 하마터면 (쓰러지다) ____________________.

(4) 요즘 너무 바빠서 하마터면 엄마의 생일을 (잊어버리다) ____________________.

(5) 공항 가는 길이 너무 막혀서 비행기를 (못 타다) ____________________.

2. V.A - 더라구요

과거를 생각하며 생생한 느낌으로 말할 때 사용한다. 回想过去, 以生动的感觉叙述时使用。

● 보기 ●

오랜만에 서울에 갔는데, 서울이 더 좋아졌더라구요.

※ 문장을 완성하십시오.

(1) 가 : 어제 먹은 음식 맛있었죠?

나 : 네, 정말 ____________________. 다음에 또 갑시다.

(2) 가 : 영화 '맘마미아' 보셨어요?

나 : 네, 어제 친구와 봤는데 정말 ____________________.

(3) 가 : 오늘 명수 씨가 기분이 안 좋은지 저에게 ____________________.

나 : 화나는 일이 있었나 봐요. 보영 씨가 이해하세요.

(4) 가 : 와~, 어제 재석 씨 집에 갔는데 집이 정말 ____________________.

나 : 그렇지요? 저도 전에 가 본 적이 있어요.

1. 다음 글을 읽고 질문에 답하십시오.

> 리펑 : 실례합니다.
>
> 민정 : 어머, 리펑 씨, 어서 오세요.
>
> 리펑 : 좀 어떠세요? 병원에 (㉠입원하다) 많이 놀랐어요.
>
> 민정 : 네, 갑자기 입원을 하게 되었어요.
>
> 리펑 : 어떻게 된 거예요?
>
> 민정 : 계단에서 넘어졌는데, 다리가 부러졌어요.
>
> 리펑 : 그랬어요? (㉡큰일 나다). 그래도 다행이에요.
>
> 민정 : 다행히 내일 퇴원해도 된대요.
>
> 리펑 : 제 동생도 다리가 부러진 적이 있는데, 처음에는 많이 움직이지 말라고 하더라구요.
>
> 민정 : 그래요? 고마워요.
>
> 리펑 : ㉢빨리 회복하길 바랄게요.

(1) ㉠ '입원하다'를 문맥에 맞게 쓰십시오.

(2) ㉡ '큰일 나다'를 문맥에 맞게 쓰십시오.

(3) ㉢과 같이 병문안 가서 할 수 있는 인사말을 한 가지 써 보십시오.

(4) 위 글의 내용과 <u>다른</u> 것을 고르십시오. (   )

　① 리펑은 민정을 병문안했다.

　② 민정은 내일 퇴원할 예정이다.

　③ 리펑도 전에 다리가 부러진 적이 있었다.

　④ 민정은 계단에서 넘어져 다리를 다쳤다.

2. 다음 <보기>에서 알맞은 것을 골라 대화문에 넣으십시오.

가 : 실례합니다.

나 : 어머, 재석 씨, 어서 오세요. 제가 병원에 입원한 걸 어떻게 아셨어요?

가 : 오늘 왕단 씨에게 들었어요. 어떻게 된 거예요?

나 : 버스에서 내리는데 오토바이가 지나가는 거예요. 그래서 부딪혔어요.

가 : 큰일 날 뻔했어요. 많이 아프시겠어요.

나 : ____

가 : 병원에 언제까지 있어야 해요?

나 : ____

가 : 그래도 이만하기 천만다행이에요.

나 : 네, 하지만 깁스를 해서 많이 불편해요.

가 : ____

나 : 그럴게요.

가 : 몸조리 잘 하시구요. 다음에 시간이 되면 다시 들릴게요.

나 : ____

가 : 천만에요. 그럼 그만 가 볼게요.

나 : 네, 안녕히 가세요.

단원의 목표

- 문상을 가서 위로의 말을 할 수 있다. 去参加吊丧并进行安慰。
- 한국의 장례문화와 여러분 나라의 장례문화를 비교, 대조할 수 있다.
  能把韩国的葬礼文化和你的国家的葬礼文化进行比较, 对照。

어휘

1. 다음 중 관계있는 것을 연결하십시오.

(1) 문상을	• 빌다
(2) 명복을	• 하다
(3) 제사를	• 가다
(4) 기도를	• 내다
(5) 부의금을	• 지내다

2. 다음 <보기>에서 알맞은 것을 골라 문장을 완성하십시오.

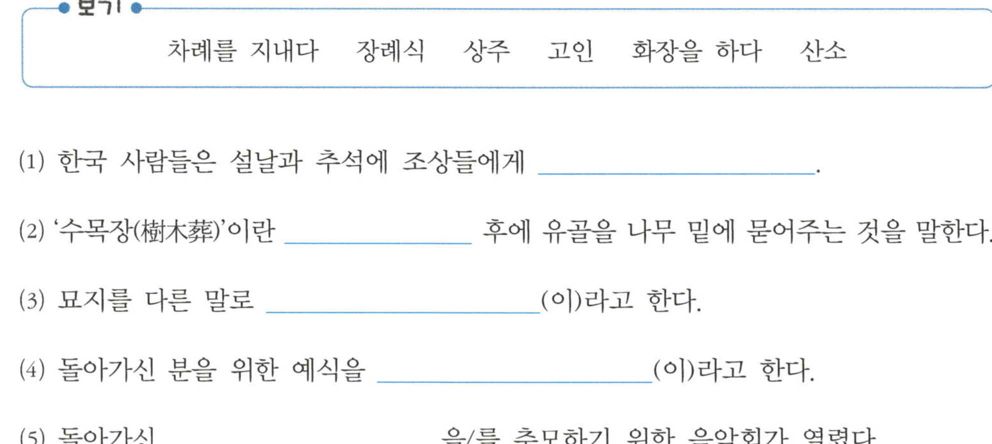

> ● 보기 ●
>
> 차례를 지내다   장례식   상주   고인   화장을 하다   산소

(1) 한국 사람들은 설날과 추석에 조상들에게 ___________________.

(2) '수목장(樹木葬)'이란 _____________ 후에 유골을 나무 밑에 묻어주는 것을 말한다.

(3) 묘지를 다른 말로 _________________(이)라고 한다.

(4) 돌아가신 분을 위한 예식을 _________________(이)라고 한다.

(5) 돌아가신 _________________을/를 추모하기 위한 음악회가 열렸다.

1. V.A - 고요

말하는 사람이 자신이 한 말에 더 내용을 덧붙여 말할 때 사용한다. 说话人对自己说的话再补充时使用。

> **보기**
>
> 가 : 문상을 갈 때 무엇을 준비해야 하지요?
>
> 나 : 검은 색 옷을 입고 가세요. 그리고 부의금도 준비하고요.

※ 문장을 완성하십시오.

(1) 가 : 왜 봄을 좋아해요?

　　나 : 날씨가 따뜻하잖아요. 그리고 _______________________.

(2) 가 : 링링 씨가 외국어를 잘 하지요?

　　나 : 네, 영어를 아주 잘해요. _______________________.

(3) 가 : 옷이 잘 어울리네요.

　　나 : 그래요? 이번에 세일할 때 샀는데 품질이 좋아요. _______________________.

(4) 가 : 아르바이트를 하니까 어때요?

　　나 : 한국어를 배울 수 있어서 좋아요. 그리고 _______________________.

2. N - (이)나

나열을 한 후 선택을 할 때 사용한다. 罗列后选择时使用。

> **보기**
>
> 이번 주말에는 백화점에 가서 옷이나 가방을 사려고 합니다.

※ 문장을 완성하십시오.

(1) 부산에 손님이 오면 (자갈치시장/태종대)_______________________를 가 보십시오.

(2) 물건을 산 후 (현금/카드)_______________________.

(3) 왕단 씨 생일선물로 (귀걸이/목걸이)_______________________.

(4) 올해에는 (말하기대회/글쓰기대회)_______________________ 참가하려고 합니다.

1. 다음 글을 읽고 질문에 답하십시오.

리펑 : 지영 씨, 문상을 가야 하는데 어떤 옷을 입고 가야 해요?

지영 : 남자는 주로 검은 양복을 입어요. 넥타이와 양말, 구두도 검정색으로 하고요.

리펑 : 문상을 가서는 어떻게 해야 해요?

지영 : 먼저 향에 불을 붙여서 꽂으세요. 그리고 절을 하거나, 기도를 하면 돼요.

리펑 : 그런 다음에는 어떻게 해요?

지영 : 그 다음에는 상주와 인사를 해요

리펑 : 상주에게 어떤 말을 해야 하지요?

지영 : "＿＿＿＿＿＿ ㉠ ＿＿＿＿＿＿" 와 같은 말을 하면 돼요.

(1) ㉠에 어울리지 <u>않은</u> 것을 고르십시오. (   )

① 얼마나 슬프십니까?

② 삼가 조의를 표합니다.

③ 고인의 명복을 빕니다.

④ 얼마나 안심이 되세요.

(2) 다음 중 맞는 것을 고르십시오. (   )

① 절을 한 후에 향에 불을 붙여 꽂는다.

② 문상을 가서 꼭 절을 해야지 기도는 안 된다.

③ 문상을 갈 때 주로 검은 색 옷을 입는다.

④ 문상을 갈 때 밝은 색깔 옷을 입어도 상관없다.

Tip

> 문상이란?
>
> 상가(喪家)에 가서 죽은 이에게 예(禮)를 올리고 유족을 위로하는 것을 보통 문상(問喪)이라고 합니다. 조문(弔問)을 가서 상주에게 무슨 말을 해야 할지 몰라 당황하는 경우가 있습니다. 하지만 상주에게 절한 후 아무 말도 하지 않고 나오는 것이 일반적입니다. 오히려 아무 말도 안 하는 것이 더욱 더 깊은 조의를 표하는 것이 됩니다. 그러나 꼭 말을 해야 하는 상황이라면 '삼가 조의를 표합니다.', '얼마나 슬프십니까?' 또는 '뭐라고 드릴 말씀이 없습니다.'라고 말하는 것이 가장 좋습니다.

2. 다음 [보기]와 같이 여러분 나라의 장례문화에 대해 간단히 써 보십시오.

	질문 내용	[보기] 한 국	[ ]
1	장례일은 며칠 동안 합니까?	3일	
2	상주는 무슨 옷을 입습니까?	하얀 상복	
3	조문객은 무슨 색 옷을 입습니까?	주로 검은 색	
4	부의금을 냅니까?	그렇다	
5	화장과 매장 중 어느 것이 많습니까?	화장이 늘고 있다.	
6	화장을 할 경우 유골을 어디에 모십니까?	납골당	
7	매장의 경우 산소의 모양이 어떻게 생겼습니까?	위를 둥글게 한다.	
8	자신이 죽는다면 화장과 매장 중 어떤 것을 선택하고 싶습니까? 이유는 무엇입니까?		

3. 위의 내용을 기초로 하여 여러분 나라의 장례문화를 문장으로 써 보십시오.

(9) 전시회 초대장 보내기

寄展示会请帖

- 초대장을 보고 주요 내용을 알 수 있다. 看请帖能了解主要内容。
- 초대장을 쓸 수 있다. 能写请帖。

어휘

1. 다음 <보기>에서 알맞은 단어를 골라 문장을 완성하십시오.

● 보기 ●

| 꼿꼿이 | 보호 | 부족하다 | 기억에 남다 |

(1) 나는 지금까지 부모님의 _________________ 을/를 받으며 살았다.

(2) 나는 꽃을 좋아해서 요즘 _________________ 강습을 받고 있다.

(3) 이번 여행은 인상적이어서 오랫동안 _________________ 것 같다.

문법 및 표현

1. V.A - (으)리라고

의지, 추측의 내용을 말할 때 사용한다. '- (으)리라'와 '- 고'의 결합형이다. 说意志, 推测的内容时使用。是 '- (으)리라' 和 '- 고' 的结合型。

● 보기 ●

기억에 남는 좋은 전시회가 되리라고 생각합니다.

※ 문장을 완성하십시오.

(1) 나는 네가 다시 (돌아오다) _________________ 믿는다.

(2) 중국에서도 한국에 있는 네 소식을 (알다)_________________ 생각한다.

(3) 올해는 담배를 꼭 (끊다)_________________ 결심했다.

1. 다음 글을 읽고 내용이 맞으면 ○, 틀리면 × 하십시오.

초대합니다

　　부산 전자 소프트웨어 멤버십에서 2009년도 상반기 신입회원을 모집하기 위해 아래와 같이 설명회를 하려고 합니다. 소프트웨어 멤버십에 관심이 있으신 분들은 많은 참여를 바랍니다. 소프트웨어 멤버십 회원이 되려면 활동 과정을 한 후 모든 시험에 합격해야 합니다. 그리고 활동 과정을 끝낸 사람에게는 부산전자에 입사할 때 특전을 줍니다.

[모집대상] 4년제 대학(원)생, 휴학생
[기간] 2009년 5월 7일~8일(양일간)
[시간] 작품전시회 7일 10시~21시, 8일 10시~1시
　　　　멤버십 설명회 7일 19시, 8일 14시
[장소] 부산광역시 사상구 괘법동 1 신라빌딩 10층

(1) 부산전자 소프트웨어 멤버십 회원이 되려면 시험에 합격해야 한다. （○ / ×）

(2) 회원이 될 경우 모든 회사에 입사할 때 특전이 부여된다. （○ / ×）

(3) 지원할 수 있는 자격은 누구나 가능하다. （○ / ×）

(4) 작품전시회는 이틀 간 한다. （○ / ×）

(5) 설명회는 모집 기간 동안 매일 있다. （○ / ×）

2. 한국어는 중국어로, 중국어는 한국어로 써 보십시오.

(1) 이번에 저희 동아리에서는 1년 동안 준비한 작품을 전시하려고 합니다.

　➡

(2) 이번 전시회는 〈하늘〉이라는 주제를 가지고 작품을 만들었습니다.

　➡

(3) 虽然是水平还不够的学生作品，但却是努力做的。

　➡

(4) 我认为会成为留下美好记忆的展览会。希望您一定来。

　➡

3. 초대장을 써 보십시오.

(1) 인사

(2) 전시회에 대한 안내의 글

(3) 일시

(4) 장소

(5) 시간

한국 문화 알기

了解韩国文化

(1) 떡국을 먹어요

吃糕汤

- 세배하는 방법을 알 수 있다. 能了解拜年的方法。
- 한국의 설날과 여러분 나라의 설날을 비교, 대조하여 말할 수 있다. 能把韩国的春节和你的国家的春节进行比较, 对照并说说。

 **어휘**

1. 다음 중 관계있는 것을 연결하고 문장을 만드십시오.

(1) 세배를   • 먹다

(2) 나이를   • 모이다

(3) 차례를   • 드리다

(4) 세뱃돈을   • 지내다

(5) 친척들이   • 받다

[문장 만들기]

(1) 이번 설날에는 부모님께 세배를 드리려고 고향에 갈 겁니다.

(2) ____

(3) ____

(4) ____

(5) ____

1. N - 께, - 께서, - 께서는, - 께도

조사 ' - 에게(한테), - 이/가, - 은/는, - 에게도'를 높임표현으로 나타낼 때 사용한다. 作为助词 ' - 에게
(한테), - 이/가, - 은/는, - 에게도' 的敬语型使用。

※ 다음 〈보기〉에서 알맞은 것을 골라 문장을 완성하십시오.

> **보기**
>
> - 께   - 께서   - 께서는   - 께도

(1) 저희 아버지________ 공무원이시고 어머니________ 선생님이십니다.

(2) 저는 사과를 깎아 할아버지________ 드리고 할머니________ 드렸습니다.

(3) 대통령________ 편지를 써 본 적이 있으십니까?

(4) 저는 지금 친척분들________ 드릴 선물을 사려고 백화점에 가는 중입니다.

(5) 재석 씨의 결혼소식을 사장님________ 알려드려야 하지 않겠어요?

2. V.A - 기 때문이다, V.A - 기 때문에   是因为

어떤 일의 이유나 원인을 나타낼 때 사용한다. ' - 아/어서요', ' - 거든요'와 바꿔 쓸 수 있다. 表达某事的
理由或原因时使用。

> **보기**
>
> 컴퓨터 게임을 계속 하는 이유는 재미있기 때문이다.

※ 문장을 완성하십시오.

(1) 가 : 와, 부산 사투리를 하시네요?

　　나 : 네, 부산에 3년간 ____________ 조금 할 수 있어요.

(2) 가 : 한국어가 많이 느셨네요.

　　나 : 매일 한국 친구를 ____________ 좀 는 것 같아요.

(3) 가 : 유아교육을 공부하는 이유가 무엇입니까?

　　나 : 아이들에게 관심이 ____________ 유아교육을 공부하고 싶었어요.

(4) 가 : 고향에 꼭 가셔야 합니까?

　　나 : 네, 부모님께서 저를 ____________ 꼭 가야 합니다.

1. 다음 글을 읽고 내용이 <u>다른</u> 것을 고르십시오. (　　　)

설날에 세배하는 방법

　민속 명절인 설날에 웃어른께 절하며 새해 인사로 덕담을 나누는 것을 '세배'라고 한다. 절은 상대방에게 공경하는 의미의 동작으로 행동예절의 기본이 된다. 한국에서는 남자와 여자의 세배방법이 조금 다른데 간단히 소개하면 다음과 같다.

◇ 남자가 세배하는 방법

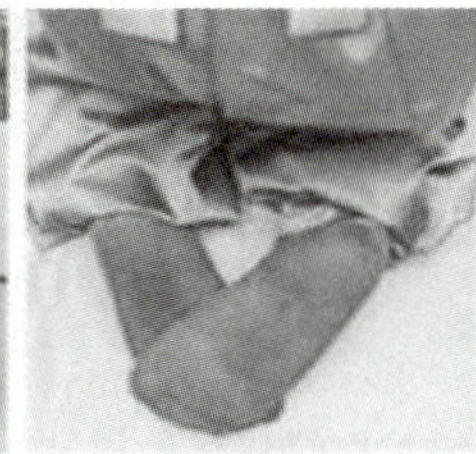

① 왼손이 앞으로 오게 한다.
② 허리를 굽혀 손으로 바닥을 짚고 왼발을 먼저 구부린다.
③ 오른발을 구부려 왼발 바닥위에 오른발을 놓는다.
④ 얼굴이 손에 닿을 정도로 허리를 굽혀 절한다.

◇ 여자가 세배하는 방법

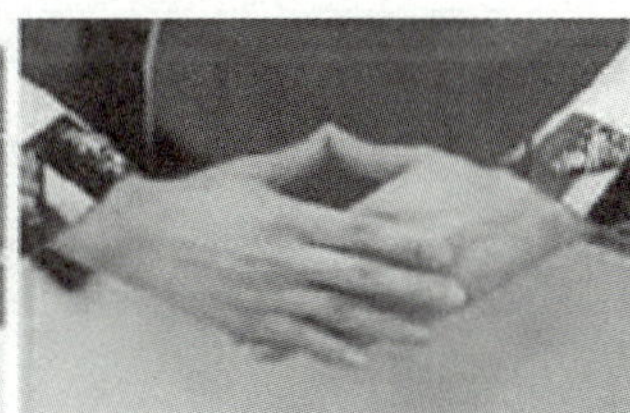

① 오른손이 앞으로 오게 한다.
② 양 손 사이로 시선은 바닥을 향한다.
③ 왼발과 오른발을 차례로 구부려 앉는다.
④ 허리를 반쯤 구부려 절한다.

① 남자들은 절할 때 왼손이 위로 올라간다.

② 여자들은 절할 때 왼손이 아래로 내려간다.

③ 남자는 절할 때 허리를 절반만 굽혀 절한다.

④ 한국 사람들이 설날에 웃어른께 절하며 덕담하는 것을 '세배'라고 한다.

2. 한국어는 중국어로, 중국어는 한국어로 써 보십시오.

(1) 설날에 떡국을 먹어야 나이를 1살 더 먹게 됩니다.

   ➡

(2) 한국에서는 양력 1월 1일을 '신정', 음력 1월 1일을 '구정'이라고 합니다.

   ➡

(3) 在韩国春节和中秋节的早上给祖先祭祀。

   ➡

(4) 节日期间亲戚聚在一起度过愉快的时间。

   ➡

3. 여러분 나라의 새해 풍습에 대해 소개해 보십시오.

	한국	[ ]
음식	◦ 떡국을 먹는다.	◦
옷	◦ 한복을 입는다.	◦
놀이	◦ 가족들과 함께 윷놀이를 한다.	◦
노래	◦ 까치 까치 설날은 오늘이고요, 우리 우리 설날은 내일이래요.	◦
기타	◦	◦

(2) 달을 보며 소원을 빌어요

看着月亮祈祷愿望

• 한국의 '대보름'과 관련된 음식 및 놀이 문화에 대해 알 수 있다.
能够了解韩国正月十五的饮食和游戏文化。

어휘

1. 다음 중 관계있는 것을 연결하고 문장을 만드십시오.

(1) 소원을 ○   • 이루어지다

(2) 운이 ○   • 어리다

(3) 꿈이 ○   • 빌다

(4) 나이가 ○   • 좋다

[문장 만들기]

(1) ____

(2) ____

(3) ____

(4) ____

2. 다음 중 알맞은 단어를 골라 문장을 완성하십시오.

> **보기**
>
> 음력   오곡밥   무척   항상   빌다   평소   나물

(1) 내가 이번에 장학금을 받아서 어머니가 ____________ 기뻐하셨다.

(2) 나는 ____________에 치마를 많이 입지만 주말에는 바지만 입는다.

(3) 내 생일은 양력 5월 29일이 아니라 ____________ 5월 29일이다.

(4) 한국 사람들은 대보름에 ____________ 와/과 ____________ 을/를 먹는다.

(5) 달을 보며 소원을 ____________ 본 적이 있으세요?

1. V - 아/어 놓다

어떤 행위를 끝내고 난 상태의 지속, 유지를 나타낸다. 表达某行为结束后的状态持续、维持。

> **보기**
>
> 가 : 숙제를 다 했어요? 나 : 네, 벌써 다 해 놓았어요.

※ 문장을 완성하십시오.

(1) 집에 도착하니까 룸메이트 친구가 저녁식사를 (준비하다).______________.

(2) 아내가 김치를 담가서 김치냉장고에 (넣다)______________.

(3) 어머니가 지저분한 내 방을 깨끗하게 (청소하다)______________.

(4) 여러 가지 기술을 (배우다)______________ 언젠가 쓸 일이 있다.

(5) 차를 타기 전에 미리 멀미약을 (먹다) ______________ 차멀미를 하지 않는다.

2. N - (이)라서 因为

앞문장이 뒷문장의 이유 또는 전제되는 사실을 나타낸다. '- 이라고 해서'의 준말. 表达前一句是后一句的理由或是前提的事实。是 '- 이라고 해서' 的略语。

> **보기**
>
> 장마철   대보름   시험기간   가수   단오   추석

※ 문장을 완성하십시오.

(1) 가 : 하하 씨, 노래하는 것을 정말 좋아하시는군요.

　　나 : 네, 제 꿈이 ______________ 노래하는 것을 좋아해요.

(2) 가 : 도서관에 학생들이 많군요.

　　나 : 요즘 ______________ 학생들이 많아요.

(3) 가 : 요즘 비가 많이 오는 것 같아요.

　　나 : 한국은 지금 ______________ 비가 많이 와요.

(4) 가 : 오늘이 무슨 날인데 사람들이 땅콩과 호두를 먹어요?

　　나 : 오늘은 ______________ 한국 사람들이 땅콩과 호두를 먹어요. 한국에는 오래
　　　　 전부터 대보름에 이런 걸 먹는 풍습이 있어요.

1. 다음 글을 읽고 질문에 답하십시오.

(1) 다음 〈보기〉에서 알맞은 단어를 골라 '가~바'에 넣으십시오.

● **보기** ●

나물　　곡식　　운　　미리　　하숙집　　빌다

영선 : 왕펑 씨, 오늘 아침에 오곡밥 먹었어요?

왕펑 : 오곡밥이 뭔데요?

영선 : 여러 가지 (가 :　　　　)으로 만든 밥이에요. 오늘은 대보름날이라서, 보통 오곡밥
을 먹어요.

왕펑 : 아, 먹었어요. (나 :　　　　) 아주머니께서 평소와는 다른 밥을 해 주셨어요.
㉠그게 오곡밥이었군요.

영선 : 네, 그리고 여러 가지 (다 :　　　　)도 먹어요. ㉡그것을 먹어야 한 해
(라 :　　　　)이 좋대요. 참, 왕펑 씨, 우리 오늘 저녁에 달 보러 가요.

왕펑 : 달은 왜요?

영선 : 오늘 달을 보며 소원을 (마 :　　　) 이루어진대요. (바 :　　　) 소원을 생각해
놓으세요.

가 : ＿＿＿＿＿＿＿＿　　　나 : ＿＿＿＿＿＿＿＿　　　다 : ＿＿＿＿＿＿＿＿

라 : ＿＿＿＿＿＿＿＿　　　마 : ＿＿＿＿＿＿＿＿　　　바 : ＿＿＿＿＿＿＿＿

(2) ㉠ '그게'가 지시하는 것을 쓰십시오.

(3) ㉡ '그것을'이 지시하는 것을 쓰십시오.

(4) 다음 중 내용이 맞으면 ○, 틀리면 × 하십시오.

① 오곡밥은 여러 가지 곡식을 넣어 만든 밥이다. (○ / ×)

② 왕펑은 지금 혼자서 자취를 하고 있다. (○ / ×)

③ 한국에서는 대보름날에 나물만 먹는다. (○ / ×)

④ 한국에서는 대보름날에 달 보며 소원을 빌면 소원이 이루어진다고 한다. (○ / ×)

2. 한국어는 중국어로, 중국어는 한국어로 써 보십시오.

  (1) 한국 사람들은 대보름에 오곡밥과 나물, 그리고 땅콩, 호두 등을 먹습니다.

      ➡

  (2) 어릴 때 소원은 선생님이 되는 것이었는데 지금은 방송국 PD가 되었습니다.

      ➡

  (3) 妈妈经常为了家人的健康而祈祷。

      ➡

  (4) 今天想边看着十五的月亮边祈祷什么愿望呢?

      ➡

3. 본문을 활용하여 '대보름'에 먹는 음식과 풍습을 요약해 보십시오.

한국에서는____

(3) 어린이 세상

儿童世界

- 한국의 어린이날에 대해 알 수 있다. 能了解韩国的儿童节。
- 제시된 어휘를 사용하여 문장을 완성할 수 있다. 使用所给的词汇完成句子。

어휘

1. 다음 중 설명하는 단어에 표시를 하십시오.

어	린	이	부
놀	희	망	모
이	강	그	님
공	죽	립	미
원	음	다	래

(1) '나이가 적은 아이' ○○○

(2) 어머니와 아버지. ○○○

(3) 놀이기구가 많이 있는 곳. ○○○○

(4) 과거—현재—○○

(5) '꿈, 소망'과 같은 말. ○○

(6) '삶'의 반대말. ○○

(7) '보고 싶다'와 같은 말. ○○○

2. 다음 단어를 사용하여 문장을 만드십시오.

(1) 외식하다

(2) 행복해지다

(3) 그리워하다

1. V - 고 그래요

'앞에 나열한 말처럼 어찌어찌하다'는 의미를 나타낸다. 表达象前面罗列的话一样如何如何的意思。

● 보기 ●

> 가 : 한국에서는 어린이날 주로 뭐해요?
>
> 나 : 아이들이 부모님에게 선물도 받고, 함께 즐거운 시간을 보내고 그래요.

※ 문장을 완성하십시오.

(1) 가 : 매일 한국어 공부를 하세요?

나 : 할 때도 있고 안 할 때도 ___________________.

(2) 가 : 주말에는 언제나 집에만 있어요?

나 : 주로 집에 있지만 때때로 ___________________.

(3) 가 : 요리는 누가 하세요?

나 : 시간이 있으면 제가 하는데 바쁠 때는 남편이 ___________________.

(4) 가 : 호동 씨, 왜 제 손을 ___________________?

나 : 좋아서요.

2. V.A - (으)니까(요)   因为

앞문장이 뒷문장에 대해 이유나 판단의 근거를 나타내며, 종결어미로 쓰이기도 한다.
表达前面的句子是后面句子的理由或判断的根据，也作终结词尾使用。

● 보기 ●

> 가 : 오늘 학교에 안 가세요?   나 : 네, 안 가도 됩니다. 축제라서 휴강이니까요.

※ 문장을 완성하십시오.

(1) 가 : 보영 씨는 참 잘 웃으시네요.

나 : 호동 씨 말하는 게 ___________________.

(2) 가 : 미영 씨, 집에 일찍 들어가야 해요?

나 : 네, 집에 늦게 들어가면 어머님께 ___________________.

(3) 가 : 문제가 이렇게 커질 줄 몰랐어요.

나 : 걱정하지 마세요. 제가 책임질게요. 제가 한 ___________________.

(4) 가 : 하하 씨가 여자들에게 인기가 많네요. 왜 그렇지요?

나 : 똑똑하고 ___________________. 나도 하하 씨가 좋은 걸요.

1. 다음 글을 읽고 내용이 맞으면 ○, 틀리면 × 하십시오.

선생님 : 여러분, 내일은 어린이날이라서 쉬어요.

왕 펑 : 네, 알아요. 그런데 선생님, 한국에서는 보통 어린이날에 뭐해요?

선생님 : 부모님께 선물도 받고, 온 가족이 같이 놀이공원에도 가고, 밖에서 밥도 먹고 그래요.

왕 펑 : 와! 좋겠네요.

선생님 : 어린이들은 미래의 희망이니까요. 행복한 어린 시절을 보내면 미래도 행복해지거든요.

왕 펑 : 저도 지금 어린이였으면 좋겠어요.

(1) 오늘은 어린이날이다. (○/×)

(2) 한국에서 어린이날은 5월 5일이다. (○/×)

(3) 한국에서 어린이들은 어린이날에 꼭 학교에 가야한다. (○/×)

(4) 왕펑은 어린이들을 부러워하고 있다. (○/×)

2. 한국어는 중국어로, 중국어는 한국어로 써 보십시오.

(1) 어린이날에 놀이공원으로 놀러가는 사람들이 많습니다.

(2) 아이가 태어난 지 얼마 안 된 것 같은데 벌써 대학생이 되었습니다.

(3) 我的童年很幸福。如果能再成为孩子就好了。

(4) 今年儿童节给孩子买衣服，还要去饭店吃饭。

3. 다음 그림을 보고 ______에 알맞은 말을 쓰십시오.

(1)

(2)

(1) 설날 아침에 보영 씨가 부모님께 ____________________________.

(2) 아이가 점점 어른이 ____________________________.

4. 다음 <보기>와 같이 제시된 표현을 모두 사용하여 문장을 쓰십시오.

┃● 보기 ●

한국/어린이날/언제예요? ➡ 한국에서는 어린이날이 언제예요?

(1) 설날/가족이 모두 모이다/윷놀이를 했다.

➡ ____

(2) 설날 음식/내가 제일 좋아하다/떡국이다.

➡ ____

(3) 오늘/대보름날이다/오곡밥을 먹습니다.

➡ ____

(4) 어린이/미래/희망입니다.

➡ ____

(4) 부모님 감사합니다

感谢父母

- 한국의 어버이날과 여러분 나라의 어버이날을 비교, 대조할 수 있다.
  能把韩国的父母节和你的国家的父母节进行比较、对照。

어휘

1. 다음 그림을 보고 <보기>에서 꽃 이름을 고르십시오.

> **보기**
>
> 해바라기　개나리　난초　벚꽃　민들레　장미　카네이션　국화

(1)

(2)

(3)

(4)

(5)

(6)

2. 다음 중 관계있는 것을 연결하십시오.

(1) 효도	• 마음을 다하여 부모를 섬기는 마음
(2) 효자	• 부모를 잘 섬기는 일
(3) 효녀	• 시부모님을 잘 섬기는 며느리
(4) 효부	• 부모를 잘 섬기는 딸
(5) 효성	• 부모를 잘 섬기는 아들

1. 웬 - N

'어찌 된', '어떠한'의 의미를 나타낼 때 사용한다. 表达'怎样, 如何'的意思时使用。

※ 다음 〈보기〉에서 알맞은 것을 고르십시오.

> ● 보기 ●
>
> 웬 일이니   웬   웬 사람들이 이렇게 많아   웬 공부

(1) 가 : 링링, 오랜만이야!

　　나 : 어머, _________________? 오기 전에 전화하지.

(2) 가 : 지금 공부해?

　　나 : _________________. 만화책 보고 있어.

(3) 가 : 와, 해운대에 _________________?

　　나 : 해운대가 유명한 관광지잖아. 여름에는 항상 사람이 많아.

(4) 가 : 책상 위에 _________________ 선물이 있네요?

　　나 : 아까 링링이 가져 왔어요.

2. N - (이)라도

여러 가지 중에서 가장 좋은 것을 선택하는 것은 아님을 나타낼 때 사용한다. 表达在许多个中不是选择最好的时使用。

> ● 보기 ●
>
> 가 : 배가 고픈데, 혹시 먹을 게 있어요? 나 : 이거라도 좀 드실래요?

※ 문장을 완성하십시오.

(1) 가 : 과일 있어요?

　　나 : 다른 건 다 팔리고 포도만 있는데 _________________ 드릴까요?

(2) 가 : 작년에는 너무 바빠서 여행도 못 갔어요.

　　나 : 이제 좀 시간이 있으니까 가까운 _________________ 다녀오세요.

(3) 가 : 혹시 10만원만 빌릴 수 있을까요?

　　나 : 10만원은 없구요. 3만원은 있는데 _________________ 빌려드릴까요?

(4) 가 : 운동을 하고 싶은데 시간이 없어서 헬스장에 못 가고 있어요.

　　나 : 그러면 집에서 _________________ 하세요.

1. 다음 글을 읽고 내용이 맞으면 ○, 틀리면 × 하십시오.

> 왕펑 : 웬 카네이션이에요?
>
> 영선 : 오늘이 어버이날이라서요. 부모님께 드리려고 샀어요.
>
> 왕펑 : 어버이날이요? 아, 중국에는 어머니날이 있어요.
>
> 영선 : 네, 한국에서도 처음에는 어머니날이었는데, 얼마 뒤에 아버지께도 같이 감사드
> 리는 '어버이날'로 바뀌었어요.
>
> 왕펑 : 그럼, 카네이션을 드리나요?
>
> 영선 : 네, 감사하다는 뜻으로 선물과 함께 드려요. 그리고 부모님의 고마움을 다시 생
> 각하죠.
>
> 왕펑 : 저도 중국에 계신 부모님께 전화라도 해야겠네요.

(1) 한국에서는 어버이날에 부모님께 카네이션을 달아 드린다.　　　　(○ / ×)

(2) 처음에는 어버이날이었는데 나중에 어머니날로 바뀌었다.　　　　(○ / ×)

(3) 한국의 어버이날은 날짜가 정해져 있다.　　　　(○ / ×)

(4) 중국에서도 어버이날이 5월 8일이다.　　　　(○ / ×)

(5) 내일이 어버이날이라서 카네이션을 오늘 샀다.　　　　(○ / ×)

2. 한국어는 중국어로, 중국어는 한국어로 써 보십시오.

(1) 카네이션의 꽃말은 '감사'이다.

　　➡

(2) 재석 씨는 효자로 소문이 났다.

　　➡

(3) 父母节那天我给父母小小的礼物并写了一封信。

　　➡

(4) 在中国母亲节和父亲节是分开的。

　　➡

(5) 선생님 감사합니다(스승의 날, 5/15)

谢谢老师(教师节, 5/15)

- 웃어른에게 보내는 감사의 편지를 쓸 수 있다. 能写寄给长辈的感谢信。
- 어순대로 문장을 쓸 수 있다. 能按语顺写句子。

어휘

1. 다음 <보기>에서 알맞은 것을 고르십시오.

> ● 보기 ●
>
> 은혜　쏨　스승　드림　힘들다　올림　즐겁다

(1) 가까운 친구에게 편지를 보낼 때 보내는 사람의 이름 뒤에 쓴다. ＿＿＿＿＿

(2) 아랫사람이 윗사람에게 편지를 보낼 때 보내는 사람의 이름 뒤에 쓴다. ＿＿＿＿＿

(3) 동료에게 예의 있게 편지를 보낼 때 보내는 사람의 이름 뒤에 쓴다. ＿＿＿＿＿

(4) '사부'와 같은 의미 ＿＿＿＿＿

(5) 마음이 기쁘다. ＿＿＿＿＿

2. 다음 단어를 사용하여 문장을 만들어 보십시오.

(1) 은혜를 갚다

＿＿＿＿＿＿＿＿＿＿＿＿＿＿＿＿＿＿＿＿＿

(2) 편지를 보내다

＿＿＿＿＿＿＿＿＿＿＿＿＿＿＿＿＿＿＿＿＿

(3) 시간이 바뀌다

＿＿＿＿＿＿＿＿＿＿＿＿＿＿＿＿＿＿＿＿＿

(4) 효도를 하다

＿＿＿＿＿＿＿＿＿＿＿＿＿＿＿＿＿＿＿＿＿

1. V.A - 기도 하고 V.A - 기도 하다. 也……也

행위나 상태가 같이 일어날 때 사용한다. 앞문장과 뒷문장이 반대로 쓰이기도 한다. 行为或状态一起引起时使用。前句和后句相反时也用。

● 보기 ●

주말에는 책을 읽기도 하고 운동을 하기도 한다.

※ 문장을 완성하십시오.

(1) 가 : 한국어 배우기가 어때요?

　　나 : (쉽다/어렵다) _______________________ .

(2) 가 : 여행가서 주로 무엇을 했어요?

　　나 : (맛집에 가다/사진을 찍다) _______________________ .

(3) 가 : 서울에 갈 때 항상 기차를 타세요?

　　나 : 아니요, _______________________ .

(4) 가 : 친구와 밥을 먹을 때 누가 돈을 내요?

　　나 : _______________________ .

2. V.A - 았/었을 때 ……时候

앞문장이 완료되었을 때 뒷문장의 행위, 상태가 이루어짐을 나타낸다. 表达前一句结束时，实现后一句的行为、状态。

● 보기 ●

처음 한국에 왔을 때 한국말을 하나도 몰랐어요.

※ 문장을 완성하십시오.

(1) 내가 고등학교에 _______________ 교복을 입고 다녔다.

(2) 우리가 지난주에 _______________ 함께 간 식당이름이 뭐였지요?

(3) 한국에 처음 _______________ 한국어를 전혀 할 수 없었습니다.

(4) 내가 집에 _______________ 집에는 아무도 없었습니다.

(5) 감기에 _______________ 어떤 음식을 먹으면 좋을까요?

1. 다음 글을 읽고 내용이 맞으면 ○, 틀리면 × 하십시오.

> (1) 선생님, 감사합니다! 선생님의 은혜에 정말 감사드립니다. 저의 한국 생활은 정말
> 즐겁습니다. 그동안 선생님께서 많이 도와주셔서, 이렇게 재미있는 한국생활을 보내
> 고 있습니다. 스승의 날 축하합니다.   −리펑 올림−
>
> (2) 안녕하세요, 선생님. 스승의 날을 축하드립니다. 그동안 저희들에게 한국어를 가르
> 쳐 주셔서 감사합니다.   −취페이 올림−
>
> (3) 선생님, 스승의 날 축하합니다!
> 처음 한국에 왔을 때 한국말도 모르고 너무 힘들었는데…
> 선생님께서 잘 도와주셔서 한국말로 이야기도 하고, 읽기도 하고, 이렇게 편지도
> 씁니다. 정말 감사합니다.   −왕펑 올림−

(1) 취페이는 부모님께 편지를 썼다.   (○ / ×)

(2) 왕펑은 고향에서 한국어를 조금 배우고 한국에 왔다.   (○ / ×)

(3) 리펑은 처음에 한국생활이 힘들었다.   (○ / ×)

(4) 웃어른에게 편지를 쓸 때 보내는 사람 이름 뒤에 '올림'을 쓴다.   (○ / ×)

♬ 노래 부르기 ♪

선생님 마음

2. 다음 <보기>와 같이 어순대로 문장을 쓰십시오.

한국에서는, 양력, 어버이날이, 5월 8일입니다.

➡ 한국에서는 어버이날이 양력 5월 8일입니다.

(1) 오늘이, 드리려고, 부모님께, 어버이날이라서, 꽃을 샀어요.

➡ 오늘이 _______________________________________

(2) 한국에서는, 첫날에, 지냅니다, 조상들에게, 차례를, 새해

➡ 한국에서는 _____________________________________

(3) 어버이날은, 이름입니다, 아버지의 '버'를, 합쳐 만든, 어머니의 '어'와

➡ 어버이날은 _____________________________________

3. 여러분은 어떤 선생님을 좋아하십니까? 자신이 좋아하는 이상적인 선생님의 조건
을 3가지만 써 보십시오.

(1) ____

(2) ____

(3) ____

4. 감사드리고 싶은 웃어른이 계십니까? 그분들께 감사의 마음을 적어 보십시오.

(6) 부채가 최고예요(단오, 음력5/5)

扇子最好(端五节, 阴历5/5)

- 한국의 '단오'에 대해 알 수 있다. 能了解关于端五节的词汇。
- 틀린 문장을 올바른 문장으로 고칠 수 있다. 把写错的句子能改成正确的句子。

어휘

1. 다음 중 관계있는 것을 연결하십시오.

(1) 부채를	• 뛰다
(2) 머리를	• 두다
(3) 그네를	• 부치다
(4) 널을	• 감다
(5) 바둑을	• 타다

문법 및 표현

1. V.A - (으)ㄹ 적(에) ……时候

'어떤 동작이나 상태가 나타나는 때' 또는 '지나간 어떤 때'를 나타낼 때 사용한다. 表达 '某动作或状态发生的时间' 或 '经过的某个时间' 时使用。

> **보기**
>
> 제가 중학교에 다닐 적에 너무 행복했어요.

※ 문장을 완성하십시오.

(1) 지금부터 제가 (아이) ______________ 있었던 일을 이야기 해 드릴게요.

(2) 재석아, 밥을 (먹다)______________ 급하게 먹지 말고 천천히 먹어라.

(3) 제가 1년 전 한국에 (도착하다)______________ 공항에 나온 분이 누구였어요?

(4) 살다보면 돈이 (있다)______________도 있고 (없다)______________도 있다.

1. 다음 글을 읽고 질문에 답하십시오.

> 영선 : 날씨가 많이 덥죠? 자, 선물이에요.
>
> 왕평 : (㉠)네요. 아, 시원하다.
>
> 영선 : 내일이 단오잖아요. 옛날에는 단오날 ㉡더위를 극복하기 위해서 (㉠)를 선물했
> 대요.
>
> 왕평 : 멋진 선물인데요. 여기에 그림도 있네요.
>
> 영선 : 그네 타는 여자인데, ㉢단옷날 여자들이 그네를 타기도 했어요. "춘향전"에서도
> 춘향이가 이몽룡을 만날 때 그네를 타고 있었어요.
>
> 왕평 : 그래요? 저도 그네 타는 여자를 찾아 봐야겠어요.

(1) ㉠에 공통으로 들어갈 말을 쓰십시오.

(2) ㉡'더위를 극복하다'와 같은 의미를 쓰십시오.

(3) ㉢ '단옷날'의 발음이 맞는 것을 고르십시오. (   )

　　① [다노날]　　　　② [다논날]　　　　③ [단옫날]　　　　④ [따놋날]

2. 이것은 무엇일까요? <보기>에서 알맞은 것을 고르십시오.

> ● 보기 ●
>
> 　　창포에 머리 감기　　　씨름　　　널뛰기　　　그네 타기

> (1) 이것은 두 사람이 함께 하는 놀이입니다. 길고 넙적한 나무 가운데 중심을 잡고
> 나무 위에 두 사람이 올라가 한 사람씩 위로 뛰어올랐다가 내려오면 다른 사람이
> 반동으로 튀어 올라가는 놀이입니다.
>
> 　　☞ 이것은 무엇일까요? ＿＿＿＿＿＿＿＿＿
>
> (2) 단옷날에 여자들이 이것을 하면 나쁜 귀신을 쫓아낼 수 있다고 합니다.
>
> 　　☞ 이것은 무엇일까요? ＿＿＿＿＿＿＿＿＿

(3) 음력 5월 5일 단오절이 되면 남자들은 자기 마을과 이웃 마을 사람들과 힘을 자랑하는 내기를 합니다. 이것은 넓은 모래사장이나 잔디밭에 모여서 합니다. 이긴 사람에게는 선물로 황소 한 마리를 상으로 줍니다.

☞ 이것은 무엇일까요? ___________________

3. 다음 중 밑줄 친 부분을 바르게 고치십시오.

(1) 성춘향과 이몽룡이 처음 <u>만날</u> 날도 '단오'라고 합니다.

(2) 재석 씨는 성격이 급한 편이어서 <u>어디든지</u> 빨리빨리 한다.

(3) 어제 입고 온 옷이 <u>예쁜데</u> 어디에서 사셨어요?

(4) 오늘은 내가 <u>한턱 낼 텐데</u> 6시에 만납시다.

(5) 친구가 부산에 <u>올까 말까해서</u> 마중가는 중입니다.

(6) 준하 씨가 <u>한</u> 시계가 상당히 멋있습니다.

(7) 저희 집은 기름보일러라서 난방비가 꽤 <u>드는 법입니다</u>.

(8) 단오에 여자들이 창포물에 머리를 <u>하는</u> 풍습이 있습니다.

(7) 송편을 예쁘게 만들어요(추석, 음력 8/15)

制作漂亮的松饼(中秋节, 阴历 8/15)

- 한국의 '추석' 관련 문화에 대해 알 수 있다. 能了解韩国'中秋'的文化。
- 한국의 명절 또는 특별한 날에 먹는 음식이 무엇인지 알 수 있다.
  能了解在韩国的节日或特别的日子里吃的饮食是什么。

어휘

1. 다음 중 관계있는 것을 연결하십시오.

(1) 생일 때   · 오곡밥과 나물

(2) (엄마가) 아이를 낳았을 때   · 송편

(3) 대보름   · 미역국, 케이크, 떡

(4) 추석   · 미역국

(5) 설날   · 엿, 찹쌀떡

(6) 대학에 들어가는 시험을 볼 때   · 떡국

2. 다음 <보기>에서 알맞은 단어를 골라 문장을 완성하십시오.

> **보기**
>
> 햅쌀 전통 매진 명절 차례를 지내다 송편 막히다 한가위

추석은 음력 8월 15일이며, 설날과 함께 한국인에게 전통적으로 깊은 뜻을 지니고 있는 한국의 전통적인 _________이다. 추석(秋夕)은 '_________' 또는 '중추절'이라고 부르기도 한다. 가을 추수를 끝내고 _________과 햇과일로 조상들께 감사의 마음으로 _________며, 특히 _________은 추석에 먹는 특별한 음식이라고 할 수 있다. 한국의 추석에는 고향을 방문하는 _________이 있다. 이것 때문에 전 국민의 75%가 고향을 방문하여 추석이 되면 전국의 고속도로가 차로 막히고 열차표가 _________되는데, 이러한 현상을 '민족 대이동'이라고 부른다.

1. V.A - 아/어야   只有……才

최소한의 필연적 조건을 나타낼 때 사용한다. 表达最小的必然条件时使用。

> **보기**
>
> 송편을 예쁘게 만들어야 예쁜 딸을 낳을 수 있대요.

※ 문장을 완성하십시오.

(1) 아침에 일찍 ___________________ 학교에 늦지 않는다.

(2) 외국 여행을 많이 ________________ 세상을 보는 눈이 넓어진다.

(3) 매일 신문을 ___________________ 정보를 얻을 수 있다.

(4) 일을 해서 돈을 ________________ 학비와 생활비를 쓸 수 있다.

(5) 이번 시험을 ___________________ 장학금을 탈 수 있다.

2. V - (으)ㄹ 걸 그랬다   本来应该

후회를 나타낼 때 사용한다. 表达后悔时使用。

> **보기**
>
> 가 : 저는 컴퓨터공학과를 잘 선택한 것 같아요. 적성에 맞아요.
> 나 : 저도 그걸 선택할 걸 그랬어요.

※ 문장을 완성하십시오.

(1) 가 : 바닷가에 가서 재미있게 놀았어요?

　　나 : 아니요, 너무 더워서 고생했어요. 바다 말고 ________________.

(2) 가 : 냉면이 정말 맛있네요. 맛 좀 보세요.

　　나 : 정말 맛있네요. 저도 냉면을 ________________. 갈비탕은 맛이 별로예요.

(3) 가 : 지금 사물놀이를 하고 있는데 정말 재미있어요.

　　나 : 그래요? 저도 ________________.

(4) 가 : 저는 이번 학기에 정말 열심히 공부했어요. 그래서 드디어 대학에 입학해요.

　　나 : 좋겠어요. 저도 열심히 ________________. 문장을 완성하십시오.

1. 다음 글을 읽고 내용이 맞으면 ○, 틀리면 × 하십시오.

> 영선 : 왕펑 씨, 송편 먹었어요?
>
> 왕펑 : 네, 하숙집 아주머니와 직접 송편도 만들었어요.
>
> 영선 : 그래요? 송편을 예쁘게 잘 만들어야, 예쁜 딸을 낳을 수 있대요.
>
> 왕펑 : 그럼, 좀 더 예쁘게 만들 걸 그랬네요. 그런데 추석에도 설날처럼 차례를 지내죠?
>
> 영선 : 그럼요, 아침에 차례 지내고, 가족이 함께 산소에 가기도 해요. 곡식도 과일도 잘 되어서 감사하다는 인사를 하는 거예요. (생략)

(1) 한국에서는 추석에 송편을 먹는다. (○/×)

(2) 예쁜 딸들은 송편을 잘 만든다는 말이 있다. (○/×)

(3) 추석에는 차례를 지내고, 설날에는 제사를 지낸다. (○/×)

(4) 추석에 가족이 함께 산소에 가기도 한다. (○/×)

2. 다음 <보기>에서 알맞은 것을 고르십시오.

> **● 보기 ●**
>
> 달맞이를 한다   차례를 지낸다   벌초를 한다   송편을 만든다   성묘를 간다

> 한국 사람들은 추석에 조상에게 차례를 지내고 풍년을 축하하는 각종 행사와 놀이를 하는데 그 내용을 간단히 소개하면 다음과 같다.
>
> (1) (㉠)–추석 전에 조상의 묘를 찾아가 풀을 베고 깨끗하게 돌본다.
>
> (2) (㉡)–추석날 아침에 음식을 차린 후에 조상들에게 인사한다.
>
> (3) (㉢)–식사를 한 후에 산소를 방문하기도 한다.
>
> (4) (㉣)–뜨는 달을 보며, 소원을 빌기도 한다.
>
> (5) (㉤)–반달 모양의 떡을 빚어 소나무 잎을 깔아 찐다.
>
> (6) 씨름대회, 윷놀이, 강강술래, 줄다리기, 그네뛰기 등을 한다.

㉠ _______________   ㉡ _______________   ㉢ _______________

㉣ _______________   ㉤ _______________

3. 다음 그림을 보고 이야기를 만들어 보십시오.

(1)

(2)

(3)

(4)

(8) 고마우신 세종대왕님

感谢世宗大王

- 한글날에 대하여 알 수 있다. 能了解韩文节。
- 훈민정음에 대한 글을 읽고 이해할 수 있다. 能读和理解关于训民正音的内容。

어휘

1. 다음 _______에 알맞은 것을 고르십시오. (   )

(1) 한글은 자음과 모음으로 _____________ 있다.

　① 정해져　　　② 보내져　　　③ 이루어져　　　④ 벗어져

(2) 세종대왕은 여러 학자들과 함께 _____________ 후에 한글을 만들었다.

　① 연구한　　　② 쓴 후　　　③ 발표한　　　④ 정한

(3) 내가 _____________ 좋아하는 취미는 바둑이다.

　① 재미있게　　　② 필요하게　　　③ 피곤하게　　　④ 유일하게

(4) 한국어는 순 우리말과 외래어와 _____________(으)로 되어 있다.

　① 몸짓언어　　　② 한자어　　　③ 외국어　　　④ 사투리

2. 다음 중 관계있는 것을 고르십시오.

> **보기**
>
> 기념하다　발표하다　말　글　문화유산　자음　모음

(1) 사람의 생각이나 느낌 등을 소리로 표현한 것.　_______________

(2) 사람의 생각이나 느낌 등을 글씨로 표현한 것.　_______________

(3) 한국어에서 'ㄱ, ㄹ, ㅁ' 등을 나타낸다.　_______________

(4) 한국어에서 'ㅏ, ㅑ, ㅗ, ㅜ' 등을 나타낸다.　_______________

(5) 어떤 뜻 깊은 일이나 훌륭한 인물 등을 오랫동안
　 잊지 않고 기억하는 것.　_______________

1. V.A - 았/었는지

막연한 의문을 나타낼 때 사용한다. 表达茫然的疑问时使用。

※ 다음 〈보기〉에서 알맞은 단어를 골라 문맥에 맞게 쓰십시오.

● 보기 ●

배우다　틀리다　사귀다　누구　알다　누가　하다

(1) 시험을 본 후에 내가 어떤 문제를 ＿＿＿＿＿＿＿ 정답을 확인해 보았다.

(2) 내가 대통령의 아들인 것을 어떻게 ＿＿＿＿＿＿＿ 기자들이 찾아왔다.

(3) 아침마다 나에게 꽃을 보낸 사람이 ＿＿＿＿＿＿＿ 드디어 알게 되었다.

(4) 나는 마이클 씨에게 언제부터 링링 씨와 ＿＿＿＿＿＿＿ 물어보았다.

(5) 토멕 씨를 만나면 한국어를 어디에서 ＿＿＿＿＿＿＿ 물어보려고 한다.

2. N - 만큼/ N - 만큼은

앞문장과 비슷한 정도를 나타낼 때 사용한다. 表达和前面句子差不多的程度时使用。

● 보기 ●

집만큼 편안한 곳은 없다.

※ 문장을 완성하십시오.

(1) 외국을 많이 다녀 봤지만 ＿＿＿＿＿＿＿＿ 살기 좋은 곳이 없는 것 같다.

(2) 내가 공부를 안 해서 그렇지 IQ ＿＿＿＿＿＿＿＿ 좋은 편이다.

(3) 호동 씨도 ＿＿＿＿＿＿＿＿ 고기를 잘 먹는 것 같다.

(4) 나는 내 남자친구를 하늘＿＿＿＿＿＿＿ 땅＿＿＿＿＿＿＿ 사랑한다.

(5) 아버지가 너를 ＿＿＿＿＿＿＿＿ 사랑하는지 너는 전혀 모르는 것 같다.

1. 다음 글을 읽고 내용이 맞으면 ○, 틀리면 × 하십시오.

> ### 한글날에 대하여
>
> 　10월 9일은 한글날이다. 한글날은 1446년 세종대왕이 한글을 만들어 발표한 것을 기념하는 날이다. 한글이 만들어지기 전까지는 말은 있었지만, 글은 없었다. 그래서 세종대왕은 늘 글이 필요하다고 생각했고, 여러 학자들과 연구한 후에 한글을 만들었다.
>
> 　한글은 배우기 쉽고, 다양한 발음을 다 쓸 수 있다. 그만큼 과학적이다. 또 유일하게 누가 만들었는지 알 수 있는 글자이기도 하다. 그래서 1997년 유네스코에서 한글을 세계문화유산으로 정하기도 했다.

(1) 한글날은 양력 10월 9일이다.　　　　　　　　　　　　　　　　　(○ / ×)

(2) 한글은 세종대왕이 혼자서 만든 글자이다.　　　　　　　　　　　　(○ / ×)

(3) 한글이 만들어지기 전에도 사용된 글이 있었다.　　　　　　　　　(○ / ×)

(4) 유네스코로부터 한글이 세계문화유산으로 선정되었다.　　　　　　(○ / ×)

(5) 세종대왕이 훈민정음을 창제하셨다.　　　　　　　　　　　　　　(○ / ×)

Tip

> ### 훈민정음
>
> 　세종 28년(1446)에 정인지 등이 세종의 말을 듣고 설명한 한문해설서를 전권 33장 1책으로 발간하였는데 이 책의 이름이 '훈민정음'이다. 해례가 붙어 있어서 훈민정음 해례본 또는 훈민정음 원본이라고도 한다. 현재 보관되어 있는 것은 1940년경 경북 안동 어느 오래된 집에서 발견된 것으로서 국내에서 유일한 귀중본이다.
>
> 　세계의 많은 민족들이 자기의 언어를 표기하기 위하여 문자를 만들려고 노력하였으나, 한글과 같이 일정한 시기에 특정한 사람이 이미 존재한 문자에서 영향 받지 않고 독창적으로 새 문자를 만들고 한 국가의 공용문자로 사용하게 한 일은 세계적으로 드문 일이다. 또한 새 문자에 대한 해설을 책으로 출판한 일은 유례가 없는 역사적인 일이었다. 특히, 이 책에서 문자를 만든 원리와 문자사용에 대한 설명이 있어 세계의 언어학자들이 매우 높게 평가하고 있다. 훈민정음은 국보 제70호로 지정되어 있으며 1997년 10월 유네스코 세계기록유산으로 등재되었다.

2. 한국어는 중국어로, 중국어는 한국어로 써 보십시오.

(1) 한글은 자음과 모음으로 이루어져 있다.

    ➡

(2) 요즘 한글날을 기념하여 '외국인 한국어 쓰기 대회'를 개최하는 곳이 많아졌다.

    ➡

(3) 韩字是1446年世宗大王和集贤殿学者一起研究创造的。

    ➡

(4) 韩文是由纯韩文和外来语，还有汉字组成的。

    ➡

3. 본문 내용을 활용하여 대화문을 완성하십시오.

가 : 한글날이 언제예요?
나 : ______________________________
가 : 한글은 언제 만들어졌어요?
나 : ______________________________
가 : 한글을 누가 만들었어요?
나 : ______________________________
가 : 한글이 만들어지기 전에도 글이 있었어요?
나 : ______________________________
가 : 한글을 자세히 설명하는 책이 있다면서요? 그 책 이름이 뭐예요?
나 : ______________________________

(9) 메리 크리스마스(크리스마스, 12/25)

圣诞节快乐 (圣诞节 12/25)

어휘

1. 다음 중 관계있는 것을 연결하십시오.

(1) 썰매를	부르다
(2) 휴가를	타다
(3) 마음을	받다
(4) 화이트 크리스마스가	전하다
(5) 눈사람을	되다
(6) 크리스마스 캐럴을	만들다

2. 다음 <보기>와 같이 관련 어휘를 4개씩 써 보십시오.

> **보기**
>
> 한글 : 자음, 모음, 세종대왕, 한국어

주제어	관련 어휘
설날	
대보름	
추석	
크리스마스	

1. N-도 V-고, N-도 V

나열을 할 때 사용한다. 罗列时使用。

----•보기•----
크리스마스에 친구들에게 카드도 쓰고 선물도 줍니다.

※ 문장을 완성하십시오.

(1) 저는 시간이 있을 때 (해운대/다대포)_______________.

(2) 언니는 매주 토요일마다 (요가/요리)_______________ 이제는 모두 잘합니다.

(3) 저는 바람둥이는 아니지만 (링링 씨/왕단 씨)_______________.

(4) 저는 외국에서 (경영학/심리학) _______________ 공부했습니다.

(5) 외국인 학생 마이클 씨는 (태권도/사물놀이)_______________ 할 수 있습니다.

2. N-마다 每

'하나도 빠짐없이 모두'의 의미를 나타낼 때 사용한다. 表达'一个也不漏全部'的意思时使用。

※ 다음 〈보기〉에서 알맞은 단어를 골라 문장을 완성하십시오.

----•보기•----
지역   저녁   아침   사람   휴가 때

(1) 가 : 한국에는 사투리가 많이 있나요?

　　나 : 네, _______________ 사투리가 있어요.

(2) 가 : 저는 준하 씨와 성격이 잘 안 맞는 것 같아요.

　　나 : _______________ 성격이 다 달라요. 함께 이야기를 많이 해 보세요.

(3) 가 : 여름휴가 때는 주로 어디에 가세요?

　　나 : 저희 가족은 _______________ 제주도에 있는 별장에 갑니다.

(4) 가 : 운동은 언제 하세요?

　　나 : 일찍 일어나서 _______________ 공원에 가서 조깅을 해요.

(5) 가 : 재석 씨, 마이클 씨는 매일 _______________ 어디에 가는 거예요?

　　나 : 저녁에 아르바이트를 한대요.

1. 다음 글을 읽고 질문에 답하십시오.

> 영선 : 왕펑 씨, ㉠메리 크리스마스!
>
> 왕펑 : 영선 씨도 메리 크리스마스! (㉡) 크리스마스는 한국의 명절이 아니죠?
>
> 영선 : 네, 아니에요. (㉢) 한 해를 마치면서 모두에게 사랑의 마음을 전하는 날로 생각하고 있어요.
>
> 왕펑 : 그럼, 어떻게 보내요?
>
> 영선 : 가족이나 친척들에게 카드도 쓰고 선물도 줘요. (㉣) 집에 크리스마스 트리도 만들고 휴가를 받아서 여행 가는 사람들도 있어요.
>
> 왕펑 : 나라마다 비슷하네요. 역시 크리스마스는 전 세계의 명절인 것 같아요.

(1) ㉠ '메리 크리스마스'를 한국어로 바꿔 보십시오.

(2) ㉡~㉣에 들어갈 접속사를 써 보십시오.

㉡ _____________ ㉢ _____________ ㉣ _____________

(3) 위 글의 내용과 <u>다른</u> 것을 고르십시오. ( )

① 크리스마스는 한국에서 생긴 명절이다.

② 크리스마스에는 크리스마스 트리를 한다.

③ 크리스마스의 풍습은 세계적으로 비슷하다.

④ 크리스마스에는 카드와 선물을 주고 받는다.

징글벨 락 (Jingle Bell Rock)

징글벨 징글벨 징글벨 락
징글벨 락 오 징글벨 락
즐거운 크리스마스 찾아왔어
모두 신나게 즐겨봐
징글벨 징글벨 징글벨 락
징글벨 락 오 징글벨 락
흰눈이 밤새 쌓였어요 온통 새하얗게

이날에 기다리던 착한 아이들 손에
오래도 산타가 하나 가득 선물을
징글벨 징글벨 징글벨 락
징글벨 락 오 징글벨 락
슬픈 일 이제는 모두 잊고
오늘을 즐겨봐 오늘을 즐겨봐
오늘을 즐겨봐요

2. 본문 내용을 문장으로 요약하십시오.

3. 다음 <보기>와 같이 주요 명절 및 기념일에 사용할 수 있는 인사말을 써 보십시오.

어버이날
어머니, 아버지! 어버이날을 축하드립니다. 그동안 저를 잘 키워 주셔서
감사드립니다. 앞으로 효도할게요. 건강하세요. 사랑합니다~~

주제어	관련 어휘
설날	
스승의 날	
추석	
크리스마스	

정보 검색하기

搜索信息

(1) 어디서 정보를 찾을까

在哪儿找信息

- 영화를 예매하는 순서의 글을 이해할 수 있다. 能了解预买电影票先后顺序的文字。
- 인터넷에서 영화를 검색한 후 예매할 수 있다. 能在网上搜索电影后预买。

어휘

1. 여러 가지 정보를 찾는 방법입니다. 알맞은 단어를 넣어 보십시오.

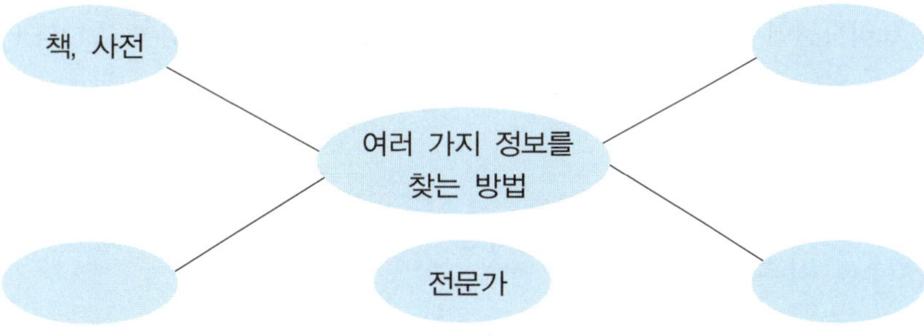

2. 다음 ______에 알맞은 것을 고르십시오. (   )

(1) 도서관에서 책을 빌릴 수도 있고 필요한 __________을/를 찾아 볼 수도 있다.

① 강의　　　　　② 수강신청　　　　　③ 자료　　　　　④ 과목

(2) 인터넷에서 검색어를 __________ 좋은 정보를 찾을 수 있다.

① 만들면　　　　　② 누르면　　　　　③ 출력하면　　　　　④ 입력하면

(3) 한국에서는 전화번호를 모를 때 __________(으)로 문의하면 된다.

① 411　　　　　② 114　　　　　③ 911　　　　　④ 119

1. V - 고 보니까

어떤 일을 경험한 후에 알거나 깨닫게 된 것을 나타낼 때 사용한다. 表达经历某件事后知道或领悟到时使用。

※ 다음 〈보기〉에서 단어를 골라 문맥에 맞게 넣으십시오.

● 보기 ●

배우다   알다   시작하다   만나다   다니다   낳다

(1) 전에는 몰랐는데 _______________ 정보를 찾을 수 있는 방법이 많더라구요.

(2) 결혼해서 아이를 _______________ 어머니의 마음을 이해할 수 있었다.

(3) 요리학원에서 요리를 _____________ 요리에 점점 관심이 갑니다.

(4) 친구의 소개로 한 여자를 만나기로 했다. 그 여자를 ____________ 내 첫사랑인
링링 씨였다.

2. V - (으)ㄹ 만큼/정도로

앞의 내용과 비슷한 정도나 수량을 나타낼 때 사용한다. 表示和前面的内容差不多的程度或数量时使用。

● 보기 ●

인터넷에는 상상도 할 수 없을 만큼 많은 정보가 있다.

※ 문장을 완성하십시오.

(1) 가 : 둘이 사이좋게 지내지 왜 싸우니?

나 : 그동안 (참다)__________________ 참았어요.

(2) 가 : 여자친구를 아주 좋아하시나 봐요.

나 : 네, 매일 매일 (만나고 싶다)__________________ 아주 좋아해요.

(3) 가 : 밥을 많이 드릴까요?

나 : 아니요, 제가 (먹다)__________________ 가져갈게요.

(4) 가 : 하하 씨, 왕단 씨를 정말로 사랑해요?

나 : 네, (죽다)__________________ 사랑해요.

1. 다음 글을 읽고 내용이 맞으면 ○, 틀리면 × 하십시오.

민규 : 무슨 걱정 있어요?

링링 : 한국극장에서 영화를 보고 싶은데, 몇 시에 하는지 몰라서요.

민규 : 극장에 전화해 보세요.

링링 : 전화번호를 몰라요

민규 : 그럼 114에 전화해서 물어보세요

링링 : 그런 방법이 있어요?

민규 : 네, 114에 전화를 하면 전화번호를 알 수 있어요. 전화해서 극장 전화번호를 물어
보세요. 아니면, 인터넷에서 찾아보는 것은 어때요?

링링 : 그 방법도 있군요. 알고 보니 정보를 찾을 수 있는 방법이 많이 있네요.

(1) 링링은 영화를 보려고 한다. (○ / ×)

(2) 전화번호를 알고 싶으면 114에 전화하면 알 수 있다. (○ / ×)

(3) 인터넷을 통해서도 극장 전화번호를 알 수 있다. (○ / ×)

Tip

다음은 인터넷을 통해 영화를 예매하는 순서입니다.

(1) 인터넷에서 http : //www.lottecinema.co.kr에 들어간다.

(2) 오른쪽에 있는 [영화정보]를 누른다.

(3) [영화정보]에서 [현재 상영작]을 누른다.

(4) 보고싶은 영화를 선택한다.

(5) 보고싶은 영화의 [예매하기]를 누른다.

(6) 영화를 보는 지역과 날짜를 선택한다.

(7) 영화관과 관람시간을 선택한다.

(8) 회원 또는 비회원을 누른다.

(9) 회원의 경우 ID와 비밀번호를 누른다.
(비회원의 경우 이름, 주민등록번호, 이메일주소, 전화번호, 비밀번호를 쓴다.)

(10) 관람인원과 좌석을 선택한다.

(11) 결제수단을 선택한다.

(12) 확인을 누른다.

2. 다음 그림을 보고 _______에 알맞은 말을 쓰십시오.

(1)

(2)

(1) 여러 가지 정보를 찾는 방법 중 전문가에게 직접 _____________________ 것도

좋은 방법 입니다.

(2) 이곳에서는 _____________________ 안 됩니다.

3. 여러분 나라에서 인터넷으로 영화를 예약할 수 있는 사이트를 소개하고 접속하는
순서를 써 보십시오.

(2) 114에 전화하기

拔打114电话

- 114에 전화하여 전화번호를 물을 수 있다. 能往114打电话问电话号码。
- 다산콜센터 120에 대해 알 수 있다. 能了解咨询中心120。

어휘

1. 다음 <보기>에서 비슷한 말을 고르십시오.

보기

빌리다   찾다   상상하다   물어보다   갚다

(1) 전화번호를 모를 때는 114에 <u>문의해 보세요</u>. _______________

(2) 인터넷을 통해 많은 정보를 <u>검색할</u> 수 있습니다. _______________

(3) 여러 가지 책을 <u>대출하고</u> 싶으면 도서관으로 가십시오. _______________

(4) 여러분은 여러분의 미래 모습을 자주 <u>그려봅니까</u>? _______________

문법 및 표현

1. V - 도록 하다

다른 사람에게 어떤 행동을 명령하거나 권할 때 사용한다. 向他人命令或劝某种行为时使用。

보기

커피는 자기가 직접 타서 마시도록 하세요.

※ 문장을 완성하십시오.

(1) 교실에서는 담배를 _______________.

(2) 호동 씨, 제주도에 도착하는 대로 저에게 꼭 전화를 _______________.

(3) 약속을 하면 약속을 꼭 _______________.

(4) 숙제는 다음 주 월요일까지 _______________.

읽고 쓰기

1. 다음 글을 읽고 내용이 맞으면 ○, 틀리면 × 하십시오.

> 장면 1
> 고쏭 : 책을 복사하고 싶은데, 복사집이 어디에 있어요?
> 지영 : 네, 학교 정문에서 오른쪽으로 조금 걸어가면, '한누리 문구사'라고 있어요.
> 　　　거기에서 복사를 할 수 있어요.
> 고쏭 : 혹시 전화번호 아세요?
> 지영 : 아니요. 114에 한 번 물어보세요.
> 고쏭 : 네, 그러면 되겠군요 (생략)

(1) 고쏭은 복사집이 어디에 있는지 알고 있다. 　　　　　　　　　　　　(○ / ×)

(2) 지영은 '한누리 문구사' 전화번호를 모른다. 　　　　　　　　　　　　(○ / ×)

(3) 전화번호를 문의하려면 114에 전화해야 한다. 　　　　　　　　　　　(○ / ×)

2. 다음을 읽고 질문에 답하십시오.

> **다산콜센터 120**
> 　서울시에서는 시민들이 궁금해 하는 서울시의 모든 것을 알려주는 안내를 시작하였다. 예를 들어 일반 분야에서는 주택, 건축 관련 내용 및 주요기관 전화번호, 공원시설 안내, 문화행사 등을 안내하며, 교통 분야에서는 교통 불편사항 신고, 지하철, 버스노선 문의 등을 안내해 준다.
> 　인터넷 상담을 원하시는 분은 http://cyberdasan.seoul.co.kr로 접속하시고, 전화 상담을 원하시는 분은 국번없이 120번을 누르면 된다. 다산콜센터는 365일 24시간 운영하므로 상담원과 언제든지 통화할 수 있다. 통화료는 무료이다.

(1) 다산콜센터는 서울시에서 시민들을 위해 개통한 전화이다. 　　　　　(○ / ×)

(2) 다산콜센터는 전화로만 상담이 가능하다. 　　　　　　　　　　　　　(○ / ×)

(3) 다산콜센터 전화번호는 120번이며 언제든지 통화가 가능하다. 　　　(○ / ×)

3. 한국어는 중국어로, 중국어는 한국어로 써 보십시오.

(1) 인터넷에는 상상할 수 없을 만큼 많은 정보들이 있다.

    ➡

(2) 검색어를 정확히 알아야 좋은 정보를 찾을 수 있다.

    ➡

(3) 如果想复印书的话, 可以到图书馆2层或学校前面的文具社。

    ➡

(4) 咖啡请自己亲自冲着喝吧。

    ➡

4. 다음은 인터넷에서 영화를 예매하는 순서입니다. 빈칸에 알맞은 것을 고르십시오.

> ● 보기 ●
>
> ① 회원 또는 비회원을 누른다.   ② 결제수단을 선택한다.
> ③ 오른쪽에 있는 [영화정보]를 누른다.   ④ 보고 싶은 영화의 [예매하기]를 누른다.

(1) 인터넷에서 http://www.lottecinema.co.kr 에 들어간다.

(2) ____

(3) [영화정보]에서 [현재상영작]을 누른다.

(4) 보고 싶은 영화를 선택한다.

(5) ____

(6) 영화를 보는 지역과 날짜를 선택한다.

(7) 영화관과 관람시간을 선택한다.

(8) ____

(9) 회원의 경우 ID와 비밀번호를 누른다.

(10) 관람인원과 좌석을 선택한다.

(11) ____

(12) 확인을 누른다.

(3) 인터넷으로 책 사기(1)

网络购书(1)

- 도서 관련 어휘를 알 수 있다. 能了解关于图书馆的词汇。
- 인터넷서점에 들어가 책을 검색하고 주문할 수 있다. 能进入网络书店搜索和订购书。

어휘

1. 다음 <보기>에서 관계가 있는 것을 고르십시오.

> **보기**
>
> 국내도서   국외도서(외서)   비문학   번역서   단행본   정기 간행물

(1) 한국어로 쓰여진 책 ___________________________

(2) 외국어로 쓰여진 책 ___________________________

(3) 외국어로 쓰여진 책을 한국어로 바꾼 책 ___________________________

(4) 한 권으로 된 책 ___________________________

(5) 정기적으로 나오는 책이나 잡지 ___________________________

2. 다음 <보기>에서 알맞은 단어를 골라 문장을 완성하십시오.

> **보기**
>
> 주문하다   정보   다양하다   신청하다   배달하다   편리하다   가르치다

(1) 책 전시회에 ___________________ 책들이 전시되어 있다.

(2) 명수 씨, 치킨 한 마리와 피자 1판을 ___________________ 먹을까요?

(3) 저는 오토바이 면허증이 있으니까 ___________________ 아르바이트를 하고 싶어요.

(4) 제가 한국에서 유명한 인터넷서점 주소를 ___________________ 드릴게요.

(5) 인터넷서점에 들어가면 미리 책에 대한 ___________________ 을/를 알 수 있다.

(6) 인터넷서점을 이용하면 책방에 가지 않아도 돼서 ___________________.

1. N - 보다는 N - 이/가 V.A

어떤 것을 비교하여 나타낼 때 사용한다. 이때의 '- 는'은 강조를 나타낸다. 表达与什么做比较时使用。这时的 '- 는' 表强调。

> ● 보기 ●
>
> 버스보다는 지하철이 편리합니다.

※ 문장을 완성하십시오.

(1) 저는 (TV를 보다/라디오를 듣다)＿＿＿＿＿＿＿＿＿＿ 좋아요.

(2) 저는 (영어 공부/중국어 공부)＿＿＿＿＿＿＿＿＿.

(3) 여름휴가 때 (국내여행/해외여행을 가다)＿＿＿＿＿＿＿＿.

(4) (결혼을 안 하다/결혼을 하다)＿＿＿＿＿＿＿＿.

(5) 명수 씨, 오늘은 (한식을 먹다/양식을 먹다) ＿＿＿＿＿＿＿＿좋겠어요.

2. V - (으)ㄹ 수 있으면 좋겠다

'능력, 가능'을 나타내는 '- (으)ㄹ 수 있다'와 희망을 나타내는 '- (으)면 좋겠다'가 결합한 형태이다. 表达'能力, 可能'的 '- (으)ㄹ 수 있다' 和表达希望的 '- (으)면 좋겠다'的结合型。

> ● 보기 ●
>
> 다양한 한국어 교재를 볼 수 있으면 좋겠어요.

※ 문장을 완성하십시오.

(1) 가 : 이제 자전거를 잘 타세요?

　　나 : 아직이요, 빨리 자전거를 ＿＿＿＿＿＿＿＿＿＿.

(2) 가 : 중국에 가는 비행기표를 사셨어요?

　　나 : 아니요, 표가 없대요. 표를 ＿＿＿＿＿＿＿＿＿.

(3) 가 : 왕단 씨, 다음 주부터 학원에서 중국어를 가르친다면서요?

　　나 : 네, 그렇게 하기로 했어요. 제가 중국어를 잘 ＿＿＿＿＿＿＿＿＿.

(4) 가 : 이제는 한국어로 리포트를 쓸 수 있어요?

　　나 : 아직이요, ＿＿＿＿＿＿＿＿＿.

1. 다음 글을 읽고 내용이 맞는 것을 고르십시오. (   )

> 수진 : 고쏭 씨, 찾는 책 있어요?
>
> 황쫑 : 한국어 책을 찾고 있어요. (중략)
>
> 수진 : 맞아요. 책을 사러 서점에 갈 시간이 없을 때나 미리 책에 대한 정보를 알고
> 싶을 때 이용하면 좋아요.
>
> 황쫑 : 그런데 인터넷 주소를 모르는데……
>
> 수진 : 제가 유명한 서점 사이트를 몇 군데 알고 있어요. 가르쳐 드릴게요.

① 인터넷서점과 온라인서점은 다르다.

② 서점에는 다양한 한국어 교재가 있다.

③ 황쫑은 수진에게 인터넷서점을 소개해 줄 예정이다.

④ 책을 사러 갈 시간이 없을 때 인터넷서점을 이용하면 편리하다.

Tip

> 다음은 인터넷서점을 통해 책을 구입하는 순서입니다.
>
> (1) 인터넷에서 http://www.yes24.com에 들어간다.
> (2) 검색창에 찾는 책 제목을 입력한다.
> (3) 책에 대한 소개를 읽은 후에 수량을 정한다.
> (4) 오른쪽에 있는 [바로 구매하기]를 누른다.
> (5) [회원주문]인 경우 [회원주문]을 누르고, [비회원]의 경우 [비회원주문]을 누른다.
> (6) [비회원주문]의 경우 [주문하기]에 정보를 입력한다.
> (7) [개인정보 수집 동의]에서 '동의합니다'에 표시한다.
> (8) 주문 상품을 확인한다.
> (9) 주문 고객정보를 입력한다. (이름, 주민등록번호, 전화번호, 이메일주소, 비밀번호)
> (10) 배송방법을 선택한다.
> (11) 배송지 정보를 입력한다.
> (12) [결제하기]를 누른다.
> (13) [결제방법]을 선택한다. (신용카드, 무통장 입금, 휴대폰 결제 등)
> (14) [휴대폰 결제]를 선택하고 '승인번호'가 오면 번호를 입력한다.
> (15) [확인]을 누른다.

2. 본문 내용을 문장으로 요약하십시오.

3. 인터넷서점 http://www.yes24.co.kr에 들어가 [Tip]에 제시한 순서대로 해 보십시오.
   검색할 때 어려운 점에 대해 써 보십시오.

(4) 인터넷으로 책 사기(2)

网络购书(2)

- 인터넷서점에서 책을 신청할 때 자주 사용하는 어휘를 알 수 있다.
  能了解在网络书店申请书时经常使用的词汇。

- 인터넷에서 책을 검색하여 책에 대한 정보를 알 수 있다.
  在网上搜索书并能了解关于书的情报。

어휘

1. 다음은 '인터넷서점'에서 책을 신청할 때 자주 사용하는 용어입니다. 관계있는 것을 연결하십시오.

> **보기**
>
> ① 책을 검색하다.　　② 책을 주문하다.　　③ 책을 카트에 넣다.
> ④ 회원에 가입하다.　　⑤ 개인정보를 입력하다.　　⑥ 배송방법을 확인하다.
> ⑦ 결제하다.　　⑧ 결제방법을 선택하다　　⑨ 수량을 선택하다.

(1) 책을 받을 장소가 국내인지 국외인지 선택한다.　　__________________

(2) 인터넷에서 책을 찾는다.　　__________________

(3) 돈을 내는 방법을 선택한다.　　__________________

(4) 책을 신청한다.　　__________________

(5) 여러 권의 책을 살 때 책 목록을 저장한다.　　__________________

(6) 돈을 낸다.　　__________________

(7) 이름, 전화번호, 이메일주소, 주민등록번호를 입력한다.　　__________________

(8) 몇 권을 살지 정한다.　　__________________

(9) 회원이 된다.　　__________________

2. 다음에 제시한 외래어를 한국어로 써 보십시오.

(1) Internet　　__________________　　(2) Homepage　　__________________

(3) Site　　__________________　　(4) on－line　　__________________

1. N - (으)로부터

어떤 상황의 출발점이나 시작을 나타낸다. 表达某个情况的出发点或开始。是 '-(으)로' 和 '-부터' 的结合型。

※ 다음 〈보기〉에서 알맞은 단어를 골라 문장을 완성하십시오.

> **보기**
>
> 부모님   이야기   여러 나라   시험   남쪽 지방

(1) 이 영화는 실제 ________________ 만들어진 영화입니다.

(2) 제 학비는 현재 ________________ 받고 있습니다.

(3) 나는 시험이 싫다. 하루 빨리 ________________ 벗어나고 싶다.

(4) 올림픽 때 세계 ________________ 많은 사람들이 왔다.

(5) 봄이 오는지 ________________ 꽃소식이 들려온다.

2. N - (이)나

수량이 많음을 나타낼 때 사용한다. 表达数量多时使用。

> **보기**
>
> 숙제를 벌써 반이나 했어요.

※ 문장을 완성하십시오.

(1) 가 : 링링 씨가 아이를 몇 명 낳았어요?

　　나 : 벌써 아이를 ________________ 낳았어요.

(2) 가 : 지금 새벽 2시예요. 안 자요?

　　나 : 어머, 벌써 ________________ 되었어요? 이제 자야겠어요.

(3) 가 : 결혼한 지 몇 년 되셨어요?

　　나 : 벌써 __________ 되었어요.

(4) 가 : 어제 손님이 많이 오셨어요?

　　나 : 네, __________ 오셨어요.

(5) 가 : 마이클 씨가 외국어를 많이 안다면서요?

　　나 : 네, ________________ 할 수 있대요.

1. 다음 글을 읽고 질문에 답하십시오.

① **모모** – 비룡소 걸작선 013 ㅣ 원제 Momo HOT
미하엘 엔데 (**지은이**), 한미희 (**옮긴이**) ㅣ **비룡소**
　　　　　　② 　　　　③ 　　　 ④

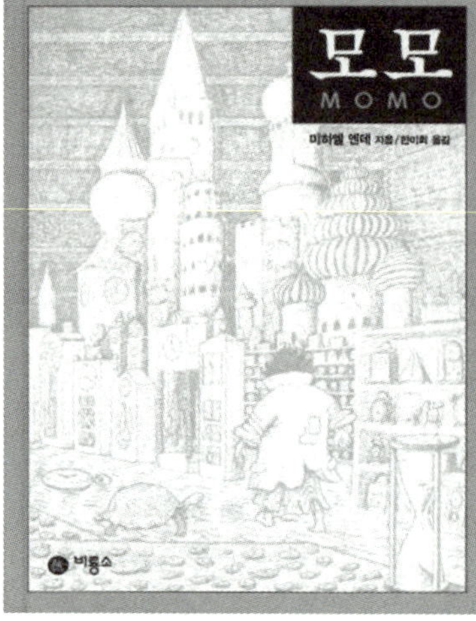

⑤ 정　가 : 9,500원
⑥ 판매가 : 6,170원(35% off, 3,330원 할인)
⑦ 마일리지 : 200원(3%)

⑧ 추가혜택 : 알라딘멤버십 + Thanks to + OK Cashbag
　　　　　　4만원이상 주문시 2천원 마일리지 추가적립

카드혜택 : 알라딘-LG 메가박스 KT카드 5% 추가할인
　　　　　　알라딘 신한Maxx 카드 10% 포인트 적립

⑨ 출간일 : 1999-02-09 ㅣ ISBN : 8949190028
양장본 ㅣ 368쪽 ㅣ 210*148mm (A5)

알라딘 Sales Point : 154,164
청소년 주간베스트 1위
⑩ 마이리뷰 평점 : ★★★★☆ / 251편

① 모모 : 책의 제목
② 지은이 : 책을 쓴 사람
③ 옮긴이 : 책을 번역한 사람
④ 비룡소 : 출판사 이름
⑤ 정가 : 책의 실제 가격
⑥ 판매가 : 할인된 금액을 제외하고 실제로 내야 하는 가격
⑦ 마일리지(mileage) : 책을 신청하면 인터넷서점에서 책값을 누적해 주는 금액
⑧ 추가혜택 : 책을 신청하면 인터넷서점에서 추가로 주는 서비스
⑨ 출간일 : 책이 출판한 날
⑩ 마이리뷰 평점(My Review) : 이미 책을 산 사람이 이 책에 대해 주는 점수

(1) 다음 중 내용이 맞는 것을 고르십시오. (　　　)

① 책을 살 때 9,500원을 내야 한다.

② 책을 쓴 사람은 미하엘 엔데 씨이다.

③ 이 책을 구입한 후에 다시 책을 살 때 혜택이 전혀 없다.

④ 마이리뷰 평점은 지금 책을 구입하는 사람이 주는 점수이다.

(2) '책의 실제 가격'을 뭐라고 합니까?

2. Yes24 인터넷서점에 들어가 [무지개 원리] 책을 검색하고 책에 대한 정보를 쓰십시오.

◦ 지은이 :

◦ 출판사 :

◦ 출판년도 :

◦ 정가 :

◦ 판매가 :

◦ Yes 포인트 :

◦ 도착 예정일 :

◦ 회원리뷰 :

◦ 경품·사은품 :

책 소개 내용

단원의 목표

• 인터넷으로 물건을 사는 방법을 알 수 있다. 能了解网上购物的方法。

• 대화문을 문장으로 요약할 수 있다. 把对话概括成文章。

어휘

1. 다음 중 비슷한 말을 고르십시오.

(1) 고르다	• 값
(2) 가격	• 배송하다
(3) 디자인	• 선택하다
(4) 발송하다	• 출판하다
(5) 저자	• 모양
(6) (책이)나오다	• 지은이

문법 및 표현

1. V - 느라고　表原因

이유나 원인 또는 목적을 나타낼 때 사용한다. 表达理由或原因, 目的时使用。

• 보기 •

> 어제 집에서 노느라(고) 숙제도 못했어요.

※ 문장을 완성하십시오.

(1) 음악회 표를 _______________ 두 시간씩이나 기다렸다.

(2) 책이 너무 재미있어서 다 _______________ 새벽 3시에 잤다.

(3) 나도 유학 갔을 때 공부하면서 돈을 _______________ 고생을 많이 했다.

(4) 회사 일을 _______________ 친구들과의 약속을 깜빡 잊었다.

(5) 동생은 요즘 중국어를 _______________ 바쁜 것 같다.

1. 다음 글을 읽고 질문에 답하십시오.

> 정숙 : 이제 날씨가 많이 더워졌죠?
>
> 고쏭 : 정말 더워졌어요. 그래서 반소매 셔츠가 더 있었으면 좋겠어요.
>
> 정숙 : 그럼 함께 사러 갈래요?
>
> 고쏭 : 그런데 시간이 없어요. 숙제와 아르바이트를 하느라 바빠서요.
>
> 정숙 : 그러면 인터넷 쇼핑몰을 이용해 보면 어떨까요? (중략)
>
> 정숙 : 카드로 내거나 은행에서 내면 돼요.
>
> 고쏭 : 그렇군요. 저도 그렇게 한 번 사보고 싶어요.
>
> 정숙 : 그럼 같이 컴퓨터로 쇼핑하러 갈래요?

⑴ 인터넷 쇼핑몰에서 옷을 고르는 방법과 돈을 내는 방법에 대해 쓰십시오.

- 옷을 고르는 방법

- 결재하는 방법

⑵ 위 글의 내용과 <u>다른</u> 것을 고르십시오. (　　)

① 고쏭은 반소매 셔츠를 사고 싶어한다.

② 고쏭은 요즘 바빠서 옷을 사러 갈 시간이 없다.

③ 정숙이 고쏭에게 인터넷 쇼핑몰에 대한 정보를 주었다.

④ 인터넷에서 옷을 고를 때 여러 상품을 비교해 볼 수 없다.

2. 본문 내용을 문장으로 요약하십시오.

3. 한국어는 중국어로, 중국어는 한국어로 써 보십시오.

(1) 물건을 살 때 값을 비교하면서 물건을 고르십시오.

   ➡

(2) 자전거를 타면 운동도 하고 돈도 절약되서 일석이조입니다.

   ➡

(3) 如果利用网上购物中心如何?

   ➡

(4) 我经常看电视购物买东西。

   ➡

4. 다음 <보기>와 같이 제시된 표현을 모두 사용하여 문장을 쓰십시오.

(1) 바쁘다/인터넷 쇼핑몰/쇼핑하면 편리합니다.

   ➡ ____

(2) 검색어/정확하게 치다/정보를 빨리 찾을 수 있다.

   ➡ ____

(3) 인터넷/책을 주문하다/핸드폰으로 결제했다.

   ➡ ____

(4) 책/복사하고 싶다/어디로 가야 합니까?

   ➡ ____

(6) 인터넷으로 물건 사기(2)

网络购物(2)

• 인터넷 쇼핑몰(shopping mall)에 들어가 물건을 구입할 수 있다. 能进入网络购物商城购物。

• 그림을 보고 이야기할 수 있다. 能看图说话。

어휘

1. 다음 <보기>에서 알맞은 것을 고르십시오.

◦보기◦

판매가격	세일가	모델번호	배송비	제조자	주문수량	원산지

---

(1)

◦ 품명 : 전자사전

◦ ① ________________ : 174,000원

◦ 카드정보 : 롯데카드 사용시 5%할인

◦ 무이자할부 : 최대 10개월

◦ ② ________________ : 무료

◦ ③ ________________ : 한국

◦ ④ ________________ : 1개

◦ 상품평 : 별점 5개

---

(2)

◦ 품명 : 디지털카메라

◦ 판매가격 : 350,000원

◦ ⑤ ________________ : 280,000원(20%할인)

◦ ⑥ ________________ : 캐논

◦ ⑦ ________________ : 204SC－0123

◦ 즉석 쿠폰 실시 : 5,000점 적립

◦ 상품평 : 별점 5개

1. V.A - 더라

과거에 직접 경험하여 새로 알게 된 사실을 지금 이야기할 때 사용한다. 过去亲自经历, 后将新知道的事实现在说明时使用。

● 보기 ●

> 가 : 오늘 링링 씨가 아주 예쁘게 하고 왔더라.
> 나 : 응, 오늘 남자친구를 소개받는대.

※ 문장을 완성하십시오.

(1) 가 : 지난 주에 먹은 삼계탕이 정말 ___________________________.
    나 : 그렇지? 오늘도 거기에 갈까?

(2) 가 : 인도네시아에 있는 동안 날씨는 어땠니?
    나 : 한국보다 ___________________.

(3) 가 : 왕뢰야, 서울 여행이 어땠어?
    나 : 좋았어, 그런데 차가 많아서 좀 _______________________.

(4) 가 : 링링에게 좀 가 봐. 링링이 아까부터 _______________________.
    나 : 어, 링링이 운다고? 알았어, 내가 빨리 가볼게. 문장을 완성하십시오.

2. V.A - 던데

과거의 어떤 상황을 전달하면서 듣는 사람의 반응을 기대할 때 사용한다. 转达过去某种情况并期待听话人的反应时使用。

● 보기 ●

> 가 : 오늘 선생님이 아주 멋있게 하고 오셨더라.
> 나 : 맞아. 정말 평소와는 다르게 하고 오셨던데.

※ 문장을 완성하십시오.

(1) 가 : 철수가 달리기를 잘할까?
    나 : 전에 보니까 _______________ 오늘도 잘할 거야.

(2) 가 : 제가 소개해 드린 컴퓨터 A/S하는 분이 어떠셨어요?
    나 : 컴퓨터에 대해서 모르는 것이 _______________ 그분을 어떻게 아셨어요?

(3) 가 : 하하 씨가 오늘도 학교에 안 왔네요. 많이 아픈가요?
    나 : 네, 그런 것 같아요. 어제부터 얼굴이 안 좋아 ___________________.

1. 다음 글을 읽고 질문에 답하십시오.

▷ 영상 ┃ 핸드폰 ┃ ①디카 ┃ MP3
▷ ②생활 ┃ 계절가전
▷ 컴퓨터
▷ ③PC 주변기기
▷ ④의류 ┃ 언더웨어
▷ ⑤잡화 ┃ 명품
▷ 화장품
▷ 가구 ┃ ⑥침구 ┃ 소품
▷ 생활 ┃ 주방 ┃ 건강 ┃ ⑦악기
▷ 스포츠 ┃ 레저 ┃ 자동차 ┃ 골프
▷ ⑧유아 ┃ 출산 ┃ 완구 ┃ 캐릭터
▷ 식품 ┃ 슈퍼마켓
▷ 도서 ┃ CD ┃ DVD ┃ GAME
▷ 공연 ┃ 영화 ┃ 전시 ┃ 스키
▷ 여행 ┃ 항공권 ┃ 콘도 ┃ 팬션
▷ 생활서비스 ┃ 중고차 [운세]
▷ 꽃배달 ┃ 케이크 ┃ 상품권
▷ 중고장터

① 디카 : 디지털카메라(Digital Camera)
② 생활 ┃ 계절가전 : 생활가전제품/계절가전제품
(집에서 사용하는 가정용전자제품들)
③ PC주변기기 : 컴퓨터 관련 기기(모니터,
프린터, 스캐너, USB 등)
④ 의류 ┃ 언더웨어 : 속옷
⑤ 잡화 : 일상생활에서 쓰는 여러 가지 물건
⑥ 침구 : 침대, 이불 등 잠잘 때 필요한 물건
⑦ 악기 : 피아노, 기타, 드럼 등
⑧ 유아 : 아이 관련 용품

⑴ 다음 중 내용이 맞으면 ○, 틀리면 × 하십시오.

① 디카와 필름을 사용하는 카메라는 같다. (○/×)

② 아이와 관련된 물건을 사려면 '유아용품'에 들어간다. (○/×)

③ 냉장고를 사려면 [잡화]에 들어가면 된다. (○/×)

④ [언더웨어]코너에서 속옷을 살 수 있다. (○/×)

⑵ USB를 사려면 어디로 들어가야 합니까?

Tip

인터넷 쇼핑몰에 들어가 물건 구입하는 순서
1. 인터넷 검색창에 http://lotte.com을 입력한다.
2. 왼쪽에 제시한 주요품목에서 [MP3/사전]을 클릭한다.
3. [MP3/사전]에서 [전자사전/어학/학습]부분을 클릭한다.
4. [전자사전]을 클릭한다.
5. [판매 인기상품]중 마음에 드는 제품을 클릭하여 정보를 자세히 본다.
6. [바로구매]하기를 누른 후 회원가입 절차를 거친 후 물건을 구입한다.

3. 그림을 보고 이야기를 만들어 보십시오.

(1)

(2)

(3)

(4)

(7) 카페에 가입하기(1)

加入群(1)

- 인터넷 관련 어휘를 알 수 있다. 能了解有关网络的词汇。
- 자신이 알고 있는 좋은 사이트를 소개할 수 있다. 能介绍自己知道的好的网站。

어휘

1. 다음은 외래어입니다. 한국어로 써 보십시오.

(1) mp3 _______________ (2) cafe _______________

(3) Blog _______________ (4) ID _______________

(5) Password _______________ (6) bookmark _______________

문법 및 표현

1. A - 아/어 보이다

어떤 대상에 대해 짐작하거나 판단을 할 때 사용한다. 斟酌或判断某种对象时使用。

> **보기**
>
> 요즘 링링 씨 얼굴이 아주 좋아 보인다. 좋은 일이 있는 것 같다.

※ 문장을 완성하십시오.

(1) 가 : 신혼여행은 잘 갔다 왔어요? 아주 _______________.

　　나 : 네, 아주 행복해요.

(2) 가 : 무슨 좋은 일이 있어요? 기분이 _______________.

　　나 : 네, 좋은 일이 생겼어요.

(3) 가 : 하하 씨, 명수 씨는 인상이 참 좋은 것 같아요.　그렇죠?

　　나 : 아니요, 인상은 _______________ 실제로는 하나도 안 착해요.

(4) 가 : 지원자 A씨가 인상도 좋고 똑똑해 보이는데 일을 잘 할까요?

　　나 : 글쎄요, 제가 봐도 _______________ 진짜 똑똑한지 아닌지는 아직 모르지요.

1. 다음 글을 읽고 질문에 답하십시오.

> 민숙 : 고쏭 씨, 요즘 얼굴이 좋아 보여요.
>
> 고쏭 : 저 요즘에 요가 배워요.
>
> 민숙 : 그래요? 저도 요가가 좋아서 공부하고 있어요.
>
> 고쏭 : 어떻게 공부하세요?
>
> 민숙 : 인터넷 카페에 ㉠______________ 사람들과 ㉡______________ 이야기해요.
>
> 고쏭 : 어떤 이야기를 해요?
>
> 민숙 : 요가의 좋은 점, 운동 방법 등에 대해 이야기해요. 사진도 볼 수 있어요.
>
> 고쏭 : 카페에 가입하려면, 어떻게 해야 해요?
>
> 민숙 : 카페를 만든 사람이 ㉢______________. 제가 그 사람을 소개시켜 드릴게요.
>
> 고쏭 : 고마워요.

(1) ㉠에 들어갈 단어를 쓰십시오.

____

(2) ㉡에 어울리지 <u>않는</u> 것을 고르십시오. (   )

① 따로   ② 같이   ③ 서로   ④ 함께

(3) ㉢에 어울리지 <u>않는</u> 것을 고르십시오. (   )

① 초대해야 해요   ② 들어오게 해야 해요

③ 허락해야 해요   ④ 탈퇴해야 해요

(4) 다음 중 내용이 맞는 것을 고르십시오. (   )

① 민숙도 요즘 학원에서 요가를 배우고 있다.

② 고쏭은 인터넷을 통해 요가에 대해 공부하려고 한다.

③ 카페에 가입신청을 하면 무조건 회원이 될 수 있다.

④ 고쏭은 민숙에게 카페를 만든 사람을 소개해 주려고 한다.

2. 한국어는 중국어로, 중국어는 한국어로 써 보십시오.

(1) 카페에 가입하려면 카페를 만든 사람이 초대를 해야 합니다.

(2) 카페에 들어가려면 로그인(log-in)을 해야 들어갈 수 있습니다.

(3) 在网站的搜索窗里搜索群看看。

(4) 加入群后如果不满意的话随时可退出。

3. 여러분이 알고 있는 좋은 사이트를 5개 소개해 보십시오.

사이트 이름	주소	내용
(예) 서강온라인	http : //korean.sogang.ac.kr	외국학생들이 무료로 한국어를 배울 수 있는 사이트

- 인터넷 관련 어휘를 알 수 있다. 能了解关于网络的词汇。
- 인터넷 포털 사이트에 들어가 카페에 가입하는 방법을 알 수 있다. 能了解进入入门网站, 加入群的方法。

어휘

1. 다음은 인터넷과 관련 있는 단어입니다. 관계있는 것을 연결하십시오.

> **보기**
>
> ① 닉네임 ② 패스워드 ③ 블로그 ④ 네티즌 ⑤ 댓글
> ⑥ 인터넷 카페 ⑦ 로그인 ⑧ 카페지기 ⑨ 쪽지

(1) 카페에 들어갈 때 써 넣어야 하는 비밀번호 ____________

(2) 카페에서 진짜 이름 대신 사용하는 이름 ____________

(3) 인터넷을 사용하는 사람들 ____________

(4) 인터넷에 올린 글을 읽은 사람이 자신의 의견을 올린 글. ____________

(5) 회원제로 운영되는 인터넷 게시판의 한 종류 ____________

(6) 같은 회원에게 간단하게 메모를 하여 보내는 글 ____________

(7) 카페를 만든 사람(주인) ____________

(8) 인터넷을 사용하는 사람이 회원임을 알리고 등록하는 작업 ____________

(9) 웹(web)과 로그(log)의 합성어. 보통사람들이 자신의 관심사에

　　따라 자유롭게 글을 올릴 수 있는 웹 사이트 ____________

1. 피동표현 만들기 (- 이, - 히, - 리, - 기)

일부동사에 - 이, - 히, - 리, - 기를 붙여서 피동표현을 나타내며, 일반적으로 앞에 조사 ' - 이/가'가
붙는다. 在一部分动词后接 - 이, - 히, - 리, - 기 表达被动型, 一般前面接助词 ' - 이/가'。

※ 다음 단어를 사용하여 문장을 피동문장으로 써 보십시오.

> **보기**
>
> 산을 보다 ➲ 산이 보이다 / 문을 닫다 ⇒ 문이 닫히다

(1) 창문을 열다. ➲ _______________________

(2) 옷을 팔다. ➲ _______________________

(3) 노래를 듣다. ➲ _______________________

(4) 신발을 바꾸다. ➲ _______________________

[문장 만들기]

(1) _______________________

(2) _______________________

(3) _______________________

(4) _______________________

2. V - 게 하다   让

다른 사람에게 어떤 일을 하게 하거나 시킴을 나타낸다. 表达让或指使他人做某事。

> **보기**
>
> 나는 친구를 우리 동호회에 가입하게 했습니다.

※ 문장을 완성하십시오.

(1) 엄마가 아기에게 우유를 (먹다) _______________________.

(2) 나는 학생들에게 촛불을 (켜다) _______________________.

(3) 선생님이 학생에게 책을 (읽다) _______________________.

(4) 나는 링링 씨가 한국어로 (말하다) _______________________.

1. 다음 글을 읽고 내용이 맞으면 ○, 틀리면 × 하십시오.

> ### 카페에 가입하는 방법(I)
>
> 1. 인터넷 포탈 사이트에 들어간다. **예** http://daum.net
> 2. [회원가입]을 누른다.
> 3. [이용약관]을 읽고 [동의]에 표시를 한다.
> 4. [회원인증]에 필요한 사항을 입력한다.
> 5. [회원 기본정보]를 입력하면 가입이 완료된다.
> 6. 관심있는 [카페]를 검색하여 들어간다.
> 7. [회원 가입하기]를 누르면 간단한 퀴즈를 묻는다. 응답을 하면 가입이 된다.
>
> ### 카페에 가입하는 방법(II) – 카페주소를 알고 있는 경우
>
> 1. 가입하려고 하는 카페주소를 입력한다. **예** http://www.mysanjung.co.kr
> 2. [회원가입]을 누른다.
> 3. [회원 기본정보]를 입력하고 [회원가입]을 누른다.
> 4. 카페를 만든 주인이 초대를 하면 그때부터 카페의 회원이 된다.

(1) 카페주인이 허락해야 회원이 될 수 있다. (○ / ×)

(2) 이용약관에 동의를 해야 회원이 될 수 있다. (○ / ×)

(3) 인터넷카페에 가입할 때 전화로 가입할 수도 있다. (○ / ×)

(4) 카페에서 제시하는 회원기본정보를 입력해야 한다. (○ / ×)

2. Daum 회원가입 신청서를 작성해 보십시오.

기본정보 입력

아이디(ID)정보	
아이디(ID)	@hanmail.net [중복확인]
Daum이름(닉네임)	
비밀번호	
비밀번호 확인	
개 인 정 보	
이름(한글)	
성　별	남(　　) 여(　　)
생년월일	년　　월　　일　　양력(　) 음력(　)
연 락 처	○휴 대 폰　　　　　○전화번호
거주지역	국내 (　　) 국외(　　　)

추가정보 입력

상세정보	
최종학력	
직　업	
결혼여부	미혼(　　) 기혼(　　)

완료　　　　　취소

(9) 학교 홈페이지 둘러보기

浏览学校网页

어휘

1. 다음 중 ______에 알맞은 단어를 고르십시오. (   )

(1) 주말에는 학교 홈페이지에 들어가 어떤 것들이 있는지 천천히 _________ 합니다.

　① 가입하려고　　② 입력하려고　　③ 둘러보려고　　④ 초대하려고

(2) 인터넷 사이트에서 자신의 블로그를 만들어 예쁘게 _________.

　① 꾸며 보세요　　② 찾아 보세요　　③ 골라 보세요　　④ 정해 보세요

(3) 저는 사진이 좋아서 사진 동호회에 _________ 싶습니다.

　① 들고　　　　② 맞고　　　　③ 타고　　　　④ 내고

(4) 이번 학기의 _________ 일정을 알고 싶어요.

　① 가입　　　　② 검색　　　　③ 과제　　　　④ 학사

(5) 카페에 들어가 아이디와 비밀번호를 _________ 로그인이 됩니다.

　① 초대하면　　② 입력하면　　③ 출력하면　　④ 제출하면

(6) 저는 인터넷 _________에 들어가 자주 쇼핑을 하는 편입니다.

　① 동호회　　　② 블로그　　　③ 쇼핑몰　　　④ 카페

1. 사동표현 만들기 (-이, -히, -리, -기, -우, -구, -추)

일부동사에 -이, -히, -리, -기, -우, -구, -추를 붙여서 사동표현을 나타내며, 일반적으로 앞에
조사 '-을/를'이 붙는다. 在一部分动词后接 -이, -히, -리, -기, -우, -구, -추 表达为使动型。一般
前面的助词接 '-을/를'。

※ 다음 단어를 사용하여 문장을 사동 문장으로 써 보십시오.

> **보기**
>
> 동생/웃다 ➡ (나는) 동생을 웃겼습니다.

(1) 책/읽다 ➡ ____

(2) 동생/울다 ➡ ____

(3) 신발/신다 ➡ ____

(4) 약속/늦다 ➡ ____

※ 위의 사동표현을 사용하여 문장을 만드십시오.

(1) ____

(2) ____

(3) ____

(4) ____

2. V.A - 더군요

과거에 직접 알게 된 사실을 지금 느낌을 더해 상대방에게 말할 때 사용한다. 回想过去直接了解到的事
实, 并向对方说时使用。

> **보기**
>
> 한국 음식이 생각보다 맵더군요.

※ 문장을 완성하십시오.

(1) 호동 씨가 뚱뚱한 줄 알았는데 직접 만나보니까 __________________.

(2) 재석 씨가 노래를 못 부르는 줄 알았는데 __________________.

(3) 영화 '맘마미아'를 봤는데 __________________.

(4) 중국음시이 기름이 많아 느끼한 줄 알았는데 __________________.

(5) 어제 모임에 외국인 학생들이 많이 __________________.

1. 다음 글을 읽고 맞으면 ○, 틀리면 × 하십시오.

(1) 캠퍼스뉴스 :

　　①공지사항, ②학사일정

(2) 캠퍼스토크 :

　　캠퍼스의 다양한 이야기

(3) 참여마당 :

　　③칭찬합시다, 선배들이 말한다.

　　고민타파, ④자유게시판 등

(4) 생활정보 :

　　⑤신라장터, ⑥신라복덕방, ⑦분실물센터,

　　⑧금주의 식단, ⑨아르바이트

(5) 동아리마당 :

　　캠퍼스 동아리이야기

① 공지사항 : 알리는 내용

② 학사일정 : 한 학기동안 교육과 관련된 일정

③ 칭찬합시다 : 자신에게 친절 또는 일을 너무 잘 해 주어 공개적으로 칭찬하는 방

④ 자유게시판 : 자유롭게 글을 올리는 방

⑤ 신라장터 : 물건을 싸게 사고 파는 방

⑥ 신라복덕방 : 방을 구하거나 내놓을 때 정보를 교환하는 방

⑦ 분실물센터 : 물건을 잃어버렸을 때 이용할 수 있는 방

⑧ 금주의 식단 : 학생식당에서 판매하는 식당의 메뉴를 알 수 있는 방

⑨ 아르바이트 : 아르바이트를 구하거나 찾는 학생들이 이용할 수 있는 방

(1) 복덕방에서 물건을 싸게 사고팔 수 있다. 　　　　　　　　　　　(○ / ×)

(2) 공지사항은 학교측에서 주요내용을 올리는 글이다. 　　　　　　(○ / ×)

(3) 자유게시판은 자유롭게 글을 올리는 방이다. 　　　　　　　　　(○ / ×)

(4) '칭찬합시다'에서 다른 사람의 친절, 좋은 점을 이야기할 수 있다. 　(○ / ×)

(5) 학사 일정은 참여마당에서 볼 수 있다. 　　　　　　　　　　　(○ / ×)

2. 다음 중 밑줄 친 부분을 바르게 고치십시오.

    (1) 홈페이지에 글을 <u>올리면서</u> 아이디와 비밀번호를 입력해야 합니다.

    (2) 분실물센터<u>로부터</u> 잃어버린 물건을 찾아줍니다.

    (3) 곧 한국어 능력이 <u>좋아졌겠지요</u>.

    (4) 내일은 휴일이라서 산에 가든지 헬스장에 <u>가는군요</u>.

    (5) 단오에 더위를 <u>이기느라고</u> 부채를 선물했대요.

    (6) 옆 교실에서 <u>문이 여는</u> 소리가 들렸다.

    (7) 날씨가 추워져서 아이에게 두꺼운 옷을 <u>입었다</u>.

    (8) 지난번에 본 영화가 정말 <u>재미있겠지요</u>.

3. 다음 <보기>와 같이 어순대로 문장을 쓰십시오.

> **● 보기 ●**
>
>   영화가, 아세요? 시작하는지, 몇 시에 ➡ <u>영화가 몇 시에 시작하는지 아세요?</u>

    (1) 114에, 개인전화, 전화를 해도, 알 수는 없다, 번호를

        ➡ 114에 ____.

    (2) 인터넷에서, 많은, 가장, 얻을 수 있다, 쉽게

        ➡ 인터넷에서 ____.

    (3) 학교 도서관이나, 이용하여, 찾아보자, 자료를, 필요한, 동네도서관을

        ➡ 학교 도서관이나 ______________________________________.

    (4) 나는, 신문을 통해, 얻는 편이다, 개인적으로, 책과, 많은 정보를

        ➡ 나는 ____.

    (5) 문구사는, 가면 있다, 정문에서, 30m만, 한국대학교, 오른쪽으로

        ➡ 문구사는 ____.

    (6) 링링 씨가, 특히, 커피가, 맛있다, 타 준

        ➡ 링링 씨가 ____.

정답 및 해설

(1) 오리엔테이션

[어휘]

1. (1) 학부 (2) 동아리 (3) 선배 (4) 학번
2. (1) 오리엔테이션　　(2) 이용합니다
   (3) 축제　　　　　　(4) 수강신청
   (5) 설명해

[문법 및 표현]

1. (1) 문법에 대해서 설명해 주셨어요.
   (2) 한국 영화에 대해서 이야기합시다.
   (3) 에 대해서
2. (1) 돌아갈지 잘 모르겠어요.
   (2) 잘 볼지 못 볼지
   (3) 네, 어떻게 만드는지 알아요.

[읽고 쓰기]

1. (1) ③ (2) ①
2. 어떻게 해야 할지 몰라서/내일 모레/학교생활에
   대하여 설명해 주는 라고 했습니다./아침 9시 30
   분에 만나서 같이 가기(로)

(2) 학교 시설 익히기

[어휘]

1. (1) 문방구 (2) 학생증 (3) 서점 (4) 화장품 가게
   (5) 우체국
2. (1) 팔다 (2) 불필요하다 (3) 도착하다
   (4) 수업을 시작하다

[문법 및 표현]

1. (1) 좋겠어요　　　　(2) 배가 고프겠어요
   (3) 우와, 좋겠어요　(4) 재미있겠어요.
2. (1) 가겠어요.　　　　(2) 성공하겠어요.
   (3) 가르치겠어요　　(4) 앓겠어요

[읽고 쓰기]

1. (1) 문방구에 가서 볼펜 사기/사진관에 가서 사
   진 찍기 (2) 학생회관 (3) 문방구/우체국/서점/화
   장품가게/사진관

(3) 수강 신청하기

[어휘]

1. (1) 경영자, 회사원, 비서 등
   (2) 보석감정사, 관련 사업가 등
   (3) 여행사 직원, 레져사업가 등
   (4) 공무원, 행정전문가 등
   (5) 프로듀서, 신문기자 등
2. (1) 참고 (2) 정할까요? (3) 장학금 (4) 신청한

[문법 및 표현]

1. (1) 잘하지 못해요　(2) 자주 못 만나요
   (3) 잘 추지 못해요 (4) 잘 보지 못했어요
2. (1) 도와 줄 수 있어요? (2) 할 수 없어요
   (3) 칠 수 있어요　　　(4) 끝낼 수 있어요

[읽고 쓰기]

1. (1) ○ (2) × (3) × (4) ○ (5) ○
2. ④
3. (1) 这个学期的课选了吗?
   (2) 这个学期得了奖学金。
   (3) 보고서는 조교선생님에게 제출하십시오.
   (4) 전공 필수 과목은 학생들이 꼭 들어야 하는
   과목입니다.
4. (3) 수강할 과목을 찾는다.
   (4) 신청하기를 누른다.
   (5) 완료된 후 마지막으로 점검을 한다.

(4) 강의계획표 보기

[어휘]

1. (1) 개근 (2) 등록금 (3) 학사경고 (4) 성적표
   (5) 결석
2. (1) ④ (2) ② (3) ① (4) ③

[문법 및 표현]

1. (1) 오기 전에 (2) 먹기 전에 (3) 가기 전에
   (4) 자기 전에 (5) 하기 전에
2. (1) 도서관에서 공부한 후에 식당에 갑니다.
   (2) 식사를 한 후에 산책을 합니다.
   (3) 영화를 본 후에 영화 이야기를 합니다.
   (4) 쇼핑을 한 후에 집에서 요리할 거예요.

[읽고 쓰기]

1. (1) ○ (2) × (3) ○ (4) × (5) ○

(5) 학교 식당에서 식사하기

[어휘]

1. (1) 쓰다 (2) 달다 (3) 짜다 (4) 담백하다
   (5) 맵다 (6) 느끼하다
2. (1) 조식 (2) 석식 (3) 간식 (4) 야식

[문법 및 표현]

1. (1) 하시고 나서
   (2) 일어나고 나서
   (3) 졸업하고 나서 무슨 일을 하려고 합니까?
   (4) 테니스를 치고 나서 캔맥주를 마실 때 기분
   이 좋아요.
2. (1) 커피를 마실래요.   (2) 갈래요
   (3) 빌려 줄래요   (4) 살래요

[읽고 쓰기]

1. (1) 빵/볶음밥   (2) ②   (3) ①

(6) 게시판 읽기

[어휘]

1. (1) 장구   (2) 꽹과리   (3) 징
   (4) 북   (5) 탬버린   (6) 드럼

[문법 및 표현]

1. (1) 건강하시기 바랍니다.
   (2) 부자되시기 바랍니다.
   (3) 맛있게 드시기 바랍니다.
   (4) 결혼하시기 바랍니다.
2. (1) 보고 싶다   (2) 먹고 싶다
   (3) 가고 싶다   (4) 해 드리고 싶어요

[읽고 쓰기]

1. ②
2. (1) 악기를 연주하고 싶은 사람들은 언제든지 오
   세요.
   (2) 한국어를 배우고 싶은 사람은 한국어교육센
   터로 문의하면 됩니다.
   (3) 학생식당에서 식사를 하려면 식권을 사야 합
   니다.
   (4) 감기약은 밥을 먹고 나서 드시기 바랍니다.
3. (1) 欢迎经营学专业的新生。
   (2) 一起度过愉快的时间吧。
   (3) 한국 전통악기를 배우고 싶습니다.
   (4) 떡은 한국의 전통음식입니다.

(7) 도서관 이용하기

[어휘]

1. (2) 책을 빌려주는 곳
   (3) 중요한 책들이 보관되어 있어 볼 수는 있지
   만 빌릴 수는 없는 곳
   (4) 컴퓨터로 정보를 찾는 곳
   (5) 도서관에서 책을 관리하는 사람
2. (1) 중앙   (2) 복사
   (3) 빌려   (4) 열람실
   (5) 찾아 보세요

[문법 및 표현]

1. (1) 찬성하면   (2) 듣고 싶으면
   (3) 이용하면   (4) 제출하면
   (5) 신청하면
2. (1) 봐도   (2) 되어도
   (3) 바빠도   (4) 마셔도
   (5) 많아도

1. (1) 빌리다 (2) ③

2.

대출실에서 할 수 있는 것	열람실에서 할 수 없는 것
(1) 공부를 할 수 있다.	(1) 큰 소리로 이야기하면 안 된다.
(2) 책을 빌릴 수 있다.	(2) 담배를 피우면 안 된다.
(3) 서가에서 책을 읽을 수 있다.	(3) 음식을 먹으면 안 된다.
(4) 검색대를 이용하여 책을 찾을 수 있다.	(4) 노트북을 사용하면 안 된다.

3. (1) 책은 2층 검색대에서 컴퓨터로 찾으면 됩니다.
   (2) 환영회에서 많은 사람을 만나게 되었습니다.
   (3) 이번 학기부터 사물놀이와 태권도 수업을 시작하기로 하였다.
   (4) 저는 짠 음식보다는 싱거운 음식을 좋아하는 편입니다.
   (5) 한국의 자장면과 중국의 자장면은 많이 다릅니다.

4. 1,2층 일반열람실—공부하는 곳, 정기간행물실—국내외 잡지, 신문 등을 볼 수 있는 곳, 신문실—여러 가지 신문을 서서 볼 수 있는 곳, 대출실—책을 빌리는 곳, 복사실—돈을 받고 복사를 해 주는 곳

(8) 안내문 읽기

[어휘]

1. (1) ③ (2) ④ (3) ⑥ (4) ⑤ (5) ② (6) ①

[문법 및 표현]

1. (1) 잘할 경우에는　(2) 문의할 경우에는
   (3) 그럴 경우에는　(4) 전화할 경우에는

2. (1) 감기에 걸리지 않게 옷을 많이 입으십시오.
   (2) 텔레비전이 고장 나지 않게 조심해서 사용하십시오.
   (3) 배탈이 나지 않게 조금만 먹으십시오.
   (4) 친구가 기분 나쁘지 않게 부드럽게 이야기하십시오.

[읽고 쓰기]

1. (1) ○ (2) ○ (3) ○ (4) ○

2. (1) 담배를 피우지 마십시오.
   (2) 조용히 하십시오.
   (3) 학교 물건을 내 물건처럼 아껴서 사용하십시오.
   (4) 여기에 차를 주차하지 마십시오.

3. (1) 请给电脑安装韩文系统。
   (2) 请把手机开成震动。
   (3) 열람실에서 음식물을 먹지 마십시오.
   (4) 자기 물건을 잃어버리지 않게 조심하십시오.

4. ② 학생증을 준비해야 합니다.
   ③ 말하지 마십시오.
   ④ 조심하십시오.
   ⑤ 음식물을 먹지 마십시오.

(9) 하루 생활 정리하기

[어휘]

1. (1) 처음 (2) 일주일 (3) 주중 (4) 탈퇴하다
   (5) 환송회

2. (1) 학교에 가다
   (2) 쉬다
   (3) 텔레비전을 보다
   (4) 배운 것을 다시 공부하다/내일 배울 것을 미리 공부하다
   (5) 잠을 자다

[문법 및 표현]

1. (1) 사랑하면 사랑할수록 더 예뻐집니다.
   (2) 춤을 추면 출수록 살이 빠집니다.
   (3) 돈이 많으면 많을수록 좋을까요?
   (4) 한국어를 잘하면 잘할수록 취직하기에 유리합니다.
   (5) 나이가 들면 들수록 흰머리가 생깁니다.

2. 생일이었다/준비했다/왔다/보냈다/어려울 것이다/믿는다/좋겠다.

1. (1) 일기 (2) ③ (3) ④
2. (1) 되었다 (2) 싶어해요 (3) 에 대하여
   (4) 복잡하다 (5) 하기 전에
3. (1) 자장면이나 (2) 고장(이)나서

LESSON 02. 친구 사귀기

(1) 한국 친구 소개 받기

[어휘]

1. (1) 같은 회사에서 일하는 사람
   (2) 같은 학교에서 함께 공부를 한 사람
   (3) 같은 시기에 같은 장소에서 교육받은 사람
   (4) 나보다 나이가 많거나 같은 학교, 회사에 빨리 들어간 사람
   (5) 나보다 나이가 적거나 같은 학교, 회사에 늦게 들어온 사람

[문법 및 표현]

1. (1) 중국어 가르치는 일을 하면 좋겠어요.
   (2) 백양산에 가면 좋겠어요.
   (3) 냉면을 먹으면 좋겠어요.
   (4) 대화가 통하는 친구를 만나면 좋겠어요.
2. (1) 글씨를 쓸 줄 몰라요.
   (2) 보낼 줄 아시네요.
   (3) 만들 줄 아세요(요리할 줄 아세요)?
   (4) 칠 줄 알아요?

[읽고 쓰기]

1. (1) ① 한국말이 안 늘어서
       ② 한국 생활이 어려워서
   (2) 중국어를 할 줄 아는 한국친구
   (3) 오민수
   (4) ③

(2) 두 번째 만남 커피숍에서

[어휘]

1. (1) 외모를 나타내는 표현 : 귀엽다/못생기다/날씬하다/촌스럽다/멋있다
   (2) 성격을 나타내는 표현 : 명랑하다/다혈질이다/낙천적이다/착하다/외향적이다
2. (1) 급하다　　　　　(2) 고집이 세다
   (3) 변덕이 심하다　　(4) 우유부단하다
   (5) 자상하다　　　　(6) 내성적이다

[문법 및 표현]

1. (1) 잘하는 편이에요.
   (2) 좋아하는 편이에요
   (3) 저는 야채(or고기)를 좋아하는 편입니다.
2. (1) '고속철'이라고 합니다.
   (2) '팀부동'이라고 합니다.
   (3) 이라고 부릅니까?

[읽고 쓰기]

1. (1) ③
   (2) ① × ② ○ ③ × ④ ○

(3) 영화표 예매하기

[어휘]

1. (2) 영화를 보는 사람 (3) 영화를 만드는 사람
   (4) 영화를 보는 장소
   (5) 영화를 만들 때 돈을 투자하는 사람
   (6) 영화를 카메라로 찍는 사람
2. (1) ③ (2) ① (3) ④ (4) ①

[문법 및 표현]

1. (1) 보이던데　　　　(2) 가던데
   (3) 인기가 많던데　　(4) 만들던데
2. (1) 한국은 태권도로 유명합니다.
   (2) 중국은 만리장성으로 유명합니다.
   (3) 가수 손담비는 '미쳤어'라는 노래로 유명합니다.
   (4) 제주도는 아름다운 섬으로 유명합니다.

1. (1) ①   (2) 남포동   (3) ③   (4) ③

(4) 고민 나누기

[어휘]

1. (1) 특히 (2) 서로 (3) 꼭 (4) 꽤 (5) 갑자기

[문법 및 표현]

1. (1) 네 이름은 뭐야?   (2) 보영아, 어디 가?
   (3) 우리 오늘 해운대에 갈까?
   (4) 좀 조용히 해.   (5) 응, 알겠어.
2. (1) 한턱낼 테니까   (2) 줄 테니까
   (3) 가르쳐 줄 테니까 (4) 보여 줄 테니까

[읽고 쓰기]

1. (1) ③
   (2) 반말을 하다
   (3) ① 민수를 자주 만나는 것
       ② 한국친구를 더 많이 사귀는 것

(5) 노래방에서

[어휘]

1. (1) 팝송   (2) 국악   (3) 동요

[문법]

1. (1) 남학생 중에서 진진 씨가 가장 인기가 많아요.
   (2) 링링 씨가 가장 눈이 커요.

[읽고 쓰기]

1. 설문조사 통계내기(생략)

(6) 문자 메시지로 약속하기

[어휘]

1. (1) 답답하다   (2) 외롭다
   (3) 향수병   (4) 기분전환

[문법 및 표현]

1. (1) 어려워서 그러는데
   (2) 걸려서 그러는데
   (3) 바빠서 그러는데

[읽고 쓰기]

1. (1) × (2) × (3) ○ (4) ×
2. 생략
3. (1) 能用手机发短信吗?
   (2) 今天想和朋友开心地玩儿。
   (3) 언제 외로움을 느끼십니까?
   (4) 스트레스를 어떻게 푸십니까?
4. (1) 문자를 보내고 (2) 로 유명한

(7) 미용실에서

[어휘]

1. (1) 긴 생머리 (2) 곱슬머리 (3) 대머리
   (4) 묶은머리   (5) 커트머리 (6) 단발머리
2. (2) 끼다 (3) 쓰다 (4) 하다 (5) 매다 (6) 메다

[문법 및 표현]

1. (1)

	-아(어, 여)서	-(으)면	-(으)ㄴ	-았(었/였)어요	-ㅂ니다/-습니다.
빨갛다	빨개서	빨갰으면	빨간	빨갰어요	빨갛습니다
파랗다	파래서	파랬으면	파란	파랬어요	파랗습니다
노랗다	노래서	노랬으면	노란	노랬어요	노랗습니다
하얗다	하얘서	하얬으면	하얀	하얬어요	하얗습니다
어떻다	어때서	어땠으면	어떤	어땠어요	어땠습니까
이렇다	이래서	이랬으면	이런	이랬어요	이렇습니다

(2) ① 빨간 ② 하얘서 ③ 파랗습니다
   ④ 어떤 ⑤ 노란

[읽고 쓰기]

1. (1) ㉠ 자르고 ㉡ 자르려고 ㉢ 잘라
   (2) 염색하다
   (3) ① ○ ② ○ ③ × ④ ○

(8) 장래 계획 말하기

[어휘]

1. (2) 전문적인 기술이 있는 사람
   (3) 유행하는 옷의 디자인을 전문적으로 하는 사람
   (4) 건축에 대한 전문 지식이나 기술을 가진 사람
   (5) 대학에서 전문분야를(전공) 연구하고 전문적
   으로 가르치는 사람
   (6) 자격증을 가지고 전문적으로 통역을 하는 사람

[문법 및 표현]

1. (1) 한　(2) 맛있는　(3) 부를　(4) 갈
2. (1) 넓은　(2) 빨간　(3) 뚱뚱한　(4) 하얀
3. (1) 아르바이트를 하고 나니까 좀 피곤해요.
   (2) 한국어능력시험을 보고 나니까 내 한국어실
   력을 알겠어요.
   (3) 보고 나니까
   (4) 가 보고 나니까
4. (1) 남쪽에 있거든요.
   (2) 긴장했거든요.
   (3) 세일 기간이거든요.
   (4) 영화가 너무 슬펐거든요. 그래서 울었어요.

[읽고 쓰기]

1. (1) 찬성하다　(2) ②　(3) ④　(4) ②
2. (1) 늘었어요　　　(2) 싫어합니다
   (3) 지루해서　　　(4) 때문에
   (5) 고플 테니까　　(6) 언제든지
   (7) 께서는/께서　　(8) 걱정이 됩니다
3. (1) 저는 중국어를 할 줄 아는 도우미를 만나고
   싶어요.
   (2) 제 성격은 외향적이고 활달하며 모든 면에
   적극적인 편입니다.
   (3) 지금 부산에서 부산국제영화제를 하고 있으
   니까 부산에 갑시다.
   (4) 머리 모양을 요즘 유행하는 스타일로 바꿔
   주세요.

(9) 한국어과 학생을 직접 만나 사귀어 보기

[어휘]

1. (1) 대학생－대학교－젊다－청바지－낭만적이다
   (2) 성격－외향적이다－내성적이다－낙천적이다
   －긍정적이다

[문법 및 표현]

1. (1) 끝나는 대로　　(2) 오는 대로
   (3) 보는 대로　　　(4) 도착하는 대로

[읽고 쓰기]

1. (1) 교수님의 소개로 만났습니다.
   (2) 김병관입니다.
   (3) 사회복지학입니다.
   (4) 외모 : 키가 크고 멋있게 생겼습니다. 특히,
   웃는 모습이 멋있습니다. 성격 : 밝고 친절
   하고 외향적인 편입니다. 성실하고 책임감
   이 강합니다.
   (5) 장학생으로 선발되어 1년 동안 일본에 가게
   되었습니다.
   (6) 1년 후에 한국친구를 만날 때 유창한 한국어
   로 이야기하는 것.
2. (1) 你交过韩国朋友吗?
   (2) 想见什么样的朋友? 说说条件。
   (3) 저는 한국에 도착하는 대로 중국에 계신 부
   모님께 전화 드렸습니다.
   (4) 저는 인터넷을 통해 만난 한국친구와 한국어
   로 이야기합니다.

LESSON 03. 집구하기

(1) 집구하는 방법 알기

[어휘]

1. (1) 월세－집을 빌릴 때 보증금을 조금 내고 매달
   돈을 낸다.

(2) 전세-집을 빌릴 때 보증금을 많이 내고 매
달 돈을 내지 않는다.
(3) 하숙-조금 비싸지만 청소, 식사 등을 해 주
어서 편리하다.
(4) 자취-자기 스스로 밥, 청소를 하며 생활한다.
(5) 보증금-세입자가 집주인에게 집을 빌리는
대신 맡기는 돈
2. (1) 옮기다 (2) 통해서 (3) 부동산
(4) 도움   (5) 불편하다

[문법 및 표현]

1. (1) 광고지를 통해서 구했어요.
(2) 학교 홈페이지를 통해서 알았어요.
(3) 선생님을 통해서 알았어요.
2. (1) 어디든지
(2) 어떻게든지
(3) 얼마든지(무엇이든지)

[읽고 쓰기]

1. (1) 드릴 말씀이 있는데요. (2) ② (3) ④
2. 생략
3. (1) 我现在正在找月租房子。
(2) 找和我一起作同屋的人。
(3) 하숙과 자취 중에서 어떤 것이 편해요?
(4) 중국에도 '전세'가 있습니까?
4. (1) 집을 구하려고
(2) 아파트를 구하고(아파트에 살고)

(2) 부동산 광고문 읽기

[어휘]

1. (1) ① (2) ② (3) ④

[문법 및 표현]

1. (1) 한국어 회화와 한국어 쓰기
(2) 베트남이나 태국
(3) 컴퓨터공학이나 e-비즈니스학
(4) 전자사전이나 시세

[읽고 쓰기]

1. (1) × (2) ○ (3) × (4) × (5) ○
2. (2) 식사는 아침과 저녁을 제공합니다.
(3) 하숙비는 한 달에 45만원입니다.
(4) 저희 하숙집의 특징은 깨끗하고 조용한 방이
준비되어 있습니다. 맛있는 식사가 제공되
며, 친절한 아줌마가 계십니다.

(3) 부동산에 문의하기

[어휘]

1. (2) 두껍다-얇다   (3) 밝다-어둡다
(4) 가깝다-멀다   (5) 조용하다-시끄럽다
2. (1) 구하고   (2) 원합니다.
(3) 제공합니다.   (4) 잃었어요.
(5) 잊었어요.

[문법 및 표현]

1. (1) 30분 후에 먹을 수 있겠다.
(2) 갈 수 있겠어요?
(3) 들 수 있겠어요?
(4) 빌릴 수 있겠어요?

[읽고 쓰기]

1. (1) 좁다 (2) 한 1500만 원 정도
(3) 방이 넓으면 좋겠다/학교와 가까우면 좋겠다
/집이 밝고 조용하면 좋겠다.   (4) ②
2. (1) 我想结婚后住在能看见大海的宽敞的房子里。
(2) 新搬的家全税保证金是多少?
(3) 이사 갈 집이 지하철역과 가까운 곳이면 좋
겠어요.
(4) 제가 살고 있는 집은 밝고 조용하며 집주인
도 친절해서 마음에 듭니다.

(4) 이사 갈 집 둘러보기

[어휘]

1. (1) 도배를-하다   (2) 장판을-깔다
(3) 고장난 보일러를-고치다

(4) 벽지를－바르다

(5) 형광등을－갈아 끼다

2. (1) 더럽다　　　　(2) 냉방

(3) 고치다(수리하다)　(4) 적게 들다

[문법 및 표현]

1. (1) 자식들을 올바르게 키우고 싶어요.

(2) 풍경화를 그리고 싶어요.

(3) 어려운 사람들을 돕고 싶어요.

(4) 친구들과 함께 여행을 가고 싶어요.

2. (2) 한국어 문법이 어려우면 선생님에게 물어보면 됩니다.

(3) 전보다 뚱뚱해졌으면, 운동해서 살을 빼면 됩니다.

(4) 학비가 부족하면 아르바이트를 하면 됩니다.

[읽고 쓰기]

1. (1) ㉠ 청결하다 ㉡ 따뜻하다 ㉢ 조금
㉣ 고치다 ㉤ 좋다

(2) ②

(5) 집 계약하기

[어휘]

1. (1) 세입자　　　(2) 소유자

(3) 중개인　　　(4) 계약서

(5) 계약금

[문법 및 표현]

1. (1) 놓여 있다.　　(2) 들어 있다.

(3) 서 있어서　　(4) 입원해 있어요.

2. (1) 가려고요　　(2) 결혼식장에 가려고요

(3) 사려고요　　(4) 배우려고요

[읽고 쓰기]

1. (1) 계약금/선금　　　(2) 잔금

(3) 아주머니께 드리세요.　(4) ②

(6) 이삿짐센터에 전화하기

[어휘]

1. (2) 가구류 → 방 → 옷장 → 책상 → 옷

(3) 주방용품 → 부엌 → 식탁 → 그릇 → 수세미

2. (1) 옮기니까 (2) 기본이니까 (3) 짐 (4) 정확하게

[문법 및 표현]

1. (1) 성함이 어떻게 되십니까?

(2) 선생님께서 저에게 전화하셨어요.

(3) 저는 선생님께 전화드렸어요.

(4) 김 선생님께서 학교에 계십니다.

(5) 오늘은 시골에 사시는 할머니 생신이십니다.

(6) 할아버지께서는 주무시고 계십니다.

(7) 저희 어머니께서는 선생님이십니다. 학교에서 영어를 가르치십니다. 수업을 할 때 영어로 말씀을 하십니다. 제 어머니 성함은 박미경이십니다. 연세는 48세이십니다. 저는 저희 어머니를 아주 사랑합니다.

[읽고 쓰기]

1. (1) 이사할 거예요.

(2) ①

2. 생략

3. (1) 这周六搬家请给搬一下行李。

(2) 无论什么只有学好基础, 才可以做得好。

(3) 선생님, 드릴 말씀이 있는데 다음 주에 찾아뵈어도 될까요?

(4) 이사비용은 짐을 본 후에 정확하게 말씀드리겠습니다.

4. (1) 여기에 이름과 주소를 쓰고 도장을 찍어주세요.

(2) 방이 비어있으니까 언제든지 이사 오세요.

(3) 카세트가 고장이 나서 음악을 들을 수가 없습니다.

(4) 학교에 다녀야 하니까 집이 가까우면 좋겠습니다.

(7) 필요한 생활용품 사기

[어휘]

1. (1) ③　　　(2) ①　　　(3) ②　　　(4) ②
2. 가구점-책상, 의자, 침대/전자대리점-텔레비전, 냉장고, 세탁기, 가스레인지, 전기밥솥/그릇가게-칼, 숟가락, 접시, 커피잔

[문법 및 표현]

1. (1) 한국어 말하기 과목 말고도 (2) 그것 말고도
   (3) 한국어 책 말고도 (4) 왕단 씨 말고도
2. (1) 들어갈 수 있도록 (2) 짜지 않도록 (3) 오도록
   (4) 늦지 않도록 (5) 만날 수 있도록

[읽고 쓰기]

1. (1) 길 (2) 텔레비전하고 전기밥솥
   (3) 책꽂이하고 의자 (4) ④
2. 생략
3. (1) 월세로 집을 빌리려면 보증금과 매달 돈을 내야 합니다.
   (2) 저는 시간이 있으면 친구를 만나거나 도서관에 갑니다.
   (3) 제가 살고 있는 기숙사는 환경이 깨끗할 뿐만 아니라 조용해서 좋습니다.
   (4) 지난 주에 선물받은 mp3가 고장나서 음악을 들을 수 없어요.
   (5) 정확한 이사비용은 담당직원이 집을 본 후에 알려드리도록 하겠습니다.

(8) 우리 집

[어휘]

1. (2) 가스레인지-가스를 사용하여 음식을 만드는 조리기구.
   (3) 침대-사람이 누워서 잘 수 있도록 만든 가구.
   (4) 싱크대- 요리를 할 때 재료를 다듬거나 씻거나 조리할 수 있도록 만든 가구
   (5) 책장-책을 넣어두는 장
   (6) 옷장-옷을 넣어두는 가구

2. (1) 교실이 어둡다. (2) 운동장이 좁다
   (3) 짐이 가볍다 (4) 거리가 가깝다
   (5) 날씨가 흐리다 (6) 산이 낮다
   (7) 머리가 짧다 (8) 책이 얇다

[문법 및 표현]

1. (1) 예뻐진 것 같아요
   (2) 안 하신 것 같아요
   (3) 소질이 있는 것 같아요
2. (1) 싫은가 봐요
   (2) 날인가 봐요
   (3) 맛있나 봐요

[읽고 쓰기]

1. (1) ○ (2) × (3) ○ (4) × (5) × (6) ×
2. (1) 좀 피곤해요
   (2) (백양산으로) 등산을 가면 좋겠어요/가고 싶어요
3. (1) 请保持洗手间卫生和节约用纸。
   (2) 因为换了客厅的沙发, 所以感觉不同了。
   (3) 제가 이사한 집에 한번 놀러 오세요.
   (4) 제 집은 별로 넓지 않지만 편안하고 아늑합니다.

(9) 집들이 초대하기

[어휘]

1. (1) ④ (2) ④ (3) ②

[문법 및 표현]

1. (1) 공부한다면서요?
   (2) 어려웠다면서요?
   (3) 중국사람이라면서요?
2. (1) 냉장고에 물밖에 없어요.
   (2) 큰 도서관에 학생이 5명밖에 없어요.
   (3) 테니스밖에 없어요.
   (4) 스파게티밖에 없어요.

[읽고 쓰기]

1. (1) 집들이 (2) ③ (3) ② (4) ④ (5) ④

(1) 아르바이트에 대해 생각해 보기

[어휘]

1. (1) ③ (2) ①
2. (1) 지각하는 (2) 노력하면 (3) 저축하는
   (4) 주중/주말

[문법 및 표현]

1. (1) 운전하면서 영어테이프를 매일 들었어요.
   (2) 차를 마시면서 이야기했어요.
   (3) 똑똑하면서 자신감이 있어서 마음에 들었어요.
   (4) 거리를 구경하면서 쇼핑했어요.
2. (1) 침대로도 사용할 수 있어요.
   (2) 버스로도 갈 수 있어요.
   (3) 외출복으로도 입을 수 있어요.
   (4) 카드로도 계산할 수 있어요.
   (5) 전화로도 사용할 수 있고, 사진기로도 사용
       할 수 있고, mp3로도 사용할 수 있습니다.

[읽고 쓰기]

1. (1) ② (2) 자신감을 얻다 (3) ②
2. 생략
3. (1) 집이 마음에 들면 계약하십시오.
   (2) 생활비를 벌기 위해서 아르바이트를 해야 합
       니다.
   (3) 자신감이 있으면 무슨 일이든지 할 수 있다.
   (4) 아르바이트를 할 때 힘들었지만 재미있었다.
4. (1) 배달하는 (2) 광고(지)를 보고

(2) 아르바이트 구하기

[어휘]

1. (1) 배달원 (2) 판매원 (3) 과외 (4) 주유원
   (5) 전단지 돌리기 (6) 서빙
2. (1) 편의점 (2) 주유소 (3) 구하고 (4) 구인광고
   (5) 면허증

[문법 및 표현]

1. (1) ㄹ 불규칙동사

	ㅂ니다/습니다	–아/어요	–아/어서	–(으)니까
알다	알겠습니다	알아요	알아서	아니까
살다	살겠습니다	살아요	살아서	사니까
놀다	놀겠습니다	놀아요	놀아서	노니까
울다	울겠습니다	울어요	울어서	우니까
길다	길겠습니다	길어요	길어서	기니까

(2) 으 불규칙동사

	ㅂ니다/습니다	–아/어요	–아/어서	–(으)니까
아프다	아픕니다	아파요	아파서	아프니까
예쁘다	예쁩니다	예뻐요	예뻐서	예쁘니까
크다	큽니다	커요	커서	크니까
쓰다	씁니다	써요	써서	쓰니까
바쁘다	바쁩니다	바빠요	바빠서	바쁘니까

(3) ㄷ 불규칙동사

	ㅂ니다/습니다	–아/어요	–아/어서	–(으)니까
걷다	걷습니다	걸어요	걸어서	걸으니까
듣다	듣습니다	들어요	들어서	들으니까
묻다	묻습니다	물어요	물어서	물으니까
받다	받습니다	받아요	받아서	받으니까
싣다	싣습니다	실어요	실어서	실으니까

(4) ㅂ 불규칙동사

	ㅂ니다/습니다	–아/어요	–아/어서	–(으)니까
덥다	덥습니다	더워요	더워서	더우니까
아름답다	아름답습니다	아름다워요	아름다워서	아름다우니까
춥다	춥습니다	추워요	추워서	추우니까
고맙다	고맙습니다	고마워요	고마워서	고마우니까
돕다	돕습니다	도와요	도와서	도우니까

2. (1) 좁우면 (2) 도와요 (3) 걸면 (4) 기쁘니까
   (5) 놀으려고
3. (1) 물어 (2) 파니까 (3) 받았으면
   (4) 더운데 (5) 좁은

1. ②
2. (1) 我现在正做翻译的打工。
   (2) 通过生活信息杂志找到了打工。
   (3) 이번 학기부터 도서관에서 근로학생으로 일하게 되었습니다.
   (4) 저는 공부 때문에 아직 아르바이트를 시작하지 않았습니다.

(3) 아르바이트 광고지 읽기

[어휘]

1. (1) 면허증을 따다 (2) 아르바이트를 구하다
   (3) 급여를 받다 (4) 피자를 배달하다
2. (1) 주급 (2) 월급 (3) 보너스 (4) 연봉

[문법 및 표현]

1. (1) ㅅ불규칙 동사

	ㅂ니다/습니다	-아/어요	-아/어서	-(으)니까
짓다	짓습니다	지어요	지어서	지으니까
낫다	낫습니다	나아요	나아서	나으니까
붓다	붓습니다	부어요	부어서	부으니까
벗다	벗습니다	벗어요	벗어서	벗으니까

(2) 르 불규칙 동사

	ㅂ니다/습니다	-아/어요	-아/어서	-(으)니까
모르다	모릅니다	몰라요	몰라서	모르니까
기르다	기릅니다	길러요	길러서	기르니까
흐르다	흐릅니다	흘러요	흘러서	흐르니까
고르다	고릅니다	골라요	골라서	고르니까

2. (1) 지고 (2) 버습니다 (3) 알으니까 (4) 저면
3. (1) 기르려고 (2) 나으면 (3) 골라 (4) 부었어요

[읽고 쓰기]

1. (1) × (2) × (3) × (4) ○
2. (1) 找能发标准中国语的中国人老师。
   (2) 请有摩托车驾驶执照的人报名。
   (3) 컴퓨터에 대해 잘 알고 있는 분을 원합니다.

(4) 한 달에 월급이 어떻게 됩니까?
3. 피자집에서 배달하는 사람을 구합니다. 주소는 (가게 이름은) 피망피자입니다. 시간은 오후 2시부터 밤 9시까지입니다. 급여는 시급으로 4천 원입니다. 자격은 21세 이상이고, 오토바이 면허증을 소지해야 합니다. 연락처는 444−3663입니다.

(4) 아르바이트 문의하기

[어휘]

1. (2) 생년월일 (3) 성별 (4) 주소
   (5) 전화번호 (6) 학력 (7) 경력

[문법 및 표현]

1. (1) 아무 때나 (2) 아무 거나 (3) 아무 데나
   (4) 아무 것도 (5) 아무도

[읽고 쓰기]

1. (1) ○ (2) ○ (3) ○ (4) × (5) ○

(5) 아르바이트 면접

[어휘]

1. (2) 직업이 어떻게 되십니까?
   (3) 국적이 어떻게 되십니까?
   (4) 가격이 어떻게 됩니까?
   (5) 나이가 어떻게 되십니까?
2. (1) 면접 (2) 구체적 (3) 손님
   (4) 시작할 (5) 비슷하여

[문법 및 표현]

1. (1) 갔던 (2) 결혼했던 (3) 사랑했던 (4) 보았던
2. (1) 하면 됩니다. (2) 가면 됩니다.
   (3) 물어보면 됩니다.
   (4) 영화관에 가면 됩니다.

[읽고 쓰기]

1. (1) 온 지 (2) 해 본 적이(한 적이)

(3) 다음 주 월요일　　(4) ④

(6) 아르바이트 하기

[어휘]

1. (1) 음료수류　　　　(2) 유제품류
　 (3) 즉석식품류　　　(4) 생활용품류
　 (5) 주류
2. (1) 지폐 (2) 동전 (3) 거스름돈 (4) 카드 (5) 영수증

[문법 및 표현]

1. (1) 어렵게 (2) 즐겁게 (3) 짧게 (4) 귀엽게 생겼어요.
2. (1) 말씀대로 (2) 사실대로 (3) 여자대로/남자대로

[읽고 쓰기]

1. (1) ② (2) 영수증 (3) ③ (4) ① (5) 친절하게
2. (1) 买的东西要在柜台扫描条形码。
　 (2) 缺的东西, 请赶紧到仓库拿来放上。
　 (3) 우리 매장이 넓은 만큼 물건도 많습니다.
　 (4) 계산하는 방법을 가르쳐 드릴게요.
3. (1) 이 기계로 바코드를 찍으면 가격이 표시됩니다.
　 (2) 매장에 물건이 떨어져서 물건 가지러 갑니다.
　 (3) 제가 이곳에서 해야 하는 일이 구체적으로
　　　무엇입니까?
　 (4) 자신의 학력과 경력에 대해서 이야기해 보십
　　　시오.
　 (5) 너희들이 약속 장소와 시간을 정하면 늦게라
　　　도 갈게.
　 (6) 저는 3년 전에 운전면허증을 땄지만 그동안
　　　운전을 안 했어요.

(7) 아르바이트 어려움 이야기하기

[어휘]

1. (1) 재미있다/영화/코미디영화/주성치/소림축구
　 (2) 어렵다/한국어/선생님/교실/공부
　 (3) 그립다/부모님/고향/집/가족
2. (1) 학비 (2) 버는 (3) 힘든 (4) 곤란한
　 (5) 익숙해졌어요.

[문법 및 표현]

1. (1) 재석 씨는 재미있고 친절하잖아요.
　 (2) 겨울이잖아요. (3) 좋아하잖아요.
　 (4) 했잖아요.

[읽고 쓰기]

1. (1) 익숙해져서 (2) 저희 선생님께서도 (3) ② (4) ②
2. (1) 아르바이트도 해야 하는 일은
　 (2) 손님이 산 물건을
3. (1) 남향이라서 (2) 음식이니까(음식인데)
　 (3) 사려면 (4) 연세가 (5) 선생님을 통해서
　 (6) 명수 씨하고 준하 씨하고

(8) 재미있는 아르바이트 생각해 보기

[어휘]

1. (1) 피우다 (2) 바르다 (3) 감다 (4) 키우다 (5) 받다
　 (6) 바꾸다

[문법 및 표현]

1. (1) 끝날지
　 (2) 기분이 왜 안 좋은지 잘 모르겠어요.
　 (3) 남자친구가 있는지 없는지 잘 모르겠어요.
　 (4) 외국인인지
2. (1) 만들기가 쉬운 편이에요.
　 (2) 살기가 편해요.
　 (3) 다니기가 쉬워졌어요.

[읽고 쓰기]

1. (1) × (2) ○ (3) ○ (4) ×
2. (1) ○ (2) ○ (3) × (4) ○

(9) 아르바이트 5계명 만들기

[어휘]

1. (1) 세우다 (2) 극복하다 (3) 생기다
　 (4) 만들다 (5) 나다
2. (1) 소중한 (2) 목표 (3) 학비 (4) 활용해

[문법 및 표현]

1. (1) 맛있는가   (2) 필요한가   (3) 사랑하는가
   (4) 있는가   (5) 다른가
2. (1) 하라   (2) 영원하라   (3) 솔직하라
   (4) 보라   (5) 되라

[읽고 쓰기]

1. (1) 시간은 돈만큼 '소중하다'는 의미
   (2) ④   (3) 늘리다   (4) ③

LESSON 05. 여행하기

(1) 어디로 갈까

[어휘]

1. (1) 한라산   (2) 불국사   (3) 해운대
   (4) 경복궁   (5) 설악산
2. (1) 섬   (2) 관광지   (3) 고궁
   (4) 유명한   (5) 전통

[문법 및 표현]

1. (2) 삼계탕이 먹을 만해요
   (3) 볼 만한/볼 만해요
   (4) 읽을 만합니다.
2. (1) 무엇을 전공해야 할지 잘 모르겠어요.
   (2) 해야 할지 (말아야 할지) 잘 모르겠어요.
   (3) 해야 할지
   (4) 키워야 할지 잘 모르겠어요.

[읽고 쓰기]

1. (1) 가 볼만한 곳 (2) 제주도 (3) ③

(2) 여행 광고 읽기

[어휘]

1. (1) ③ (2) ④ (3) ③ (4) ① (5) ④ (6) ② (7) ②

[문법 및 표현]

1. (1) 사 주세요.   (2) 사 주셨어요.
   (3) 사 드리려고 합니다.   (4) 사 주었어요.
   (5) 사 주셨어요.   (6) 사 드리려고 합니다.

[읽고 쓰기]

1. (1) ○ (2) × (3) ○ (4) ○ (5) × (6) × (7) ×
2. (1) 도착합니다 (2) 이고 (3) 되어야/되면
   (4) 포함됩니다 (5) 모두/다 (6) 내야
   (7) 돌려드릴 수 없습니다.

(3) 서울 시티 투어 버스에 문의하기

[어휘]

1. (1) 타다 (2) 떠나다 (3) 내리다 (4) 사다

[문법 및 표현]

1. (1) 가시나요 (2) 사셨나요 (3) 아시나요

[읽고 쓰기]

1. (1) ④ (2) 탑승하다
   (3) ① × ② × ③ ○ ④ ○ ⑤ ○ ⑥ ○
2. 생략
3. (1) 계시는 어머니께 (2) 부산에 와서(부산에 내려)

(4) 기차표 사기

[어휘]

1. (1) 열차   (2) 관광지   (3) 녹차
   (4) 고속철   (5) 계속   (6) 야식
2. (1) 가능합니다   (2) 예매하지
   (3) 간격으로   (4) 돌아왔어요

[문법 및 표현]

1. (1) 이야기해 보는 게 어때요?
   (2) 등산 가는 게 어때요?
   (3) 가는 게 어때요?
   (4) 삼계탕을 먹는 게 어때?
2. (1) 시역에 따라서   (2) 옷에 따라서
   (3) 디자인과 크기에 따라서 다릅니다.

[읽고 쓰기]

1. (1) 기차의 종류 :
    KTX/가는 곳 : 부산 → 서울
    날짜 : 12월 1일/시간 : 오전 7시
    돌아오는 곳 : 서울 → 부산
    날짜 : 12월 3일
    시간 : 오후 5시
   (2) ④

(5) 게스트 하우스 예약하기

[어휘]

1. (1) 호텔   (2) 콘도미니엄   (3) 유스호스텔
   (4) 여인숙   (5) 게스트하우스
2. (1) ① (2) ② (3) ③ (4) ④ (5) ①

[문법 및 표현]

1. (1) 도착할 예정이에요 (2) 언제 하실 예정이에요
   (3) 갈 예정이에요 (4) 전공할 예정이에요
2. (1) 있는 동안 (2) 자는 동안 (3) 수업하는 동안
   (4) 기다리는 동안

[읽고 쓰기]

1. (1) ○ (2) × (3) ○ (4) × (5) ○
2. (1) 上次旅行住了宾馆。
   (2) 这次旅行想住在庆州的度假公寓。
   (3) 침대방과 온돌방 중에서 어느 방을 원하십니까?
   (4) 바다가 보이는 방으로 예약해 주십시오.

(6) 관광지 미리 보기

[어휘]

1. (2) 가르치다 (3) 좁다 (4) 복잡하다
   (5) 출발하다 (6) 느리다
2. (1) 지나갑니다 (2) 오래된 (3) 전통
   (4) 살아있습니다 (5) 걸릴 (6) 양보해

[문법 및 표현]

1. (1) 자는군요.   (2) 먹는군요

(3) 그리는군요   (4) 귀엽군요
2. (1) 눈이 펑펑 내리네요. (2) 아름답네요
   (3) 영화가 감동적이네요.
   (4) 이야기가 무섭네요.
   (5) 옷이 비싸보이네요.

[읽고 쓰기]

1. (1) 인사동 (2) ④ (3) ③ (4) ④

(7) 기념품 가게에서

[어휘]

1. 복조리, 인형, 매듭, 탈, 부채, 도자기
2. (1) 둘러보셨다 (2) 구경 (3) 신기했다 (4) 오래된

[문법 및 표현]

1. (1) 맛있는 걸요 (2) 옷인 걸요 (3) 있는 걸요
   (4) 먹었는 걸요
2. (1) 잠만 잤다 (2) 밥만 (3) 얼굴만 못생겼다
   (4) 오기만 (5) 공부만

[읽고 쓰기]

1. ③
2. (1) ○ (2) × (3) ○ (4) ○
3. (1) 如果去仁寺洞, 有很多的假面、扇子、韩纸工艺
       品等民俗工艺品。
   (2) 如果有时间, 慢慢地逛逛仁寺洞的街道。
   (3) 저희 가게에 있는 물건들은 손으로 직접 만
       든 수제품입니다.
   (4) 요즘 한국에도 다양한 국적의 외국인들이 많
       아졌어요.
4. (1) 여러 명이 함께 숙소에 묵을 때는 온돌방이
       더 편합니다.
   (2) 우리 가게에는 신기한 물건이 많이 있어요.
   (3) 제 동생은 취미로 한지공예를 배우고 있어요.
   (4) 이 구두는 아버지께서 직접 만들어 주신 구
       두입니다.
   (5) 여행을 할 때 젊은이들의 거리인 대학가를
       꼭 가보십시오.

(6) 인사동에는 주말에 차가 다니지 않아 관광하
기가 편합니다.

(8) 소감 이야기하기

[어휘]

1. (1) 모으는 (2) 좀 불편해요 (3) 덕분에 (4) 기억

[문법 및 표현]

1. (1) 미인이셨겠어요　　(2) 맛있었겠어요
   (3) 도착했겠어요　　(4) 좋았겠어요
2. (1) 날씬하더라　　(2) 싸더라
   (3) 멋있더라　　(4) 맛있더라

[읽고 쓰기]

1. (1) ③ (2) 다음에 같이 갈 때 (3) ②
2. (1) 托父母的福我来到了韩国留学。
   (2) 在首尔, 外国人喜欢的地方之一是仁寺洞。
   (3) 인사동에는 한국의 전통문화를 느낄 수 있는
   물건들이 많이 있습니다.
   (4) 인사동은 토요일에 자동차가 다니지 않아 천
   천히 쇼핑하기에 좋습니다.

(9) 기행문 쓰기

[어휘]

1. (1) 김치　　(2) 부드럽다
   (3) 한복　　(4) 기회
   (5) 유명하다　　(6) 체험
   (7) 탈춤
2. (1) ③　(2) ③　(3) ③　(4) ④

[문법 및 표현]

1. (1) 왕자인 것 같이
   (2) 호수인 것 같이
   (3) 아빠 같이
   (4) 여자인 것 처럼
2. (1) 건축가라고
   (2) 정준하라고 합니다.

(3) 동백섬이라고
(4) '팀부동'이라고 합니다.

[읽고 쓰기]

1. (1) ① (2) ② (3) ③ (4) ④

LESSON 06.취미 생활하기

(1) 당신의 취미는

[어휘]

1. (1) 듣다　　(2) 모으다　　(3) 치다
   (4) 기르다　　(5) 타다
2. (1) 찾아본다　　(2) 그냥　　(3) 열려
   (4) 남았다　　(5) 취미

[문법 및 표현]

1. (1) 링링 말고 랑랑을 좋아해.
   (2) 랑랑 말고는 다른 여자에게 관심 없어.
   (3) 음악학과 말고는
   (4) 내일 말고는
2. (1) 바쁘실 텐데　　(2) 들어가야 할 텐데
   (3) 아플 텐데　　(4) 어려울 텐데

[읽고 쓰기]

1. (1) × (2) × (3) ○ (4) ×
2. (1) 책 중에서 소설책 읽기를 좋아합니다.
   (2) 저는 음악듣기 말고(외에는) 좋아하는 취미
   가 없습니다.
   (3) 여행하다가(여행할 때) 좋은 친구를 만나서
   사귀게 되었어요.
   (4) 취미생활로 스트레스를 푸는 것은 좋은 방법
   입니다.

(2) 취미 생활을 위한 광고 읽기

[어휘]

1. (1) 박람회 (2) 영화 (3) 연주회 (4) 전시회
2. (1) 제목 (2) 상영하는 (3) 방영하는 (4) 특징

[문법 및 표현]

1. (1) 풀기 위한 (2) 얻기 위한 (3) 합격하기 위한
   (4) 벌기 위한 (5) 잘하기 위한
2. (1) 읽어야 한다　　　　(2) 운동을 해야 한다
   (3) 효도를 해야 한다　(4) 있어야 한다
   (5) 알아야 한다　　　　(6) 있어야 한다

[읽고 쓰기]

1. (1) ○ (2) ○ (3) ○ (4) × (5) ×

(3) 취미 생활 즐기기

[어휘]

1. (2) 달리기　　　　　　(3) 낚시
   (4) 등산　　　　　　　(5) 사진
   (6) 스킨 스쿠버　　　(7) 테니스

[문법 및 표현]

1. (1) 좋으며　　　　　　(2) 선생님이며
   (3) 식사를 하며　　　(4) 흘리며
   (5) 과일이며 맥주며 고기며
2. (1) 좋은 점/나쁜 점　(2) 배울 점
   (3) 어떤 점　　　　　(4) 잘못한 점

[읽고 쓰기]

1. (1) 빵이나 과자, 케이크 등을 자신이 직접 만드
   는 것
   (2) ②
2. (1) 되기로 (2) 요가를 하는
3. (1) 저는 쉬는 날에는 등산을 가거나 영화를 봅
   니다.
   (2) 오늘부터 3일 동안 전시실에서 사진 전시회
   가 열린다.

(3) 한국에서 취미생활을 하면 유학생활을 더 재
   미있게 보낼 수 있어요.
(4) 혹시 시간이 있으면 같이 영화나 연극 보러
   갈래요?
(5) 우리 헬스센터에서는 운동할 때 운동복을 지
   급합니다.

(4) 프로그램 읽고 여가 생활 정하기

[어휘]

1. (1) 여가 활동　　(2) 쿠폰　　　　　(3) 지급하다
   (4) 구입하다　　(5) 강습

[문법 및 표현]

1. (1) 실패하고 말았다　(2) 울고 말았다
   (3) 넘어지고 말았다　(4) 내고 말았다

[읽고 쓰기]

1. (1) ○ (2) × (3) ○ (4) × (5) × (6) ○
2. (1) 我一周上三次游泳课。
   (2) 如果想学习剑术的话，运动装备要个人购买。
   (3) 저는 시간이 있을 때마다 1일 쿠폰을 끊어서
   헬스를 하려고 합니다.
   (4) 요가를 하면 몸이 유연해지고 피부가 좋아져
   여자들에게 인기가 많습니다.

(5) 전화로 프로그램에 대해 문의하기

[어휘]

1. (1) 자세하게 (2) 편해요 (3) 허리 (4) 실력
2. (1) 내가 먼저 말을 부드럽고 친절하게 하면 상
   대방도 말을 부드럽고 친절하게 한다.
   (2) 누군가 듣고 있을지 모르니까 언제나 말조심
   해야 한다.
   (3) 말을 잘하면 어려운 일이 잘 해결된다.

[문법 및 표현]

1. (1) 많아지고 (2) 익숙해졌어요 (3) 건강해졌어요
   (4) 맑아졌어요 (5) 길어지고

2. (1) 회의 중에는 (2) 보는 중이에요
   (3) 녹음 중이에요 (4) 운전 중인데

[읽고 쓰기]

1. (1) ○ (2) × (3) ○ (4) ○ (5) ○ (6) ○
2. 생략
3. (1) 如果往学院打电话的话, 能了解详细的信息。
   (2) 如果我先亲切地说话, 对方也会亲切地说话。
   (3) 대학에서 운영하는 '사회교육원'에는 다양한
       프로그램이 있다.
   (4) 새로운 취미생활로 사물놀이를 배우기 시작
       했다.

(6) 동아리 만들기

[어휘]

1. (1) 가입하다   (2) 즐겁다   (3) 긍정적이다

[문법 및 표현]

1. (1) 예뻐지겠지요.
   (2) 건강해지겠지요(날씬해지겠지요).
   (3) 더워지겠지요.

[읽고 쓰기]

1. (1) ㉠ 그래서 ㉡ 그런데 ㉢ 그러면
   (2) ①

(7) 동아리 소개 자료 읽기

[어휘]

1. (2) 쌓다 (3) 방문하다 (4) 가지다
   (5) 가입하다 (6) 설립되다

[문법 및 표현]

1. (1) 그리고 (2) 그래서 (3) 그런데 (4) 그러면 (5) 또

[문장연결하기]

   (1) 아르바이트가 힘들지만 보람이 있어요.
   (2) 눈을 좋아하는데 눈이 와서 기분이 좋아요.
   (3) 지난달에 다이어트를 했는데 실패했어요.

(4) 한국 친구들이 많으면 한 사람 소개시켜 주
    세요.
(5) 6시 기차를 타야 하니까 서둘러 주세요.

[읽고 쓰기]

1. (1) ○ (2) ○ (3) × (4) ○ (5) ×
2. (1) 每个大学都有各种各样可以享受业余生活的聚会。
   (2) 对能了解韩国的传统文化和艺术的社团很感兴趣。
   (3) 저는 여행 동아리를 통해 유명한 관광지를
       많이 다녀왔습니다.
   (4) 외국어, 컴퓨터 등을 배우는 실용적인 목적
       을 가진 동아리도 있습니다.

(8) 동아리 등록하기

[어휘]

1. (2) 동아리 (3) 축제 (4) 선배 (5) 첨부 (6) 보람
2. (1) 등록했어요 (2) 접속하기 (3) 신청인
   (4) 의논할 (5) 모여(서)

[문법 및 표현]

1. (1) 힘들어서 말입니까?
   (2) 숙제를 안 해서 말입니까?
   (3) 사랑하지 않는데 말입니까?
   (4) 안 먹고 말입니까?
2. (1) 건강을 위해서 매일 운동을 해요.
   (2) 나라를 위해서 기도합니다.
   (3) 성공을 위해서 열심히 일합니다.
   (4) 대학원 진학을 위해서
   (5) 부모님을 위해서

[읽고 쓰기]

1. (1) ○ (2) ○ (3) ○ (4) ×

LESSON 07. 모임에 참석하기

(1) 생일 축하하기

[어휘]

1. (1) 파티 (2) 케이크 (3) 포크 (4) 샴페인
2. (2) 빌다 (3) 주다 (4) 자르다 (5) 켜다 (6) 터뜨리다

[문법 및 표현]

1. (1) 끊어야지요 (2) 와야지 (3) 합격해야지
   (4) 드려야지요
2. (1) 갔던 (2) 예쁘셨던 (3) 공부했던
   (4) 컸던 (5) 봤던

[읽고 쓰기]

1. (1) 생일파티
   (2) 소설책
   (3) 생일 축하합니다, 생일 축하합니다, 사랑하
      는 우리 지연(지연 씨), 생일 축하합니다.
   (4) ③
2. 생략
3. (1) 불면서(끄면서, 끈 후에) (2) 자른 케이크를

(2) 생일 초대 카드와 생일 축하 카드 쓰기

[어휘]

1. (1) 생일   (2) 초대하다   (3) 동창
   (4) 꽃다발   (5) 송이   (6) 축하
2. (1) 신년회   (2) 송년회   (3) 후배
   (4) 가까이   (5) 보낸다

[문법 및 표현]

1. (1) 들어오도록   (2) 일어나도록
   (3) 주무시도록   (4) 목이 빠지도록
   (5) 배꼽이 빠지도록
2. (1) 갈 수 있게 되어   (2) 받을 수 있게 되어
   (3) 뵐 수 없게 되어   (4) 잘할 수 있게 되어
   (5) 가르칠 수 있게 되어

[읽고 쓰기]

1. (1) × (2) × (3) × (4) ○ (5) ○

(3) 결혼식에 초대하기

[어휘]

1. (1) 맏이(장남, 장녀)   (2) 막내
   (3) 외아들   (4) 외동딸
   (5) 청첩장

[문법 및 표현]

1. (1) 잘하는데요 (2) 좋아 보이는데요 (3) 맛있는데요

[읽고 쓰기]

1. (1) ○ (2) ○ (3) × (4) ○
2. (1) 今天两个人要结婚。
   (2) 感谢一直给予照顾的父母和各位来宾。
   (3) 앞으로 좋은 남편, 좋은 아내가 되도록 노력
      하겠습니다.
   (4) 저희들의 출발을 축복해 주십시오.

(4) 결혼 축하하는 인사하기

[어휘]

1. (2) 웨딩드레스   (3) 부케   (4) 신혼여행
   (5) 커플 티   (6) 커플링   (7) 신혼집
   (8) 신혼부부   (9) 각시
2. 생략

[문법 및 표현]

1. (1) 가기로 했어요.   (2) 한턱내기로 했어요.
   (3) 결혼하기로 해요.   (4) 가기로 했어요.
2. (1) 졸업한 지   (2) 산 지
   (3) 가르친 지   (4) 만난 지

[읽고 쓰기]

1. (1) ㉠벌써 ㉡댁
   (2) ④

(5) 돌잔치에 초대하기

[어휘]

1. (1) 생일　　　(2) 재롱　　　(3) 덕담
　　(4) 환갑잔치　　(5) 참석하다

[문법 및 표현]

1. (1) 피기 시작한다.　　(2) 벌기 시작했어요.
　　(3) 치기 시작했어요.　　(4) 울기 시작했어요.
2. (1) 철수 씨는 나에게 사랑한다고 말했습니다.
　　(2) 철수 씨는 나에게 부모님을 사랑하냐고 물었
　　　습니다.
　　(3) 철수 씨는 나에게 오후에 해운대에 가자고
　　　말했습니다.
　　(4) 철수 씨는 나에게 운동을 열심히 하라고 말
　　　했습니다.
　　(5) 철수 씨는 나에게 이것은 mp3라고 말했습니다.

[읽고 쓰기]

1. (1) × (2) ○ (3) × (4) ○
2. (1) 我们的아름이出生已经一年了。
　　(2) 感谢一直倾注许多爱和关心的各位来宾。
　　(3) 오셔서 아름이에게 덕담도 부탁드립니다.
　　(4) 재롱을 부리는 아기의 모습이 너무 귀엽다.
3. (1) 금반지를 선물합니다.
　　(2) 부자가 되겠어요.
4. (1) 제주도에는 신혼여행을 온 사람들이 많습니다.
　　(2) 우리가 만난 지 벌써 100일이나 지났어요.
　　(3) 그동안 보살펴 주신 부모님과 여러분들께 감
　　　사드립니다.
　　(4) 갑자기 급한 일이 생겨서 네 생일에 갈 수
　　　없게 되어 정말 미안해.
　　(5) 저는 장남이고 저와 결혼할 사람은 막내입니다.
　　(6) 모든 사람이 볼 수 있도록 글씨를 크게 쓰세요.

(6) 돌잔치에서 축하하기

[어휘]

1. (1) 자라다　　　(2) 잡다　　　(3) 조그맣다
　　(4) 장래　　　(5) 바라다

[문법 및 표현]

1. (1) 없다고 해서　　　(2) 잘 된다고 해서
　　(3) 맛있다고 해서　　(4) 아프다고 해서
2. (1) 먹어라　(2) 달아라　(3) 공부해라
　　(4) 합격해라　(5) 와라

[읽고 쓰기]

1. ②
2. (1) 하셨다고 (2) 잡으면 (3) 먹었지만 (4) 던진
　　(5) 주셔서 (6) 빠지도록 (7) 되도록 (8) 가자고

(7) 병문안을 가서

[어휘]

1. (2) 퇴원/통원치료　　(3) 수술
　　(4) 갑자기　　　(5) 다행
2. (2) 정형외과　　　(3) 산부인과
　　(4) 성형외과　　　(5) 치과
　　(6) 피부과　　　(7) 신경정신과
　　(8) 소아과　　　(9) 항문과

[문법 및 표현]

1. (1) 지각할 뻔했어요　(2) 졸 뻔했어요
　　(3) 쓰러질 뻔했어요　(4) 잊어버릴 뻔했어요
　　(5) 못 탈 뻔했어요
2. (1) 맛있더라구요　　(2) 재미있더라구요
　　(3) 화를 내더라구요　(4) 좋더라구요

[읽고 쓰기]

1. (1) 입원하셨다고 해서 (2) 큰일 날 뻔했어요.
　　(3) 몸조리 잘 하세요. (4) ③
2. ③ ② ① ④

(8) 문상을 갔을 때

[어휘]

1. (2) 빌다 (3) 지내다 (4) 하다 (5) 내다
2. (1) 차례를 지낸다.　　(2) 학장을 한
　　(3) 산소　　　(4) 장례식　　　(5) 고인

1. (1) 꽃도 피고요.
   (2) 일본어도 잘 하고요.
   (3) 그리고 가격도 싸고요.
   (4) 돈도 벌고요.
2. (1) 자갈치시장이나 태종대
   (2) 현금이나 카드로 계산하세요.
   (3) 귀걸이나 목걸이를 사려고 합니다.
   (4) 말하기대회나 글쓰기대회에

[읽고 쓰기]

1. (1) ④ (2) ③

(9) 전시회 초대장 보내기

[어휘]

1. (1) 보호 (2) 꽃꽂이 (3) 기억에 남을

[문법 및 표현]

1. (1) 돌아오리라 (2) 알리라 (3) 끊으리라

[읽고 쓰기]

1. (1) ○ (2) × (3) × (4) ○ (5) ○
2. (1) 我们的社团这次要展示一年期间准备的作品。
   (2) 这次展示会制作了主题为〈天空〉的作品。
   (3) 아직 부족한 학생들의 작품이지만 열심히 만
   들었습니다.
   (4) 기억에 남는 좋은 전시회가 되리라고 생각합
   니다. 꼭 와주시기 바랍니다.

LESSON 08. 한국문화 알기

(1) 떡국을 먹어요

[어휘]

1. (2) 먹다 (3) 지내다 (4) 받다 (5) 모이다

[문법 및 표현]

1. (1) 께서는/께서는   (2) 께도/께도(께/께도)
   (3) 께   (4) 께   (5) 께(께도)
2. (1) 살았기 때문에   (2) 만났기 때문에
   (3) 있기 때문에   (4) 기다리시기 때문에

[읽고 쓰기]

1. ③
2. (1) 春节只有吃糕汤才能长一岁。
   (2) 在韩国阳历1月1日叫'신정', 阴历1月1日叫'구정'。
   (3) 한국에서는 설날과 추석 아침에는 조상들께
   차례를 지냅니다.
   (4) 명절에는 친척들이 모여 함께 즐거운 시간을
   보냅니다.

(2) 달을 보며 소원을 빌어요

[어휘]

1. (2) 좋다 (3) 이루어지다 (4) 어리다
2. (1) 무척 (2) 평소 (3) 음력 (4) 오곡밥/나물 (5) 빌어

[문법 및 표현]

1. (1) 준비해 놓았어요.   (2) 넣어 놓았어요.
   (3) 청소해 놓았어요.   (4) 배워 놓으면
   (5) 먹어 놓으면
2. (1) 가수라서   (2) 시험기간이라서
   (3) 장마철이라서   (4) 대보름이라서

[읽고 쓰기]

1. (1) 가 : 곡식 나 : 하숙집 다 : 나물 라 : 운
   마 : 빌면 바 : 미리
   (2) 아주머니께서 해 주신 평소와는 다른 밥
   (3) 나물
   (4) ① ○ ② × ③ × ④ ○
2. (1) 韩国人正月十五吃五谷饭和野菜, 还有花生、核桃。
   (2) 小时候的愿望是成为老师, 现在却成了广播电台编
   辑。
   (3) 어머니께서는 항상 우리 가족의 건강을 위해
   기도하십니다.

(4) 오늘 보름달을 보면서 무슨 소원을 빌려고
합니까?

(3) 어린이 세상

[어휘]

1. (2) 부모님　　(3) 놀이공원　　(4) 미래
   (5) 희망　　(6) 죽음　　(7) 그립다

[문법 및 표현]

1. (1) 있고 그래요　　(2) 외출하고 그래요
   (3) 하고 그래요　　(4) 잡고 그래요
2. (1) 재미있으니까요　　(2) 혼나니까요
   (3) 일이니까요　　(4) 재미있으니까요

[읽고 쓰기]

1. (1) × (2) ○ (3) × (4) ○
2. (1) 儿童节去游乐场玩的人很多。
   (2) 孩子好象出生不久似的, 但已经是大学生了。
   (3) 저의 어린 시절은 참 행복했습니다. 다시 어
   린이가 되면 좋겠습니다.
   (4) 올해 어린이날에는 아이들에게 옷도 사 주고
   외식도 하려고 합니다.
3. (1) 세배를 드립니다(합니다)
   (2) 되어 갑니다
4. (1) 설날에 가족이 모두 모여서 윷놀이를 했다.
   (2) 설날 음식 중에서 내가 제일 좋아하는 것은
   떡국이다.
   (3) 오늘은 대보름날이라서 오곡밥을 먹습니다.
   (4) 어린이는 미래의 희망입니다.

(4) 부모님 감사합니다

[어휘]

1. (1) 벚꽃　　(2) 해바라기　(3) 빨간 장미
   (4) 민들레　　(5) 난초　　(6) 카네이션
2. (2) 부모를 잘 섬기는 아들
   (3) 부모를 잘 섬기는 딸
   (4) 시부모님을 잘 섬기는 며느리
   (5) 마음을 다하여 부모를 섬기는 마음

[문법 및 표현]

1. (1) 웬일이니　　(2) 웬 공부
   (3) 웬 사람들이 이렇게 많아 (4) 웬
2. (1) 이거라도(포도라도) (2) 곳이라도
   (3) 삼 만원이라도 (4) 스트레칭이라도

[읽고 쓰기]

1. (1) ○ (2) × (3) ○ (4) × (5) ×
2. (1) 康乃馨的花语是'感谢'。
   (2) 在錫是以孝子扬名。
   (3) 나는 어버이날에 작은 선물과 함께 편지를
   써서 부모님께 드렸다.
   (4) 중국에서는 어머니의 날과 아버지의 날이 따
   로따로 되어 있다.

(5) 선생님 감사합니다

[어휘]

1. (1) 씀 (2) 올림 (3) 드림 (4) 스승 (5) 즐겁다

[문법 및 표현]

1. (1) 쉽기도 하고 어렵기도 해요.
   (2) 맛집에 가기도 했고 사진을 찍기도 했어요.
   (3) 기차를 타기도 하고 버스를 타기도 해요.
   (4) 내가 내기도 하고 친구가 내기도 해요.
2. (1) 다녔을 때 (2) 만났을 때 (3) 왔을 때
   (4) 갔을 때 (5) 걸렸을 때

[읽고 쓰기]

1. (1) × (2) × (3) × (4) ○
2. (1) 오늘이 어버이날이라서 부모님께 드리려고
   꽃을 샀어요.
   (2) 한국에서는 새해 첫날에 조상들에게 차례를
   지냅니다.
   (3) 어버이날은 어머니의 '어'와 아버지의 '버'를
   합쳐 만든 이름입니다.

(6) 부채가 최고예요

[어휘]

1. (2) 감다 (3) 타다 (4) 뛰다 (5) 두다

[문법 및 표현]

1. (1) 아이였을 적에　　(2) 먹을 적에
　　(3) 도착했을 적에　　(4) 있을 적/없을 적

[읽고 쓰기]

1. (1) 부채 (2) 더위를 이기다 (3) ②
2. (1) 널뛰기 (2) 창포에 머리 감기 (3) 씨름
3. (1) 만난 (2) 무엇이든지 (3) 예쁘던데
　　(4) 낼 테니까 (5) 온다고 해서 (6)찬
　　(7) 편입니다 (8) 감는

(7) 송편을 예쁘게 만들어요

[어휘]

1. (2) 미역국 (3) 오곡밥과 나물 (4) 송편 (5) 떡국
　　(6) 엿, 찹쌀떡
2. 명절/한가위/햅쌀/차례를 지내며/송편/전통/
　　매진

[문법 및 표현]

1. (1) 일어나야 (2) 해야 (3) 읽어야 (4) 벌어야
　　(5) 잘 봐야
2. (1) 산으로 갈 걸 그랬어요
　　(2) 시킬 걸 그랬어요
　　(3) 배울 걸 그랬어요
　　(4) 공부할 걸 그랬어요

[읽고 쓰기]

1. (1) ○ (2) × (3) × (4) ○
2. ㉠ 벌초를 한다　　㉡ 차례를 지낸다
　　㉢ 성묘를 간다　　㉣ 달맞이를 한다
　　㉤ 송편을 만든다

(8) 고마우신 세종대왕님

[어휘]

1. (1) ③ (2) ① (3) ④ (4) ②
2. (1) 말 (2) 글 (3) 자음 (4) 모음 (5) 기념하다

[문법 및 표현]

1. (1) 틀렸는지 (2) 알았는지 (3) 누구였는지
　　(4) 사귀었는지 (5) 배웠는지
2. (1) 한국만큼 (2) IQ만큼은(머리만큼은)
　　(3) 나만큼 (4) 만큼/만큼 (5) 얼마만큼

[읽고 쓰기]

1. (1) ○ (2) × (3) × (4) ○ (5) ○
2. (1) 韩文是由辅音和元音组成。
　　(2) 最近纪念韩文节, 举办外国人写作大会的地方
　　　越来越多了。
　　(3) 한글은 1446년에 세종대왕과 집현전 학자가
　　　함께 연구하여 만들었다.
　　(4) 한국어는 순수 한국어와 외래어 그리고 한자
　　　로 이루어져 있다.

(9) 메리 크리스마스

[어휘]

1. (2) 받다 (3) 전하다 (4) 되다 (5) 만들다 (6) 부르다

[문법 및 표현]

1. (1) 해운대도 가고 다대포도 갑니다.
　　(2) 요가도 배우고 요리도 배워서
　　(3) 링링 씨도 좋아하고 왕단 씨도 좋아합니다.
　　(4) 경영학도 공부했고 심리학도
　　(5) 태권도도 할 수 있고 사물놀이도
2. (1) 지역마다 (2) 사람마다 (3) 여름 휴가 때마다
　　(4) 아침마다 (5) 저녁마다

[읽고 쓰기]

1. (1) 즐거운 성탄 되시기 바랍니다.
　　(2) ㉡ 그런데　㉢ 그렇지만　㉣ 그리고 3. ①

LESSON 09. 정보 검색하기

(1) 어디서 정보를 찾을까?

[어휘]

1. 잡지, 신문, TV, 라디오, 인터넷
2. (1) ③ (2) ④ (3) ②

[문법 및 표현]

1. (1) 알고 보니까 (2) 낳고 보니까
   (3) 배우고 보니까 (4) 만나고 보니까
2. (1) 참을 만큼 (2) 만나고 싶을 만큼
   (3) 먹을 만큼 (4) 죽을 만큼

[읽고 쓰기]

1. (1) ○ (2) ○ (3) ○
2. (1) 문의하는(물어보는/여쭤보는)
   (2) 핸드폰을 사용하면

(2) 114에 전화하기

[어휘]

1. (1) 물어보다 (2) 찾다 (3) 빌리다 (4) 상상하다

[문법 및 표현]

1. (1) 피우지 말도록 하세요.
   (2) 하도록 하세요.
   (3) 지키도록 하세요.
   (4) 내도록 하세요.

[읽고 쓰기]

1. (1) × (2) ○ (3) ○
2. (1) ○ (2) × (3) ○
3. (1) 网络信息多到不能想象的程度。
   (2) 只有知道正确的搜索语，才能找到好的信息。
   (3) 책을 복사하려면 도서관 2층으로 가거나 학
      교 앞 문구사에 가면 됩니다.
   (4) 커피는 자기가 직접 타서 마시도록 하십시오.
4. ③－④－①－②

(3) 인터넷으로 책 사기(1)

[어휘]

1. (1) 국내도서 (2) 국외도서 (3) 번역서 (4) 단행본
   (5) 정기 간행물
2. (1) 다양한 (2) 주문해서 (3) 배달하는 (4) 가르쳐
   (5) 정보 (6) 편리하다

[문법 및 표현]

1. (1) TV를 보기보다는 라디오를 듣는 것이
   (2) 영어 공부보다는 중국어 공부가 재미있어요.
   (3) 국내여행보다는 해외여행을 가는 것이 좋을
      것 같아요.
   (4) 결혼을 안 하는 것보다는 결혼을 하는 것이
      좋지 않겠어요?
   (5) 한식을 먹기보다는 양식을 먹는 것이
2. (1) 탈 수 있으면 좋겠어요.
   (2) 살 수 있으면 좋겠어요.
   (3) 가르칠 수 있으면 좋겠어요.
   (4) 한국어로 리포트를 잘 쓸 수 있으면 좋겠어요.

[읽고 쓰기]

1. ④

(4) 인터넷으로 책 사기(2)

[어휘]

1. (1) ⑥ (2) ① (3) ⑧ (4) ② (5) ③
   (6) ⑦ (7) ⑤ (8) ⑨ (9) ④
2. (1) 인터넷 (2) 홈페이지 (3) 사이트 (4) 온라인

[문법 및 표현]

1. (1) 이야기로부터 (2) 부모님으로부터
   (3) 시험으로부터 (4) 여러 나라로부터
   (5) 남쪽 지방으로부터
2. (1) 3명이나 (2) 2시나 (3) 6년이나
   (4) 10분이나 (5) 5개 국어나

[읽고 쓰기]

1. (1) ② (2) 정가

(5) 인터넷으로 물건 사기(1)

[어휘]

1. (2) 값 (3) 모양 (4) 배송하다 (5) 지은이
   (6) 출판하다

[문법 및 표현]

1. (1) 사느라고 (2) 읽느라고 (3) 버느라고
   (4) 하느라고 (5) 배우느라고

[읽고 쓰기]

1. (1) [옷을 고르는 방법] 쇼핑몰에서 옷을 검색한
   다－사진을 보고 비교해서 고른다－가격도
   비교할 수 있다. [결재하는 방법] 카드로 결
   재한다, 은행에 가서 낸다.
   (2) ④
2. 생략
3. (1) 买东西时边比较价格边选东西。
   (2) 骑自行车的话，即可运动又省钱，所以是一举
   两得。
   (3) 인터넷쇼핑몰을 이용해 보면 어떨까요?
   (4) 저는 TV쇼핑몰 광고를 보면서 물건을 자주
   사는 편입니다.
4. (1) 바쁠 때(는) 인터넷쇼핑몰에서 쇼핑하면 편
   리합니다.
   (2) 검색어를 정확하게 쳐야 정보를 빨리 찾을
   수 있다.(치면)
   (3) 인터넷으로(에서) 책을 주문한 후에 핸드폰
   으로 결제했다.
   (4) 책을 복사하고 싶은데 어디로 가야 합니까?

(6) 인터넷으로 물건 사기(2)

[어휘]

1. ① 판매가격 ② 배송비 ③ 원산지 ④ 주문 수량
   ⑤ 세일가 ⑥ 제조자 ⑦ 모델번호

[문법 및 표현]

1. (1) 맛있더라 (2) 덥더라 (3) 복잡하더라 (4) 울더라

2. (1) 잘 달리던데 (2) 없던데 (3) 보이던데요

[읽고 쓰기]

1. (1) ① × ② ○ ③ × ④ ○
   (2) PC주변기기

(7) 카페에 가입하기(1)

[어휘]

1. (1) 엠피쓰리 (2) 카페 (3) 블로그 (4) 아이디
   (5) 패스워드 (6) 북마크

[문법 및 표현]

1. (1) 행복해 보여요   (2) 좋아 보여요
   (3) 좋아 보이지만   (4) 똑똑해 보이는데

[읽고 쓰기]

1. (1) 가입해서 (2) ① (3) ④ (4) ②
2. (1) 如果想加入群的话，得有建群的人的邀请。
   (2) 如果想进入群的话，只有登陆才能进去。
   (3) 인터넷 사이트 검색창에서 카페를 검색해 보
   십시오.
   (4) 카페에 가입한 후에 마음에 들지 않으면 언
   제든지 탈퇴를 해도 됩니다.

(8) 카페에 가입하기(2)

[어휘]

1. (1) ② (2) ① (3) ④ (4) ⑤ (5) ⑥ (6) ⑨ (7) ⑧
   (8) ⑦ (9) ③

[문법 및 표현]

1. (1) 창문이 열리다 (2) 옷이 팔리다 (3) 노래가 들
   리다 (4) 신발이 바뀌다
2. (1) 먹게 했다 (2) 켜게 했다 (3) 읽게 했다
   (4) 말하게 했다

[읽고 쓰기]

1. (1) ○ (2) ○ (3) × (4) ○

(9) 학교 홈페이지 둘러보기

[어휘]

1. (1) ③ (2) ① (3) ① (4) ④ (5) ② (6) ③

[문법 및 표현]

1. (1) 책을 읽히다
   (2) 동생을 울리다
   (3) 신발을 신기다
   (4) 약속을 늦추다
2. (1) 안 뚱뚱하더군요
   (2) 노래를 잘 부르더군요
   (3) 재미있더군요
   (4) 안 느끼하더군요
   (5) 왔더군요

[읽고 쓰기]

1. (1) × (2) ○ (3) ○ (4) ○ (5) ×
2. (1) 올리려면
   (2) 분실물센터에서(는)
   (3) 좋아지겠지요
   (4) 가려고요
   (5) 이기기 위해서
   (6) 문이 열리는(문을 여는)
   (7) 입혔다
   (8) 재미있더라구요(재미있었겠어요)
3. (1) 114에 전화를 해도 개인전화 번호를 알 수는
   없다.
   (2) 인터넷에서 가장 많은 정보를 쉽게 얻을 수
   있다.
   (3) 학교도서관이나 동네도서관을 이용하여 필
   요한 자료를 찾아보자.
   (4) 나는 개인적으로 책과 신문을 통해 많은 정
   보를 얻는 편이다.
   (5) 문구사는 한국대학교 정문에서 오른쪽으로
   30M만 가면 있다.
   (6) 링링 씨가 타 준 커피가 특히 맛있다.

◑ **집필진** ◐

이 채 연   신라대학교 국어교육과 교수 및 한국어교육센터 소장
          부산대학교 대학원 문학박사
신 은 경   신라대학교 한국어교육센터 강의교원
          부산외국어대학교 대학원 박사과정수료
김 창 구   신라대학교 한국어교육센터 강의교원
          부경대학교 대학원 박사과정수료
배 현 숙   신라대학교 한국어교육센터 시간강사
          고려대학교 대학원 문학박사
제 영(齐颖)   신라대학교 한국어교육센터 시간강사
          부산대학교 대학원 박사과정수료

삽화 : 장효파(張曉波)

유학생을 위한
톡톡튀는 한국어 워크북 2

초판 인쇄	2009년 2월 20일
초판 발행	2009년 2월 28일
저 자	신라대학교 한국어교육센터
발행인	신라대학교 총장
제작 · 배포	도서출판 **박이정**
	130-070 대한민국 서울시 동대문구 용두동 129-162
전화	02)922-1192~3
전송	02)928-4683
홈페이지	www.pjbook.com
온라인	국민 729-21-0137-159
등록	1991년 3월 12일 제1-1182호

ISBN   978-89-6292-037-6 (세트)
       978-89-6292-039-0 (93710)

* 책값은 뒤표지에 있습니다.